한 권으로 끝내는
스피치

혼자서도 쉽게 연습하는 스피치 훈련 77
한 권으로 끝내는 스피치

초판 1쇄 발행일 2018년 8월 27일
초판 4쇄 발행일 2022년 2월 28일

지은이 장한별
펴낸이 양옥매
디자인 표지혜
교 정 조준경, 허우주

펴낸곳 도서출판 더문
출판등록 제2012-000376
주소 서울특별시 마포구 방울내로 79 이노빌딩 302호
대표전화 02.372.1537 **팩스** 02.372.1538
이메일 booknamu2007@naver.com
홈페이지 www.booknamu.com
ISBN 979-11-961321-8-7(03800)

이 도서의 국립중앙도서관 출판시도서목록(CIP)은 서지정보유통지원 시스템 홈페이지(http://seoji.nl.go.kr)와 국가자료공동목록시스템 (http://www.nl.go.kr/kolisnet)에서 이용하실 수 있습니다. (CIP제어번호 : CIP2018023175)

* 저작권법에 의해 보호를 받는 저작물이므로 저자와 출판사의 동의 없이 내용의 일부를 인용하거나 발췌하는 것을 금합니다.
* 파손된 책은 구입처에서 교환해 드립니다.

한 권으로 끝내는

▷ 혼자서도 쉽게 연습하는 스피치 훈련 77 ◁

스피치

| 장한별 지음 |

더문

여는 말

뜨겁게 사랑하는 사람이 있다. 일을 할 때든 맛있는 음식을 먹을 때든 항상 떠오른다. 그 사람을 향한 나의 마음은 사랑의 정수, 그 자체라 확신한다. 그러나 정작 그 사람 앞에만 서면 고백은 고사하고 입을 떼어 말 한마디조차 표현하지 못하고 작아진다면 얼마나 안타까운가?

우리는 살면서 애정을 쏟을 많은 일을 만난다. 그것은 사랑하는 사람일 수도 있고, 회사에 입사하고픈 간절함일 수도 있으며 공을 들인 회사의 프로젝트일 수도 있다. 진심이 가득하고 세상을 놀라게 할 만한 아이디어와 능력이 빛나고 있다 해도 그것을 사람들에게 말로써 제대로 표현하지 못하여 평가절하당한다면 얼마나 안타까운 일인가? 마음속에만 간직한 보물은 세상에 빛을 발할 수 없다. 마음만으로는 부족하다. 마음을 효과적으로 꺼내서 보여 주어야 한다.

스피치의 영향력과 중요성이 대두됨에 따라 스피치 분야의 책들이 홍수처럼 쏟아져 나오고 있다. 혹자는 스피치 역량을 향상시키기 위해 '자신감을 갖고 말해야 한다', '유머를 써야 한다', '제스처를 활용해야 한다' 같은 이야기를 한다. 좋은 이야기다, 맞는 이야기다. 하지만 한편으로는 뜬구름 잡는 이야기이기도 하다. 단순히 '최선을 다해 열심히 살아야 잘된다'는 말과 다를 바가 없다. 눈먼 최선은 최악을 낳기도 한다.

중요한 것은 'How'이다. '어떻게 해야 자신감이 생기고, 어떻게 해야 말을 잘할 수 있으며, 어떻게 해야 유머능력을 키울 수 있는가'이다. 내 마음을 말로 제대로 표현하기 위해 무엇을, 구체적으로 어떻게 훈련해야 하는지를 알아야 한다. 수많은 자기계발서를 읽고 나서 '그래, 스피치는 중요한 부분이야. 그런데 스피치를 잘하려면 이제 뭘 어떻게 해야 하지?', 'So what? How?'라고 의문을 던지는 당신과 지금부터 실질적인 훈련 방법을 함께 나누고자 한다. 단순히 '스피치는 부딪치고 연습해야 한다' 하는 원론적인 이야기에 지친 당신에게 '이렇게 연습해 보시라'고 가이드라인을 제시해 드리고자 한다.

이 책은 실제적인 스탠딩 스피치[1] 훈련 방법을 다루었다. A-B-C의 순서대로 77가지 훈련을 따라가면 스피치의 기초부터 심화, 응용까지 잡을 수 있도록 체계적인 단계로 구성하였다. 중급자라면 자신의 목적에 따라 필요한 몇 가지 훈련을 선택하여 집중적으로 할

---

[1] '스탠딩 스피치(Standing Speech)'란 사람들 앞에서 하는 공식적인 스피치(=퍼블릭 스피치)이고, '싯다운 스피치(Sit-down Speech)'는 사석에서 혹은 비공식적으로 하는 대화 스피치이다. 두 가지 말하기 형태는 다른 분야라서 스탠딩 스피치를 잘한다고 해서 싯다운 스피치를 꼭 잘하는 것은 아니며, 반대의 경우도 마찬가지이다. 본서는 '스탠딩 스피치'에 대해서 다룬다.

수도 있겠다.

  공자께서는 '들으면 잊는다. 보면 기억한다. 해 보면 이해한다.'라고 하셨다. 스피치는 직접 해 봐야 늘 수 있고 훈련하고 경험해야만 향상이 보장되는 분야이다. 의지를 가지고 제대로 된 방법으로 훈련하면 반드시 성장하게 되어 있다. 변화를 향한 당신의 의지가 이 책의 훈련들을 통해 현실이 되기를 바란다.

  당신이 사랑과 열정을 쏟는 그것을 이제는 말로 마음껏 표현할 수 있게 되기를 바란다. 당신 안에 간직하고 있는 따스하고 아름다운 보물들을 세상에 마음껏 꺼내 보여 줄 수 있기를 기대한다. 세상 누구보다 값진 당신을, 이제는 행복하게 표현할 수 있게 되기를 진심으로 응원한다.

2018년 8월
당신이라는 보물을 세상에 멋지게 보여주시길 응원하며
장한별 드림

C O N T E N T S

여는 말	• 4
이 책의 구성과 활용	• 10
미리 보는 스피치 훈련	• 11
훈련법 목차	• 12

트레이닝A(Attitude)
자신감 회복과 기본기 다지기

1장 자신감 회복 프로젝트	• 19
떨림, 넌 누구냐?	• 20
자신감 회복 방법	• 29
2장 스피치 기본기 다지기	• 53
시작 자세가 반이다	• 54
스피치 내용 구성하기(기초)	• 68
제스처, 기술이 아닌 표현의 욕구	• 77
스피치, 이렇게 연습하라	• 86

3장 보이스 트레이닝 · 99
- 보이스 트레이닝의 필요성 · 100
- 힘 있는 목소리를 내기 위한 복식 호흡 · 102
- 공명과 발음 · 113

트레이닝 B (Body)
청중을 사로잡는 스피치 내용 구성

4장 청중분석기법(WHO) · 129
- 듣는 사람의 말로 스피치하라 · 130
- 청중 관련 공식정보(Official Information) · 132
- 청중의 마인드와 지식수준(Heart) · 139
- 발표 장소와 상황(Where you are) · 147

5장 스토리의 발굴 · 155
- 귀를 여는 스토리의 힘 · 156
- 스토리의 발굴 · 166

6장 스피치 내용 구성 · 193
- 스피치 서론-본론-결론의 구성 · 194
- 스토리의 구성 · 211

7장 스토리의 각색과 연출 · 221
- 스토리 종류에 따른 각색법 · 222

텔링 강화를 위한 연출법 • 235

트레이닝 C (Communication)
청중과 소통하는 스피치

8장 청중과 주고받는 소통 기술 • 245
청중에게 다가가기 • 246
질문 활용의 기술 • 255
소통하는 피드백 • 266

9장 스피치에 센스를 더하다 • 271
화살표 유머법 • 272
상황을 나의 힘으로 활용하기 • 300
온라인에서의 스피치 • 319

부록
1. 스피치 스터디 활용 매뉴얼 • 326
2. 3분 스피치 주제 예시 77 • 333
3. 자신감 회복 암시문 예시 • 336
4. 보이스 트레이닝(발음/발성) 연습 예문 • 338
5. 스피치 강좌 및 커뮤니티 • 339

참고문헌 • 340

이 책의 구성과 활용

A-B-C의 단계적 훈련 과정

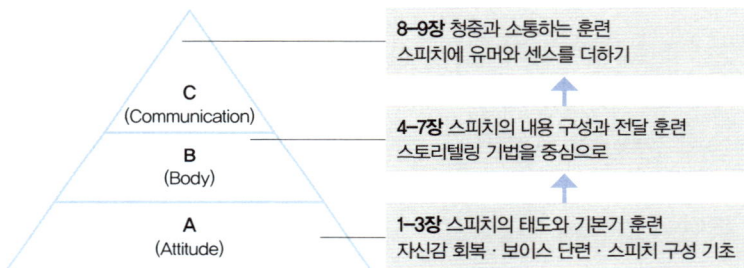

스피치 자체가 익숙하지 않아서 기초부터 차근차근 쌓아 가려면:
A-B-C 과정을 순차적으로 훈련하며 스피치의 체계를 세운다.
스피치에 어느 정도 익숙하고 자신의 강점과 약점을 알고 있다면:
A-B-C 중에서 자신에게 필요한 부분을 선택적으로 훈련한다.

(☞12~15쪽 훈련법 목차 참조)

함께 훈련하기

사람들 앞에서 직접 스피치를 해 보며 실전감각을 키우는 것도 중요하다. 소수의 인원으로 스피치 스터디 모임을 만들어 이 책의 훈련법을 활용해 스피치를 연습할 수 있다.

(☞부록1. 스피치 스터디 활용 매뉴얼)

미리 보는 스피치 훈련

청중에게 보이는 모습을 생각하라 :
제스처는 나의 표현 욕구이지만 동시에 청중에게 보이는 것이기도 하다. 따라서 보는 사람의 입장을 고려하여 표현할 필요가 있다. 청중의 눈은 연사의 시선을 따라간다. 연사가 스크린을 보면 따라서 보고 연사가 창밖을 보면 무의식적으로 따라서 보게 된다. "저쪽을 보십시오."라고 말하고 손동작을 취하면서 정작 연사의 눈은 앞을 보고 있다면, 청중은 멀뚱멀뚱 당신을 쳐다보고 있을 것이다.

핵심 설명
스피치 훈련을 위해 꼭 알아 두어야 할 개념과 이론을 설명

 훈련 16　　　　　　　　　제스처
제스처 절제하기
손동작 등이 쉼 없이 과하게 나오는 경우

훈련 구분
훈련의 목적과 방법을 한눈에 파악할 수 있는 키워드와 상황 제시

스탠딩 스피치에서 제스처가 너무 많거나 요란한 느낌을 준다는 피드백을 자주 받는다면 제스처를 줄이고 다듬을 필요가 있다.
1. 스피치하는 자신의 모습 촬영하기
촬영 대신에 거울을 보며 연습할 수도 있다.
2. 제스처를 체크하기
제스처를 하는 이유가 있는지, 의미 없이 습관적으로 반복하는 제스처가 있는지 점검한다.
3. 제스처를 잡아내기
자신의 스피치 모습을 다시 촬영하여 보고 제스처가 다듬어졌는지 확인한다.

훈련 방법
구체적인 스피치 훈련법을 순서대로 따라 하기와 체크리스트 형식으로 알기 쉽게 설명

■ **훈련의 정수** ■
촬영을 통해, 혹은 모의청중(스터디원)에게 부탁하여 습관적으로 나오는 불필요한 제스처를 잡아낸다.

훈련의 정수
스피치 훈련법의 핵심만 요약하여 단시간에 반복 학습 가능

훈련법 목차

트레이닝A (Attitude)

1장 자신감 회복 프로젝트 (훈련 1~9)

떨림 극복—시선	시선 익숙해지기	35
	시선의 이동	36
떨림 극복—신체, 보이스—워밍업	신체 긴장 털기	39
	스피치 워밍업 '털오불어'	39
떨림 극복—신체	깊은 심호흡	41
떨림 극복—마음	이미지트레이닝	45
	자기암시 훈련	46
	내용에 몰입하기	49
피드백	발표 후 자기피드백	51

2장 스피치 기본기 다지기 (훈련 10~21)

자세	등단 & 인사 체크리스트	61
	미소 훈련	62
	군더더기 말 잡아내기	67
내용 구성	스피치 소재 찾기: 브레인스토밍 & 마인드맵	70
	ABO식 스피치 구성법(기본 구성법)	74
제스처	제스처 이끌어 내기	82
	제스처 절제하기	83
준비/연습법	키워드 중심 연습법	88
	큐카드 활용법	89
	시간 체크	93
	스피치 시간에 따른 연습법	94
	스피치 촬영 및 자기피드백	97

3장 보이스 트레이닝 (훈련 22~32)

보이스-발성	복식호흡과 발성 – 서서 하는 훈련(11분)	104
	복식호흡과 발성 – 누워서 하는 훈련(11분)	106
	복식호흡과 발성 – 앉아서 하는 훈련(11분)	108
	목소리 톤의 교정	110
보이스-공명	공명 훈련 – 구강	114
	공명 훈련 – 비강	115
	비음 줄이기	116
보이스-발음	발음 훈련(평소 & 젓가락)	120
	발음 훈련 – ㅅ(시옷)발음	121
	발음 훈련 – ㄹ(리을)발음	123
	사투리 고치기	125

트레이닝B (Body)

4장 청중분석기법(WHO) (훈련 33~36)

청중분석	청중의 'O(Official information)' 분석하기	137
	청중의 'H(Heart)' 분석하기	145
	발표 장소 점검하기	151
	청중분석 WHO 종합표	153

5장 스토리의 발굴 (훈련 37~44)

스토리 발굴/구성	스토리 자기소개(1분 소개)	171
스토리 발굴	내 경험에서 스피치 소재 찾기	175
	내 경험을 스피치로 표현하기	177

스토리 발굴/구성	면접을 위한 나의 스토리 끄집어내기	179
	논리적 말하기 PREP	182
	건배사 '감사용'	185
	건배사 심화 '반반반'	187
스토리 발굴	스토리 데이터 모아 두기	190

6장 스피치 내용 구성 (훈련 45~49)

스피치 3단 구성	본론 내용 만들기: 청중의 궁금증을 토대로	198
	서론 내용 만들기(오프닝 기법)	205
	결론 내용 만들기(클로징 기법)	210
스토리 구성	스토리 기승전결 구성하기	215
	미니스토리 활용하기	219

7장 스토리의 각색과 연출 (훈련 50~54)

스토리 각색	실화 / 우화 각색하기	229
	미래 / 비전을 그리는 스피치	232
	미래 / 비전을 그리는 스피치 패러디하기	233
텔링	'강감찬 떡' 텔링 연습	239
	동화 구연 기법으로 강조법 살리기	241

트레이닝 C (Communication)

8장 청중과 주고받는 소통 기술 (훈련 55~60)

소통	무대 위 이동하며 발표하기	249
	토의의 활용(아이스브레이킹)	252

소통	호기심을 자극하는 질문	258
	손가락 질문법	263
	청중의 이해와 공감을 확인하는 질문	264
	청중에게 주는 부정적인 피드백 걷어내기	270

9장 스피치에 센스를 더하다 (훈련 61~77)

유머	(기대) 뒤집기 (︵)	274
	비유 활용하기 (←)	276
	단어 유희 활용하기 (→)	279
	과장법 활용하기 (↑)	281
	자학의 유머 활용하기 (↓)	284
	반대로 말하기 1: 반어법 (︵)	287
	반대로 말하기 2: 관점 바꾸기 (︵)	289
	패러디하기 (→)	291
	유재석의 유머 훈련	299
즉흥, 대처	상황 대처 훈련	309
	즉흥스피치: 랜덤 주제 스피치	310
	즉흥스피치: 단어 연결 스피치	311
	즉흥스피치: 스토리 잇기	313
	즉흥스피치: (신문)기사 소화해 전달하기	314
	즉흥스피치: 판매 스피치	316
종합	3분 스피치	317
온라인	온라인 스피치 리허설	322

트레이닝A(Attitude)

자신감 회복과
기본기 다지기

1장

자신감 회복 프로젝트

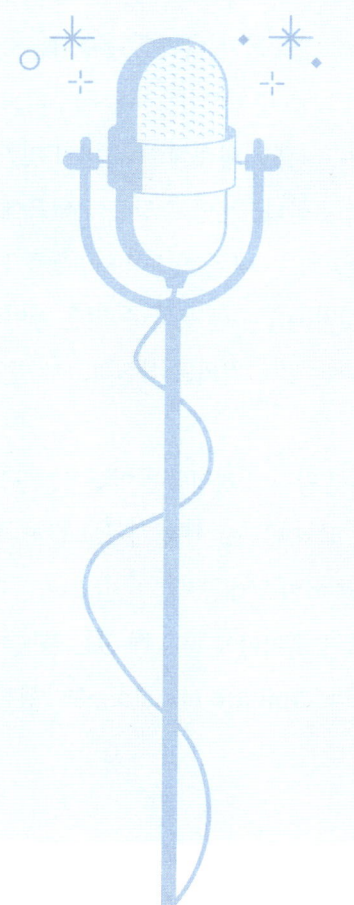

떨림, 넌 누구냐?

● 누가 떠는가?

갑작스럽게, 그리고 얼떨결에 프로젝트 발표를 맡게 되었다. 사람들 앞에 걸어 나가야 하는 시간이다. 전쟁의 공포를 곧 마주할 전사들에게 들리는 전장의 북소리처럼, 내 심장 소리가 쿵쿵 귓가에 울려 퍼진다. 내 온몸의 피가 머리로 솟구치는 듯하고 얼굴은 폭발 직전이다. 모두가 나를 주목한다. 작은 실수라도 하는 순간에는 청중들이 당장에라도 나를 처형대에 올려 버릴 것만 같아서 감히 그들의 눈도 마주치지 못한다. 분명 수전증이 없음에도 나의 의지와 상관없이 파르르 떨고 있는 내 손이 보인다. 청중과 눈이 마주치는 순간! 컴퓨터의 리셋버튼을 누른 듯 무슨 말을 해야 할지 잊은 채 눈앞이 캄캄해졌고, 나는 결국 전의를 상실하고야 말았다.

이 이야기가 혹시 당신의 경험담은 아닌가? 긴장이 극에 달해 머리가 하얘지기까지 해서 발표를 내팽개치고 달아나 버리고 싶은 그런 상황 말이다. 만약 이런 무대공포를 나만 느끼는 것이라면 이 얼마나 안타까운 일인가! 세상 어디에 비할 데 없는 불행하고 슬픈 일이다.

그러나 안심하라. You are not alone! 다행히도(?) 이것은 당신만의 문제가 아니다.[2] 필자가 스피치 훈련 모임에서 만난 많은 분들이 이런 고통을 호소했다. 발표불안을 극복하고 싶었던 한 경찰관은 '조폭도 두렵지 않지만 스피치는 두렵다'고 하였다. 절대 떨지 않을 것 같은 국민MC 유재석 씨도 신인 개그맨이었을 때는 긴장해서 말을 버벅거렸음은 물론이고 불안감에 눈동자는 갈 곳을 잃었으며 몸까지 얼어서 걸음걸이는 로봇 같았다.

어려서부터 사람들 앞에 서 온 필자 역시 긴장을 많이 했다. 발표 10여 분쯤 전부터 증상이 슬슬 올라오기 시작하는데, 오장육부가 꼬이고 뒤집어지는 느낌 때문에 제대로 앉아 있기조차 힘들었다. 배에 가스가 차고 진땀을 흘리며 '뒷간 급한 사람' 같은 우스운 모양새로 떨었다.

발표불안은 한국 사람들만 시달리는 문제는 아닌가 보다. 미국인과 영국인에게도 '두려워하는 것'을 묻는 설문의 상위권에 '스피치'가 자주 손꼽힌다.[3] 세계적 가수 마이클 잭슨도 긴장 때문에 라이브공연을 못 한 적이 있고, 최고의 연설가였던 링컨도 초창기에는 연설에 쩔쩔 매서 주위를 당황케 했다. 대중 앞에 서면 떨리는 무대공포는 당신만의 문제가 아니라 세계 모든 이들이 겪는 '글로벌 고질병'인 것이 확실하다.

---

[2] 2016년 잡코리아의 조사에 따르면 직장인 응답자의 94.7%가 '스피치가 두렵다'고 하였다.
[3] 2001년 갤럽 조사에 따르면 미국인의 40%가 대중스피치를 두려워한다고 답했다. 영국에서도 유니버셜 픽쳐스의 2004년 조사에 따르면, 가장 두려운 것 1위는 거미였고, 대중스피치는 8위를 차지했다. 아마도 영국인들에게는 거미 떼 앞에서 스피치를 하는 것이 최고의 두려움일지도 모르겠다.

- **절대 떨지 않는 사람들**

우리 주변에 자신감이 넘치는 집단이 있다. 이들은 용감하게 자신의 생각을 잘 표현하고 실수조차 두려워하지 않는다. 심지어 직위가 높은 사람들 앞에서도 당당하게 손을 들고 질문한다. 당장에 찾아가서 자신감의 비결을 전수받고 싶지 않은가? 그들은 바로 '꼬마'들이다.

인간은 태어나면서부터 두려움을 타고나지는 않는다고 한다. 공포심과 두려움은 자신의 경험과 부정적 상황에 의해 학습된 결과이다. 우리도 어렸을 때는 꼬마 아이들처럼 자신감이 가득했다. 태초에 우리는 자신감 그 자체였다. 어떻게 그럴 수 있었을까? 아이들은 '완벽'이 무엇인지도 모르거니와 그렇게 보이고 싶은 생각은 더욱 없다. 엊그저께 알파벳을 배우고도 '나도 영어할 줄 안다'고 자신 있게 손을 든다. 목청 높여 대중 앞에서 발표하고 노래를 부르기도 한다. 안타깝게도 성장하면서 주변 사람들의 비판과 압박으로 자신감을 잃게 된다.

스피치를 할 때 떨리는 이유는 한마디로 '잘하고 싶어서'라고 할 수 있다. 스피치를 꼼꼼하게 준비하는 것은 필요하지만, 꼼꼼함이 완벽하게 잘해야 한다는 강박관념으로 작용하는 순간 부정적인 에너지로 바뀌어 자신감을 갉아먹기 시작한다. '스피치는 꼭 잘해서 100점 맞아야 해, 100점 아니면 0점이니까' 하는 흑백논리나 '목소리를 떨어도 안 되고 얼굴색도 변하면 안 되고, 이것은 해야 하고 저것은 해서는 안 되고…….' 하는 엄격한 기준(이한분, 2008)을 가져다 대면 스피치의 내용에 제대로 집중할 수 없게 된다. 무대에서만큼은 완벽주의를 떨쳐 버려야 한다.

떨지 않는 당당함의 비결은 '자존감'이라고 할 수 있다. 자존감은 자신감 회복에 있어서 핵심적인 요소이다. 스피치 트레이닝A(Attitude)의 첫 번째 장인 '자신감 회복 프로젝트'는 이러한 '자존감'을 높이는 훈련이 중심이 된다. 부실한 베이스 위에 지은 집은 언제든 무너져 내릴 수 있는 위험이 있듯 당신이 스피치의 집을 탄탄히 지어 가고자 한다면 '자신감'이란 베이스를 튼튼히 해야 한다. 그것은 당신이 스피치를 하는 매 순간에 든든한 버팀목이 되어 줄 것이다.

● 떨림은 언제 생기는가

스피치를 하게 되었을 때, 언제 가장 떨리는가? 필자가 아는 한 과장님은 회사에서 프레젠테이션을 맡게 되면 일주일 전부터 긴장이 되어서 시름시름 앓는다고 고백한 적이 있다. 날짜가 하루하루 다가오는 것이 최후의 심판을 기다리는 양 두렵다고 한다. 무대공포증이 심한 분들은 발표까지 시간이 많이 남았는데도 긴장하는 '예기불안' 증상이 며칠 전부터 나타나기도 한다.

보통은 발표하기 5분 전부터 식은땀이 나고 심장이 쿵쾅거리기 시작하다가 발표 직전에 '난 누구? 여긴 어디?' 하면서 긴장이 최고

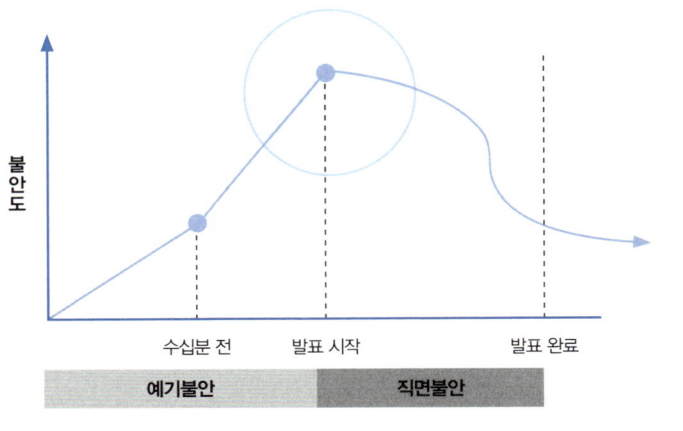

발표 시점에 따른 불안도의 변화

조에 이른다. 계속될 것만 같았던 긴장감은 발표가 시작됨에 따라 점차 줄어들며 적응 단계에 접어들게 된다.

떨림을 줄이기 위해서는 이 예기불안과 직면불안 초반에 대한 적응력을 키우는 훈련이 필요하다. 발표 직전 3분부터 발표 시작 후 2분까지, '5분 사투(박혁종, 2010)'를 이겨내고 나면 이후로는 순조로워진다.

• 떠도는 위험한 솔루션들

긴장과 떨림을 줄이는 여러 가지 방법이 알려져 있다. 그중 몇 가지를 소개한다. 혹시 당신이 사용하고 있는 방법이 있는지 체크해 보라.

내 손안의 물건 :

손에 가족의 사진이나 행운의 만년필과 같은 물건이 있다면 마음이 편해질 수 있다. 레이저포인터나 볼펜, 지휘봉 등을 드는 것만으로도 의지가 될는지 모른다. 그러나 이 방법은 '독'이다. 천군만마와 같았던 행운의 물건이 발표 직전에 보이지 않는다면 어떻게 할 것인가? 나의 의지요, 산성인 마이크나 레이저포인터 없이 맨손으로 스피치의 전장에 서야 할 순간이 반드시 온다. 또한, 펜이나 지휘봉 등을 손에 쥐고 스피치를 하면 검무를 추듯 '공격적'으로 보일 수 있다.

나의 피난처, 연단 :

한 학생이 자신은 소심한 편인데 인형탈을 쓰니 자신감이 생겨서 춤도 추고 스스로도 놀랄 정도로 대범하고 과감해지더란다. 우리는 자신의 몸이 상대에게 개방될수록 심리적인 부담을 느낀다. 탁자나 연단 뒤에 서면 마치 '인형 탈'을 쓴 것처럼 마음의 의지가 된다. 그러나 이 방법은 독이다. 2005년 루이지애나주 허리케인 참사 현장에서 부시 대통령은 NBC와 기자회견을 했다. 기자의 물음에 부시는 평소와 달리 몸을 흔들고 혀를 내밀고 눈을 깜빡거렸다. 항상 그의 하반신을 가리던 탁자가 없는 현장에 서자 당황한 모습이 적나라하게 방송된 것이다. 연단이 없어지는 순간 그동안 숨겨 왔던 부족함이 모조리 드러나게 마련이다.

마이크에 집중 :

무대에서 마이크에 집중하며 마이크 높이, 볼륨 등을 조정하다 보면 직면불안을 안정적으로 넘길 수도 있다. 그러나 이 방법은 독이다. 발표를 기다리는 청중 앞에 서서 마이크를 툭툭대면서 삐걱삐걱 점검하는 모습은 '나는 초보 연사[4]입니다'라고 광고하는 것과 같다. 스피치를 하기 전에 미리 점검하고 나에게 맞추어 세팅했어야 한다.

고백해서 편해지기 :

긴장이 최고조인 스피치 초반에 "여기 서니까 정말 떨리네요. 긴장이 많이 됩니다." 하는 고백을 하고 나면 마음이 편안해진다. 운이 좋으면 청중들에게 인간적으로 보일 수도 있다. 그러나 이 방법은 독이다. 한두 번은 쓸 수 있을지 모르나 전문가라고 여겨지는 사람이 이런 말을 자주 하면 미숙한 느낌을 주어 '프로'의 이미지를 깎아먹게 된다. 떨림은 자기 스스로 인정해야 하지만 사람들에게 굳이 고백할 필요는 없다. 면접이나 비즈니스에서 이런 말을 내뱉었다면 '떨린다는 말'만 상대의 기억에 남아 자신감이 없는 사람으로

---

[4] 연사(演士)는 발표(연설)하는 사람을 의미하며, 스피커(Speaker), 발표자, 화자(話者)와 비슷한 의미이다.

낙인찍힐 수도 있다.

이순신 장군께서 "내 죽음을 알리지 말라."고 하신 말씀을 기억하라. 장군께서는 병사들이 동요하고 일본이 다시 힘을 얻는 것을 막고자 하셨다. 굳이 내 약점을 시작부터 알려 청중을 동요하게 만들 필요는 없다. '내 떨림을 굳이 알리지 말라.'

약물의 힘 :
청심환 같은 약물은 순간적으로 긴장을 떨어뜨려 주는 효과가 있다. 담배를 피우던 사람이라면 '스전땡(스피치 직전에 피는 담배)'으로 심리적 안정을 유도할 수도 있다. 그러나 이 방법은 독이다. 담배를 피우거나 약을 복용할 새 없이 갑작스레 스피치를 해야 할 순간이 반드시 온다. 더군다나 발표장이 담배나 청심환 냄새로 가득 찬다면 얼마나 난감할까?

청중을 바보로 만드는 상상 :
'사람들이 빨간 팬티를 입고 있다고 생각'해 보거나 '내 앞에 바보들이 앉아 있다'고 생각하면 마음이 편해진다는 이야기가 있다. 우스꽝스러운 사람들이나 바보 앞에서 스피치를 하는데 긴장할 이유가 없다고 인식하기 때문이다. 그러나 이 방법은 독이다. 그런 상상력이 가능하다면, 당신의 마인드컨트롤 능력을 더 긍정적으로 활용하기를 권한다. 예컨대 '사람들은 나를 좋아한다. 내 이야기를 듣고 싶어 한다.'와 같은 상상 말이다. 또 하나, 청중은 민감하다. 연사가 자신을 존중하는지, 무시하는지 단번에 안다. 청중을 우습게 보는 연사의 마음은 자신도 모르게 언행에 드러나게 마련이다.

지금까지 살펴본 여섯 가지 방법은 모두 위험한 방법이다. 순간적으로 긴장과 떨림을 회피할 수 있을지는 몰라도 부작용이 크며 결과적으로는 당신의 스피치를 피폐하게 만들 것이다. 그렇다면 '독'이 되지 않고 '득'이 되는 훈련 방법은 무엇인가?

영화 〈반지의 제왕〉에서 로한의 왕 세오덴은 적군에 비해 전력이 매우 열세인 환경에서 다음과 같이 말한다.

"나도 우리가 불리하다는 건 아네. 하지만 전장에서는 당당히 맞설 것이니라."

자신감에 맞서는 유일한 길은 맞서는 것뿐이다. 긴장과 떨림을 인정하라. 그리고 정직하게 맞서 싸우라. 이제 용감하게 출사표를 던진 당신과 함께 본격적인 '자신감 회복 프로젝트'에 돌입하고자 한다.

자신감 회복 방법

- **자존감 공식**

떨림의 극복은 이를 당당하게 직면하는 것에서부터 시작되며 아이들과 같은 '자존감[5]'을 회복해야 함을 살펴보았다. 그렇다면 자신에 대한 믿음과 신뢰, 자존감은 어떻게 높일 수 있을까? 심리학자 윌리엄 제임스의 자존감 공식에서 우리는 그 방향을 찾을 수 있다.

$$자존감 = \frac{성취}{욕심}$$

자존감을 높이는 방법 첫 번째는 분모를 작게 하는 방법이다. '완벽주의'와 '욕심'을 내려놓는 것이다. 완벽주의는 타인의 평가와 시선을 지나치게 의식해서 생기기도 한다. 스스로의 스피치에 대한 엄격한 기준을 낮추고 관대해지자. 실수에 관대한 사람은 실패를 두려워하지 않고 성장하는 반면, 완벽을 강요당한 이들은 도전을 꺼리고 성장을 멈춘다.

---

[5] 자신감은 '무엇인가를 할 수 있다'는 것이고, 자존감은 스스로 가치 있다고 생각하는 마음이다. 자신감의 바탕은 자존감이므로(오정석 외, 2014) 본서에서는 '자신감'보다 '자존감'을 위주로 언급하였다.

발레리나 강수진 씨는 "남들이 나를 두고 뭐라고 하든 말든, 나한테 중요한 것은 내가 정한 기준이었다."라고 말했다. 김연아 선수도 "다른 사람들이 뭐라고 하든 내 자신에게만 집중하려고 했다."라며 타인보다 자신에게 집중하는 것이 성장의 에너지가 되었음을 보여 준다. 자신의 기준이 만들어 내는 허들을 뛰어넘어야만 한다면, 일단 허들 높이를 낮추면 넘기 쉬워진다. '이번에는 목소리를 크게 하자'와 같이 작은 목표를 한두 가지만 세우고 스피치를 해 보고, 스피치 후에는 스스로에게 긍정적인 피드백을 주면 자존감이 높아진다.

$$자존감 = \frac{성취}{욕심} \qquad 자존감 = \frac{성취}{욕심}$$

자존감을 높이는 방법 두 번째는 분자인 성취를 키우는 방법이다. 성취를 키운다는 것은 '스피치 성공의 경험'을 많이 만드는 것을 의미한다. 수영을 배운다고 생각해 보자. A군은 수영강좌를 온라인으로 12회 수강하여 이론을 마스터하고 불타는 의욕으로 수영장에 첫발을 내딛었다. 그가 처음부터 물살을 가르며 멋지게 수영할 수 있을까? 아마도 물 먹는 하마가 될 가능성이 높다. 운동은 이론만으로 절대 완성되지 않는다. 실전 경험을 쌓아야 한다. 스피치 역시 철저한 '실전'의 분야이다. 많이 경험하고 성취할수록 익숙해지고 편해진다.

학창 시절에 발표했다가 놀림을 받았다거나 회사에서 망신당한 일은 트라우마처럼 남는다. 유일한 극복의 방법은 '성공의 경험'을 많이 해서 덮는 것뿐이다.

필자는 스피치 모임을 진행하면서 성격을 개조한 분들을 많이 만났다. 그들의 공통점은 '스피치를 하는 자리에 의도적으로 선 것'이었다. 스피치 모임에 꾸준히 참석하며 사람들 앞에 서는 경험을 했고, 소극적인 성격임에도 학교에서 임원을 맡아 말하는 자리에 의도적으로 섰으며 회사에서는 사내 발표를 피하지 않고 맡았다. 스피치를 경험하고 준비할 수밖에 없는 자리에 자신을 몰아넣었다. 배수의 진을 치고 경험을 선택했더니 단기간에 놀라운 성장과 성취를 이루어 낸 것이다.

스피치는 몸으로 배우는 분야이다. 백날 책을 읽고 많은 지식을 쌓는다고 해서 사람을 움직이는 스피치가 저절로 나오지 않는다. 사람들 앞에 자주 서라. 그러면 면역력이 키워진다. '지금은 잘 못하니까, 자신감이 생기면 그때 앞에 나서야지.'라고 생각하며 나중을 기약하지 말라. 도망가기를 멈추라. '행복해서 웃는 게 아니라, 웃어서 행복해지는 것'이라 하였다. 마찬가지로 '자신감이 넘쳐서 연단에 서는 게 아니라, 연단에 서다 보면 자신감이 생기는 것'이다. 성장을 원한다면 자신을 스피치를 경험할 수 있는 환경에 당장 노출시키라.

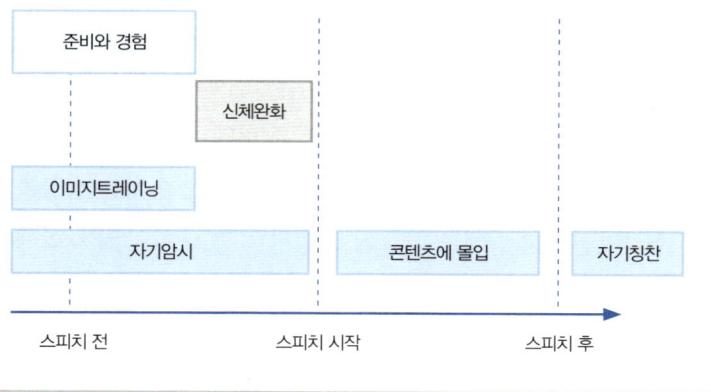

스피치 시점에 따른 자신감 회복 훈련

- 경험기법: 익숙해지면 편해진다

  스피치 콘텐츠에 익숙해지기 :

  잘 아는 내용을 말할 때는 비교적 부담이 적다. 그러나 갑작스럽게 발표 대타를 맡아 내가 실무자가 아닌데 발표를 하게 된 경우라면 더욱 긴장이 된다. 게다가 발표 현장에서 질문까지 쏟아진다면, 등 뒤로 흐르는 긴장의 땀방울을 느끼게 될 것이다. 익숙하지 못한 콘텐츠를 말해야 하는 경우에는 떨림이 배가 된다.

  "준비된 연사만이 자신감을 가질 수 있다."는 데일 카네기의 말처럼, 스스로 연습하고 충분한 리허설을 거쳐서 누군가 툭 치면 내용이 줄줄 나오도록 익숙해져야 자신감이 흘러나온다. 특별히 '처음'

과 '끝' 부분을 더욱 신경 쓸 필요가 있는데, 그중 긴장감이 최고조에 달하는 처음 부분(초반 5분)을 숙지해 놓으면 직면불안 감소에 도움이 된다.

청중에 익숙해지기 :

청중이 메두사도 아닌데 왜 그들의 눈빛을 보는 순간 얼어붙는 것일까? 스피치 자리에 서서 많은 이들의 눈빛을 받아 본 일이 적기 때문이다. 연사가 청중의 눈빛을 보지 않는다면 청중은 '나에게 별 관심이 없구나.' 하고 느낀다. 시선이란 곧 애정을 의미한다. 아무리 진심과 열정을 담은 발표라고 해도 당신이 눈빛으로 상대에게 마음을 전달하지 않으면 상대는 그것을 느낄 수 없다. 기억하라, 눈은 '마음의 창'이다.

장소와 장비에 익숙해지기 :

회사 프레젠테이션을 PPT와 함께 열심히 연습해서 준비해 왔는데, 막상 회의실에 프로젝터가 없다! 얼마나 난감하고 식겁하겠는가. 설령 프로젝터가 있더라도 창문이 크고 햇살이 비치는 낮이라면 내가 준비한 데이터들이 잘 보이지 않아 당혹감에 빠질 수도 있다. 발표장의 볼륨 세팅이 연습했던 환경과 달라 음악이 음소거 수준으로 들리거나 야심차게 준비한 영상이 재생조차 되지 않는다면 당신은 긴장의 늪에서 헤어 나올 수 없을 것이다. 스피치 장소와 장비에 익숙해지는 것은 이러한 돌발요소를 막고 안정되게 스피치를 해나가는 데 도움을 준다. 출장에서 풀리지 않던 피로가 익숙한 우리 집에서 하루 쉬고 나면 풀리듯, 익숙한 스피치 장소는 당신의 긴장을 풀어 주는 역할을 할 것이다.

주의!! : 미간이나 인중을 바라보라?!

상대의 눈을 직시하면 부담을 느낄 수 있으므로 미간(눈썹 사이)이나 코언저리, 인중을 보라는 조언은 어떨까?

필자의 한 친구는 임용고시를 준비했다. 필기시험에 합격한 그는 '시범수업' 면접을 앞두었다. 사람들 앞에 서 본 경험이 적은 그는 특히 청중의 눈빛과 마주칠 때 긴장이 극에 달했다. 이 친구는 결국 면접관의 눈빛이 아닌 이마를 쳐다보기로 마음먹었고, 실제 면접장에서도 이는 효과를 발휘했다. 눈을 보지 않았더니 그다지 긴장이 되지 않았고 시범수업은 순조로웠다. 그러다가 중간에 그만 실수로(?!) 면접관의 눈을 보게 되었는데, 이때부터 긴장의 폭풍이 엄습해 오기 시작했다. 안경을 고쳐 쓰는 그의 손이 파르르 떨려 안경을 바닥에 떨굴 기세였다. 긴장의 바다에 잠긴 그는 안타깝게도 면접에서 떨어지고 말았다.

우리의 진심은 눈빛을 통해 상대에게 전달된다. 눈을 마주하지 않는 것은 진심 전하기를 포기하는 것이다. 임시방편으로 비겁하게 피하지 말고 직면하라. 시선에 익숙해지라.

시선 훈련은 청중을 상대로 하는 것이 좋지만 긴장감이 큰 편이거나 상황이 여의치 않으면 혼자서도 해 볼 수 있다. 혼자 하는 훈련만으로도 시선 처리를 일정 수준에까지 끌어올릴 수 있다. 물론 이후에는 실제로 청중과 교감하는 훈련으로 이어져야 청중과의 살아 있는 교감이 이루어질 수 있다.

훈련 1

떨림 극복 – 시선

시선 익숙해지기
청중과 눈 맞춤이 부담스럽고 두려울 경우

1. 사람의 얼굴(가능하면 실제 크기) 3개 출력하기

실제 마주하게 될 청중의 얼굴, 혹은 비슷한 얼굴이라면 더 효과적이다. 면접을 본다면 회사의 간부 얼굴을, 노인층을 대상으로 한다면 할아버지, 할머니의 얼굴을 출력하라. 사람의 얼굴을 직접 그리거나, 풍선을 불고 얼굴을 그려 넣을 수도 있다.

연사

2. 사진 벽에 붙이기

벽에 얼굴 사진을 붙인다. 실제 청중이 앉아 있는 폭을 생각하며 너무 달라붙지 않게 중앙, 좌, 우에 붙인다.

3. 미소 띠면서 눈 맞춤 연습하기

○ 미소를 지으며 얼굴 사진을 바라본다. 미소가 잘 나오지 않는다면 마음 속으로 "오늘 아름다우시네요.", "만나 뵙게 되어 너무 반갑습니다.", "저 예쁘게 봐주세요." 등 덕담이나 인사말을 되뇌면서 바라보면 효과적이다.

○ 고개는 고정한 채로 눈동자만 움직이면, 양 끝에 앉은 사람들에게는 마치 째려보는 것처럼 보일 수 있다. 눈동자는 고정하고 고개가 움직여지도록 한다.

■ 훈련의 정수 ■

사람 얼굴 3개를 출력(스피치 현장에 있을 법한 얼굴로)하여 벽의 중앙, 좌, 우에 각각 부착하고 미소를 띠며 눈 맞춤을 해 본다.

훈련 2

떨림 극복 – 시선

시선의 이동
청중을 골고루 바라보기 어색한 경우

자연스러운 시선 이동을 위한 훈련이다. 사진을 붙여 놓고 해도 좋고, 실제 청중을 바라보면서 적용해도 좋다.

시선 배분하기

○ 청중들에게 시선을 고루 나누어 주는 것을 기본으로 하되 직위가 높은 사람이나 의사결정권자에게 시선이 좀 더 머물도

록 한다. 다른 사람들이 소외감이나 질투(!?)를 느낄 정도가 되어서는 안 된다.

○ 호의적인 사람을 파악하라. 나의 스피치를 집중해서 듣는 사랑스러운 청중이 있기 마련이다. 스피치 중간에 힘이 빠질 때면 그 천사 같은 청중을 바라보라. 나에게 에너지를 줄 것이다.

시선 이동 방향과 속도 조절하기

○ 청중이 적을 경우: 좌중우중, one sentence one person
'좌측 → 중앙 → 우측 → 중앙' 식으로 부드럽고 자연스럽게 이동한다.
한 문장에 한 사람(방향)의 시선을 맞추고 다음 문장에서 시선을 이동하면 적당하다.

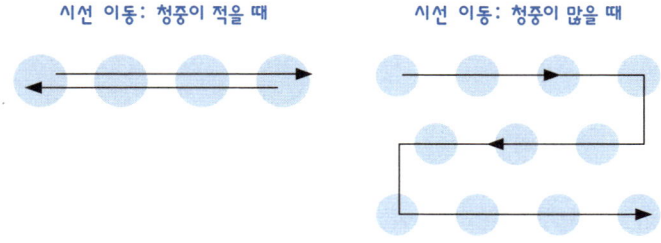

○ 청중이 많을 경우: ㄹ자 형태, 물 흐르듯이 천천히
발표장이 세로로 길거나 뒷자리까지 사람들이 많은 경우, '좌중우중'으로만 보면 뒤쪽 사람들은 바로 보지 못하는 경우가 생

기므로 'ㄹ'자 형태가 적당하다.

속도는 물 흐르듯이 천천히 이동하는 것이 좋다. 중간에 호의적인 팬이나 에너지를 보내고 싶은 사람에게 잠시 시선을 고정할 수도 있다.

■ 훈련의 정수 ■

한 문장에 한 사람(방향)을 바라보는 정도의 속도로 시선을 '좌 → 중앙 → 우 → 중앙'으로 고루 배분한다.

• 신체기법: 유연한 몸에 유연한 스피치

경험기법이 장기적인 자신감 향상 방법이라고 한다면, 신체기법은 가장 떨리는 시점인 발표 직전부터 시작 직후까지를 효과적으로 컨트롤할 수 있는 방법이다. 한마디로 '유연한 스피치를 위해 유연한 몸을 만드는 과정'이다. '유연'이라고 해서 요가나 기계체조처럼 어려운 동작을 하려는 것은 아니니 안심하라. 일부 성악가들은 노래하기 전에 가볍게 제자리 뛰기 등을 하며 몸을 풀기도 한다. 스피치 전에도 신체와 조음기관을 풀어 주는 것은 편안한 스피치를 위해 도움이 된다. 몸과 마음은 별개가 아니라 긴밀하게 연결되어 있고 서로 영향을 미치게 된다는 사실을 기억하라. 스피치 전에 신체와 조음기관을 풀어 주는 것은 편안한 스피치를 위해 도움이 된다.

훈련 3　　　　　　　　　　　　떨림 극복 – 신체, 보이스 – 워밍업

신체 긴장 털기
발표 20~30분 전, 긴장을 털어 내고 싶을 때

1. 온몸 털기

선 채로 몸에 힘을 빼고 온몸을 털어 준다. 몸에서 먼지와 긴장을 털어 낸다는 기분으로 가볍게 몸을 털어 내자.

2. 준비운동

준비운동을 하듯이 목 돌리기, 어깨 돌리기, 허리 돌리기 등으로 신체를 전반적으로 이완시켜 준다. 사람들이 많은 곳(스피치 현장)에서 하면 긴장하고 산만해 보일 수도 있으므로 사람들이 없는 화장실이나 무대 뒤에서 해 보면 된다.

　■ 훈련의 정수 ■

발표 20여 분 전에 가볍게 제자리에서 뛰며 몸을 털고, 목과 어깨, 허리 등을 돌리며 몸을 푼다.

훈련 4　　　　　　　　　　　　떨림 극복 – 신체, 보이스 – 워밍업

스피치 워밍업 '털오불어'
발표 당일, 발표 아침 20~30분 전, 긴장을 털어 내고 싶을 때

발성기관이 경직되고 긴장되면 좋은 소리가 나올 수 없다. 갑

작스레 발표하다가 음이탈(소위 삑사리)이 나서 민망하기 그지 없던 적이 있을 것이다. 음이탈은 노래에서만 나오는 것이 아니다. 경직된 스피치에서도 목소리는 뒤집힐 수 있다. 조음기관을 간단하게 풀어 주면 이런 불상사를 막을 수 있다.

1. '털'기
가볍게 몸을 털어주고 입술도 '푸르르르' 하며 털어 준다.

2. '오'아
입과 표정을 풀어 주는 단계이다. 입 모양을 '오아오아' 하며 소리를 낸다. '오' 할 때는 눈코입이 코쪽으로 모인다고 생각하며 움츠리고, '아' 할 때는 눈코입이 최대한 크게 뻥 뚫린다고 생각하며 확대한다. 20여 회 정도 반복하면 입과 함께 표정도 풀린다.

3. '불어'
'본격적으로 목을 푸는 단계이다. 입을 바늘구멍 정도로 작게 하고 바람은 세게 내뿜어 본다. 복어처럼 볼이 부풀어질 것이다. '부~' 소리를 내면서 바람을 내보낸다. 최대한 오랫동안 호흡을 내보내며 아랫배에  힘이 들어가는 것을 느껴본다. 4분 정도 지속하다 보면 목이 풀

리며 복식발성도 함께 훈련된다.

■ 훈련의 정수: 스피치 워밍업 '털오불어' 5분 ■

털기(몸과 입술) 30초 → 오아오아 30초 → 불기 '부~' 4분

훈련 5

> 떨림 극복 – 신체

깊은 심호흡
발표 5분 전~직전, 긴장을 털어 내고 싶을 때

1. 천천히 숨 들이마시기

짧고 가쁘게 내뱉는 호흡은 마음을 더 불안하게 만들 수 있으므로 가능한 느린 속도로 숨을 들이마신다.

2. 2초 정도 멈추기

숨을 다 마셨으면, 2초 정도 호흡을 멈춘다.

3. 천천히 숨 내뱉기

내뱉는 것 역시 느린 속도로 한다(15초 이상). 내면의 불안감까지 호흡과 함께 밖으로 불어 버린다는 생각으로 내뱉는다.

4. 1~3번 반복하기

위와 같은 심호흡을 7~10회 반복한다.

■ 훈련의 정수 ■

가능한 한 느린 속도로 천천히 숨을 들이마시고, 2초 정도 멈추었다가 가장 느린 속도로 내뱉는다. 7~10회 반복한다.

• 마음기법: 성공을 그리다

앞서 '자존감=성취/욕심'이라고 하였다. 성취를 키우는 것, 스피치 성공 경험을 많이 쌓는 것이 자신감 회복의 기본이다. 그러기 위해서는 스피치를 실제로 여러 번 경험해야 하지만, 여기에 한 가지 문제가 있다. 발표 연습을 위해서 매번 청중을 모을 수는 없는 노릇이 아닌가?

두 가지 방법으로 이를 해결할 수 있다. 첫째는 나와 같은 스피치 훈련의 목적을 가진 사람들이 있는 '스피치 스터디 모임'에 참여하는 것이고(☞**부록1. 스피치 스터디 활용 매뉴얼**), 둘째는 마음으로 성공을 경험하는 방법이다. 마음기법으로 스피치 경험 부족을 상당 부분 따라잡을 수 있다. 윌리엄 제임스는 "어떤 감정을 느껴 볼 수 있는 최선책은 이미 그 감정을 느껴 본 것처럼 행동하는 것이다."라고 하였다. 용기를 얻고자 하면 용기 있는 척 행동하고, 잘하고 싶다면 스스로 잘한다고 믿으면 된다. 스피치에서도 성공했다는 느낌을 갖기 위해서는 이미 성공했다고 생각하고 믿으면 된다.

마음기법 중 하나인 '자기암시 훈련'은 스스로 '자신감 넘치는 척' 하여 긍정의 에너지를 불어넣는 훈련이다. 심리학의 아버지 프로이트는 어떤 메시지든 3,000번 이상 세뇌하면 이루어진다고 하였다. 자신감에 관한 메시지를 자신에게 계속 불어넣으면 뇌가 그것을 사실로 받아들인다는 것이다. 성공을 이룬 사람들은 이 자기암시의 힘을 알고 실천한다.

마이크로소프트의 빌 게이츠는 아침에 집을 나서기 전, 거울을 보며 "오늘은 나에게 큰 행운이 생길 것이다. 나는 무엇이든 할 수 있다."는 긍정의 메시지를 크게 외친다. 무하마드 알리도 "나는 세계 최고다."라고 항상 말하며 결국 세계 챔피언이 되었다.

  반대의 경우도 있다. '메시지를 제대로 전달 못하면 어쩌지? 내 말에 별로 관심이 없나 봐. 아, 역시 망했어. 그럴 줄 알았어.' 하는 부정적인 암시들도 그대로 현실이 되고 만다. 자기암시는 어느 쪽으로든 강력한 효과를 발휘하는 셈이다. 어떠한 방향을 선택할지, 고삐는 당신이 쥐고 있다.

  필자 역시 자기암시 훈련의 효과를 여러 번 목격하였다. 자신감 회복을 위해 참여자들은 자기암시문을 읽었다. 낭독이라기보다는 쩌렁쩌렁 외치는 고함에 가까웠다. 처음에는 '저렇게까지 해야 하나? 여기 무슨 다단계 아닌가?' 싶은 생각이 들었다. 그런데 그렇게 한 달 이상을 매일같이 외치고 나니, 극도로 소심하던 분들이 활발해졌고 두려워하던 분들의 눈빛에서 자신감의 에너지가 느껴졌다. 간단한 훈련이었지만 효과는 놀라웠다.

  필자가 전에 만났던 한 학생은 자신감은 고사하고 눈 맞춤도 힘들어했다. 불안감이 가득해 보이는 이 친구와 함께 스피치 시선 연습(☞**훈련1~2**)과 자기암시 트레이닝(☞**훈련7**)을 중심으로 코칭하자 불과 10여 회 만에 자신감을 회복했을 뿐 아니라, 마음 속 이야기도 조리 있게 꺼낼 수 있게 되었다. 그 학생은 그때의 연습이 자신감 회복의 기회와 인생의 전환점이 되었다며 감사해하였다.

강연을 앞둔 필자 역시 '사람들은 내 이야기에 빠져든다! 오늘은 최고의 날이다! 나에게는 매력과 긍정의 에너지가 넘친다!'는 암시를 하곤 한다. 이렇게 마음가짐을 다진 날의 강의와 그렇지 않은 날은 분명한 차이를 느낀다. 자기암시 훈련은 극도의 무대공포에 시달리는 분들에게는 단기간에 큰 변화를 맛보게 해 주고, 발표 직전에 자신을 가다듬을 수 있게 해 주는 강력한 훈련이다.

자기암시와 비슷한 이미지트레이닝은 성공의 결과를 그려 보는 연습이다. 17세 이하 여자 월드컵 우승의 주역이었던 여민지 선수는 축구일지를 매일 빠짐없이 쓰고 이미지트레이닝을 한 것이 실제 대회에서 큰 도움이 됐다고 말했다. 올림픽 유도 금메달리스트인 김재범, 이원희 선수는 상대 선수와 상상으로 벌이는 유도를 펼치곤 했다. 상대를 멋지게 업어치기했을 때의 모습뿐만 아니라, 난관에 부딪혔을 때를 머릿속으로 그리며 그 순간을 어떻게 극복할지도 상상했다. 후에 실제 경기를 하면서 이미지트레이닝으로 그렸던 해결책이 도움이 됐다고 한다. 큰 성취를 이뤄 낸 사람들은 이미지트레이닝에 익숙하다. 이 훈련을 잘 활용하면 실제 경험의 70%까지 효과를 낼 수 있다.

훈련 6 떨림 극복 – 마음

이미지트레이닝
평소에 / 스피치를 연습하면서

1. 실제 경험해 본 후 트레이닝한다.

실제 경험이 뒷받침된 상태에서 트레이닝을 해야 효과가 있다. 스피치를 하기로 정해진 장소가 있을 경우, 가능하면 그 자리에 서서 한번 연습해 보면서 그 느낌을 기억하고 그 후에 이미지트레이닝을 해 본다.

2. 상황을 디테일하게 그려 본다.

중요하고 간절한 발표가 있다면 처음부터 끝까지의 장면을 하나하나 그려 보라. 연단에 서기 전에 기다리는 모습, 내 이름이 호명되는 순간, 자신감 있게 걸어 나가는 모습, 청중을 바라봤을 때의 기대와 설렘, 다소 떨리지만 힘 있게 내뱉는 인사, 밝고 또렷한 목소리, 임팩트 있는 제스처, 열정을 전하는 모습, 나의 유머에 웃는 청중들, 발표가 끝난 후 뜨거운 박수갈채 등 세세한 모습을 그려 본다.

3. 난관도 그려 본다.

준비한 유머에 분위기가 싸해지는 순간, PPT가 제대로 뜨지 않을 때의 난처함, 청중의 날카로운 질문 등을 그려 보고 반드시 그 난관을 멋지게 해결해 내는 모습까지 상상하라. 만에 하나 실제로 그러한 상황이 발생하는 경우, 극복에 대한 상상훈련이 하늘에서 내려온 동아줄 같은 해결책이 될 수도 있다.

■ 훈련의 정수 ■

스피치 장소에서 연습한 후에 그곳을 떠올리며 발표 전·중·후의 모습을 디테일하게 그리면서 성공을 상상한다.

훈련 1

> 떨림 극복 – 마음

자기암시 훈련
평소에(특히 취침 전·기상 후) / 스피치를 앞두고 연습하면서

스피치를 멋지게 해내는 모습, 자신감이 넘치는 모습을 그려 보며 자기암시문을 적어 본다. 자주 읽기 편하도록 A4 절반 이내의 분량을 권한다. ☞**부록3**(자신감 회복 암시문 예시) 참조

긍정형으로 작성하기
"나는 떨리지 않는다. 실패하지 않는다."와 같은 부정형의 암시문을 반복하면 오히려 '떨림'과 '실패'라는 부정적인 단어가 각인될 우려가 있다. "나는 자신감이 가득하다. 나는 성공한다."처럼 긍정적인 뉘앙스로 작성한다.

현재형으로 작성하기
자기암시는 긍정의 메시지로 현재를 바꾸어 가는 작업이므로 "나는 자신감이 생길 것이다."보다는 "나는 자신감이 넘친다."라는 현재형이 더 효과적이다.

확신을 담아 외치기

처음 자기암시문을 읽으면 내적인 반발심이 생길 수 있다. '내가 자신감이 넘친다고? 나는 지금까지 부정의 아이콘이었는데 지금 뭐라고 거짓말하는 거지?' 이때 겁먹고 중단하지 말라. 오히려 더 강한 확신과 의지를 담아 선포하라. 그러다 보면 점차 긍정의 에너지가 높아지면서 어느 순간 부정의 목소리를 녹다운시킬 것이다.

취침 전·기상 후 시간이 황금시간대

자기암시문은 언제든 반복하면 좋지만, 특히 기상 직후에 읽으면 하루를 긍정의 에너지로 출발하게 해 주고, 취침 전 외침은 자는 동안 메시지가 잠재의식에 기록되게 해 준다. (단, 기상하자마자 큰 소리를 내면 목에 무리가 가므로 아침에는 확신만 가지고 작은 소리로 읽자.) 평소에 연습하고 발표 직전 되뇌면 효과가 있다.

■ 훈련의 정수 ■

긍정형·현재형의 자기암시문을 작성하여 확신을 담아 자주 읽는다. 취침 전·기상 후 등 평소에 연습하고 발표 직전에 되뇌어 본다.

내용에 몰입하기 :

필자가 과거 스피치 코칭을 했던 S사 간부 한 분은 30여 년간 스피치의 기회가 없었던 분이었다. 그런데 직급이 오르고 보니 아침 조회부터 시작해서 고객과의 상담, 그리고 임원들 앞에서의 프레젠테이션까지 매일이 발표의 연속이었다. 심각하게 스피치 개선의 필요성을 느끼며 훈련하시던 그분이 하루는 이런 말씀을 하셨다.

"저는 항상 긴장하지 않고 말하려고 노력했어요. 그런데 어느 날인가 직원들 앞에서 중요한 상품을 설명하게 됐어요. 그 상품이 잘 팔려야만 우리 실적이 제대로 나오는 절박한 상황이었지요. 직원들에게 열심히 설명하는 순간, 저는 깨달았어요! 제가 전혀 긴장하고 있지 않다는 것을요. 내용에 몰입하며 열정적으로 설명하고 있을 때, 무대공포를 돌아볼 생각도 못했어요. 내용에 집중할 때 긴장은 저절로 사라졌던 겁니다."

사람의 뇌는 한 번에 한 가지 일에만 집중할 수 있다. '긴장하지 말아야지, 힘 있게 말해야지, 포인터도 자연스럽게 쥐어야지, 제스처도 멋지게 해야지.' 하고 복잡한 생각을 동시에 하면 능률이 현저하게 떨어진다. 결국 스피치를 멋지게 성공시키는 방법은 단순하게 스피치 내용에만 집중하는 것이다.

독화살을 맞은 관우가 바둑에 집중하며 수술의 고통을 이겨 냈다는 이야기가 있다. 바둑은 '스피치 내용'이고 고통은 '스피치의 두려움'과 같다. '어떻게 하면 덜 떨까(고통)'에 집중하지 말고 당신이 전달할 스피치 '내용(바둑)'에 빠져들 때 두려움이 멀어지는 것임을 명심하라. 청중이 먼저 몰입하고 열정을 쏟을 수는 없다. 연사가 뜨거운 확신과 몰입의 불이 되어 청중이라는 장작에 열정을 전해 주자!

훈련 8　　　　　　　　　　　떨림 극복 – 마음

내용에 몰입하기
스피치를 시작하기 직전에 / 스피치 도중 자신의 집중이 흐트러질 때

나에게만 말할 자격이 있다고 되뇌기
사람들 앞에 선 순간, 말할 수 있는 자격은 오로지 당신에게만 주어진다. 수많은 사람들 중 오로지 당신에게만 허락된 시간이라고 마음 속으로 스스로에게 말하라.

나의 발표가 가치있다고 되뇌기
당신의 발표 내용은 들을 만한 가치가 있고 유익한 것이라고 스스로에게 말하라. 자부심과 확신을 가지고 내용에 주목하다 보면 어느새 긴장은 돌아볼 새 없이 열정적으로 말하는 당신의 모습을 발견할 수 있을 것이다.

　■ 훈련의 정수 ■

"나에게만 이야기할 자격이 있다. 청중에게 도움이 되는 소중한 내용이다."
스피치 시작 전이나 스피치 중에 이런 메시지를 되뇌며 내용에 몰입하라.

자신감 회복을 위한 자기피드백 :
　스피치 후에는 자신에게 어떤 피드백을 해 주는 것이 자신감 향상에 도움이 될까? 발표를 하고 나면 스스로의 모습에 부족함을 느끼며 자괴감이 들고 괴로울 수도 있다. 자신의 단점을 모조리 찾아

내어 개선하고 싶은 욕구가 솟아오를지도 모른다. 그러나 단점만을 짚는 것은 생각만큼 효과적이지 않다. 개선점을 모조리 찾아낸다고 해도 이를 동시에 고치기는 어려우며, 특히 자신감이 부족한 경우라면 도리어 성취를 떨어뜨려 스피치를 더 두렵게 만들 수 있다.

앞서 떨림을 극복하기 위한 자존감 회복을 말하면서, 자존감을 높이기 위해서는 욕심을 줄이거나 성취를 높여야 한다고 하였다. 스피치 직후에 성취를 키울 수 있는 방법이 있다. 자신이 방금 했던 발표에서 '잘했던 부분'을 짚어 주는 것이다. 미국의 한 초등학교에서 전교생 중 무작위의 20%에게 'IQ가 높다'고 알렸더니 이로 인한 기대로 8개월 후 그들의 성적이 높아지는 결과가 나타났다.[6] 기대와 칭찬의 피드백이 성장을 촉진했던 것이다. 스스로에게 칭찬거리를 찾아 적는 카드를 작성했더니 고객 불만이 줄고 고객 칭찬이 늘어나는 효과가 있었던 사례(서울신문, 2016)처럼, 다른 사람에게서 받는 피드백뿐 아니라 스스로에게 하는 긍정적 피드백도 효과를 발휘한다. 자신감 회복의 측면에서 발표 후에 자신이 잘한 점을 반드시 짚어 주는 것이 좋다.

---

[6] 1968년 하버드대의 로버트 로젠탈 교수가 했던 실험으로 이 현상을 '로젠탈 효과'라고 한다.

훈련 9　　　　　　　　　　　피드백

발표 후 자기피드백
발표가 끝나자마자, 자신의 발표를 스스로 평가하고 싶을 때

자기피드백은 발표 직후에 자신의 스피치 상태에 따라 다르게 하기를 권한다.

자신감이 부족한 경우
발표의 단점에 집중하다 보면 오히려 자신감이 더 떨어질 수 있으므로 자기칭찬을 비롯한 긍정적인 피드백 중심으로 가는 것이 중요하다. 목표로 했던 것 중 실제 발표에서 성취한 부분을 찾아 스스로에게 말해 준다. "큰 목소리로 당당하게 발표했어. 준비한 내용을 70% 이상 전달했어. 사람들과 눈을 마주치며 발표했어."처럼 장점에 포커스를 맞춘다. 단점은 한 가지 정도만 짚거나 아예 체크하지 않을 수도 있다.

자신감이 어느 정도 있는 경우
자신감이 붙기 시작한다면 서서히 자신을 객관적으로 보는 노력도 필요하다. 이때도 1번처럼 장점을 짚어 주면서 단점은 한두 가지만 꼽아서 개선을 시도한다. 단점을 모조리 잡아내려 하지 않는 것이 중요하다. 많은 단점을 한꺼번에 개선하기란 불가능에 가깝다. 가장 눈에 띄는 단점 한 가지를 집중적으로 고쳐 연습하고 크게 의식하지 않아도 자연스럽게 된다면 다음 개선할 점 하나를 집중적으로 훈련하는 것이 바람직하다.

자신감이 넘치는 경우(스피치를 잘한다고 판단되는 경우)

자신감이 최고조에 달한 사람들의 경우, 오히려 개선의 의견을 받아들이지 않고 독불장군처럼 자신의 스피치에 자아도취하는 경향이 있다. 이것은 자신감이 부족한 것보다 더 위험할 수 있다. 내용과 자세를 비롯하여 좀 더 세밀하게 자신의 스피치에서 개선할 부분을 찾는다. 다른 사람들에게 피드백을 부탁하는 것도 방법이다.

■ 훈련의 정수 ■

자신감이 부족하다면 장점 위주로, 자신감이 어느 정도 있다면 장단점을 짚어보되 단점 개선은 하나씩 집중적으로, 자신감이 넘친다면 세밀하게 개선점을 찾는다.

2장

스피치 기본기 다지기

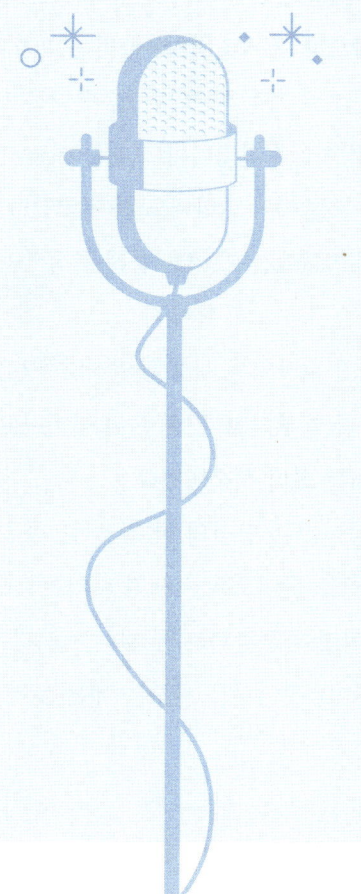

시작 자세가 반이다

한 오디션 프로에 댄서를 꿈꾸는 소녀가 등장했다. 춤을 추기 위한 준비자세와 표정만 보고 심사위원들은 "와! 끝났네. 포즈에서 끝났네."라며 극찬을 했고 실제 그녀의 춤 실력은 넋을 잃고 감탄하며 보게 될 정도로 예술이었다.

자신의 이름이 호명되자 한 연사가 일어난다. 그의 어깨는 축 처져 있고 고개는 바닥으로 떨구고 있다. 눈빛은 마치 도살장으로 끌려가는 소처럼 두려움으로 가득 차 있다. 앞에 나온 그는 똑바로 서지도 못한 채 쭈뼛거리고 긁적거리더니 고개를 까닥거리며 하는 둥 마는 둥 인사를 한다. 그는 아직 한마디도 하지 않았다. 하지만 그는 이미 평가의 절반을 먹고 들어간 셈이다. 물론 부정적인 쪽으로 말이다.

당신의 스피치가 시작되는 시점은 언제일까? 첫마디를 내뱉는 순간? 아니면 인사할 때부터일까? 당신이 일어나고 연단으로 걸어 나갈 때부터 스피치는 이미 시작되었다.

무대를 향해 나아가는 당신의 한 걸음 한 걸음은 많은 것을 말해준다. 면접장에서도 들어오는 자세와 나가는 태도에서부터 평가가 이루어진다. 첫인상이 결정되는 데 걸리는 시간은 불과 5초 정도로 그야말로 찰나이며, 첫인상을 바꾸는 데는 무려 40시간이 걸린다.

첫인상을 극복하는 데 28,800배의 시간과 노력이 필요한 것이다(한경, 2004). 당신이 자리에서 일어나 연단에까지 나가고 서는 사이, 당신도 모르는 사이에 첫인상은 이미 형성되었다. 지금까지 나는 청중에게 어떤 인상을 남겨 왔을까? 기본 자세부터 점검해 보자.

• 앉아서 기다리는 자세

당신이 스피치 현장에서 앉아 있을 때의 태도도 많은 것을 말해 준다. 엉덩이를 쭉 빼고 앉는 모습은 사람이 풀어진 것처럼 보이며, 허리가 구부정하게 앉은 모습은 자신감과 의욕이 없어 보이게 만든다. 엉덩이는 의자 깊숙이 넣고 허리를 펴고 앉는다. 무릎은 벌어지지 않게 나란히 하며(쩍벌남이 되지 않도록) 주먹은 가볍게 쥐어서 무릎 위에 올려놓는다. 고개와 어깨는 거북이처럼 구부러지지 않도록 반듯하게 편다.

• 걷는 자세

연단을 향해 걷는 모습에서 당신의 스피치는 이미 시작되었다. 걸을 때 가장 많이 하는 실수는 구부정하게 걷는 것이다. 어깨와 고개가 축 처진 상태로 구부정하게 걷는 모습을 보고 있노라면 최초의 인류, 오스트랄로피테쿠스가 떠오른다. 자신감이 없고 둔해 보인다. 당신은 가장 현대적인 인류이다. 인류의 조상처럼 걷지 말라!

  몸을 반듯하게 일자로 유지하라. 정수리에 실이 달려 있어서 천장에 묶여 있다고 생각하며 목을 가볍게 편다. 어깨는 살짝 뒤로 젖히며 펴 준다. 걷는 속도는 빠르지도 느리지도 않게 하며 팔은 자연스럽게 흔들어 준다. 너무 빨리 걷거나 팔을 강하게 흔들면 저돌적으로 보일 수 있고, 손바닥을 펴거나 팔목 관절에 힘이 없이 걸으면 사람이 가벼워 보일 수 있다. 살짝 주먹을 쥐고 팔목은 편 상태로 팔을 흔든다. 스피치 때만 잘 걸으려고 하면 머릿속에 생각이 많아져서 로봇처럼 어색하게 걷게 될 수 있다. 걷는 자세는 습관이기 때문에 교정을 위해서는 평소에도 신경을 써서 걷는 노력이 필요하다.

• 서는 자세

  편안한 스피치를 위해 서 있는 자세부터 익숙해질 필요가 있다. 걷는 자세와 같이 몸은 기본적으로 일자 형태를 유지한다. 어깨는 펴서 뒤로 살짝 젖히고, 정수리에 실이 달려 천장에 묶여 있다고 생각하며 목을 가볍게 펴자. 턱이 너무 당겨져 있으면 어두운 인상이 되고 턱이 앞으로 빠져 있으면 넋 빠진 사람처럼 보일 수 있으므로 턱은 약간만 당긴다.

  다리는 남자의 경우는 어깨보다 약간 좁게 벌리고 여자는 모으는 것이 일반적인데(뒤꿈치를 붙이고 15~30도 정도), 무엇보다 안정감이 우선이다. 누가 쳐도 넘어가지 않을 정도로 견고하게 서야 한다. 한 가지 팁이 있다면, 다리를 모으는 경우라도 한 발을 살짝 앞으로 내밀면 좀 더 안정적인 자세가 된다. 단, 한쪽 엉덩이로 무게중심이 이

몸을 일자로 펴기(O)　구부정하게 서기(X)

동하여 삐딱하게 짝다리 짚는 자세는 좋지 않다.

　스피치에 대한 불안감이 큰 사람일수록 손을 가만두지 못한다. 올렸다 내렸다 꾸물꾸물 거리고 긁는 행동은 '나는 불안해서 죽겠습니다.'라고 대대적인 광고를 하는 것과 같다. 불안한 손을 숨기려고 뒷짐을 지면 의도치 않게 건방져 보일 수 있다. 가볍게 주먹을 쥐고 (흔히 '달걀을 손에 쥔 듯이'라고 하는데 달걀은 다소 크므로 '메추리알을 쥔 듯이'가 더 낫겠다.) 바지 재봉선에 붙인다.

　여성의 경우에는 두 손을 모으는 공수 자세를 하는 것도 좋다. 두 손을 가지런히 모아 배꼽 즈음에 가볍게 올려놓는다. 개인의 팔 길이에 따라서 배꼽이나 그 아래쪽으로 손의 위치를 조정한다. 공수한 손이 너무 내려가거나 올라가 있으면 보기에 어색하다. 남자는 왼쪽 손이 위로 올라가고 여자는 오른쪽 손이 위로 올라간다(=남좌여우). 차렷 자세든 공수 자세든 단정해 보이면서 자신에게 편한 자세를 취한다.

• 퇴장 자세

 발표를 위해 자리에서 일어나는 순간 당신의 스피치가 시작되었듯, 발표 후 자기 자리로 돌아오기까지 스피치는 아직 끝나지 않았다. 퇴장 자세도 걷는 자세와 동일하다.

 그런데 등단을 단정하고 멋지게 하고도 하단 시에는 긴장이 풀림과 함께 정신마저 놓는 경우가 더러 있다. 스피치를 마치고 나서 멋쩍은 표정으로 내려오거나(부끄러운 듯 혓바닥을 날름거리는 경우도 있다) 발표가 뜻대로 잘 안됐는지 '나는 발표를 말아먹은 사람입니다. 죽여주세요.' 하는 인생의 패배자 같은 표정으로 축 처져서 내려오시는 분도 보았다.

 퇴장도 스피치의 일부분이다. 예상보다 잘했든 못했든 당당한 표정으로 어깨 펴고 내려오자. 스스로에게 '잘했어'라고 이야기해 주고 성공한 사람처럼 흐뭇한 미소를 지으면서 당당하게 내려오자! 당신의 마지막 모습을 청중은 오래 기억할 것이다.

• 인사하기

 힘과 활력의 첫마디 :
 인사는 청중에게 던지는 첫마디이다. 긴장하며 던지는 인사는 청중을 긴장하게 만들고, 맥없이 던지는 인사는 청중을 맥없이 만든다. 청중은 당신의 에너지를 그대로 받는다.

첫인사는 무조건 힘과 활력이 넘쳐야 한다. 당신이 실제로는 떨리고 머릿속은 혼돈이라고 해도 상관없다. 첫인사만큼은 힘과 활력이 넘치는 척이라도 하라. 첫인사가 작게 나오면 이후 볼륨을 높이기가 어렵다. 자신의 가장 밝은 기운을 담아 큰 목소리로 인사하라.

"여러분, 안녕하세요! 성장의 별, 추억의 별을 전해 드리는 강사 장한별입니다!"

인사의 타이밍 :

무대에 나오자마자 집에 가스불이라도 켜 두고 온 듯 급하게 인사를 하고 바로 스피치를 시작하는 경우가 있다. 스피치는 정성과 여유를 가지고 해야지, 밀린 과제를 하듯 후다닥 해치워 버려서는 안 된다. 청중은 연사가 성심을 다하는지 아닌지를 인사하는 시점에서부터 파악할 수 있다. 연단에 섰다면 바로 인사하지 말라. 미소를 띠고 청중을 쭉 한번 바라보라. 청중이 점차 당신에게 집중하는 것이 느껴질 것이다. 그때가 바로 인사할 시점이다.

인사는 '인사말+목례'로 이루어진다. 목례를 먼저한 후에 '안녕하십니까' 하고 인사말을 하면 연사의 목례를 미처 보지 못하는 청중이 발생할 가능성이 있으며 청중이 연사에게 박수를 쳐줄 타이밍도 애매해진다. '안녕하십니까, ○○○입니다' 하고 힘차게 인사말을 한 후 목례를 하라. 청중이 박수할 타이밍을 주고 나서 본격적인 발표를 시작하자.

인사의 방법 :

인사는 고개를 숙이는 각도에 따라 목례(15도), 보통례(30도), 정중례(45도)로 구분할 수 있는데, 등단할 때 하는 인사는 보통례가 적당하며, 청중에게 정중함을 표하거나 마무리 인사로 깊은 감사를 표할 경우에는 정중례도 할 수 있다.

고개를 숙일 때 머리만 까딱하는 것이 아니라 고개는 고정하고 상체가 일직선이 된 상태로 내려가야 한다. 인사할 때 팔이 앞으로 같이 움직이면 조폭처럼 보일 수 있으므로 팔 역시 바지 재봉선에 가지런히 붙이고 인사한다. 공수자세일 경우 배꼽 즈음에 손을 붙인 그 상태로 인사하며, 여성의 경우 복장에 따라 가슴 부분을 가리고 인사할 수도 있다.

내려갔다가 올라오는 속도가 너무 빠르면 경솔하고 성급해 보일 수 있으므로 마음속으로 3초 정도 세면서 속도를 조절한다. 올라올 때 속도를 살짝 늦추면 더 격식 있어 보인다.

상체가 일직선이 된 인사(O)　　구부정한 인사(X)

인사의 완성 = 미소 :

여유를 보여 주는 가장 큰 척도는 '미소'이다. 특히 등단과 퇴장할 때의 미소는 연사가 프로페셔널이고 스피치를 성공적으로 해냈음을 보여 주는 하나의 척도가 되기도 한다. 연단에 서자마자 바로 스피치를 시작하지 말라. 여유 있게 청중을 한번 돌아보며 잔잔하면서도 매력적인 미소를 보여 주고 나서 스피치를 시작하라. 미소가 결합될 때 프로의 인사는 완성된다.

훈련 10

등단 & 인사 체크리스트
좋은 첫인상을 주고 싶을 때

| 자세 |

스피치 자가 진단을 위해서는 자신이 걸어가는 모습을 캠코더나 핸드폰으로 녹화해서 보고 어색한 모습을 체크하는 것도 좋은 방법이다. 일어나서 걷고 연단에 서는 일련의 모습을 살펴보며 어색한 부분을 교정한다.

1. 걸어 나가기

☐ 목을 곧게 폈는가?
(정수리 끝에 실이 달려 천장에 매달려 있다는 생각으로 편다.)

☐ 어깨를 폈는가? (살짝 뒤로 젖힌다.)

☐ 너무 넓지도 좁지도 않은 보폭으로, 보통 속도로 걷는가?

☐ 팔이 어색하지는 않은가? (자연스럽게 흔든다.)

2. 서기

☐ 고개를 너무 당기거나 앞으로 내밀지는 않았는가?

☐ 다리 너비가 적절한가?

(남자는 어깨너비보다 좁게/여성은 모아져 있는가?)

☐ 팔이 어색하지는 않은가?

(메추리알을 쥔 듯한 차렷 자세나 공수 자세)

☐ 서 있는 자세가 안정적인가? (누가 쳐도 넘어가지 않을 정도)

3. 인사하기

☐ 청중을 두루 한번 살펴보며 미소를 띤다.

☐ 인사말을 먼저 하고 목례를 한다.

☐ 인사 후에 청중에게 미소를 보낸다.

■ 훈련의 정수 ■

목와 어깨를 펴고 당당하게 연단에 나가 안정적으로 선다. 인사말을 먼저 하고 목례를 한 뒤 청중에게 미소를 보낸다.

훈련 11

| 자세 |

미소 훈련
좋은 첫인상을 주고 싶을 때

1. 검지를 입꼬리에 대고 입꼬리 올리기

'나는 세상에서 가장 깜찍한 사람이다'라는 생각을 가지고 "앙!" 소리를 내며 손가락으로 입꼬리를 올린다. 진정한 미소는 '눈꼬리가 내려가고 입꼬리가 올라가는 미소'이다. 겉으로만 웃는 체하는 썩소(썩은 미소)가 아닌지 점검한다.

2. 미소 유지하기

미소 지은 상태를 3초간 유지한다. 이제 손가락을 떼고 미소를 7초간 유지한다. 미소가 익숙하지 않다면 입가가 파르르 떨릴 수도 있다. 훈련이 익숙해질수록 자연스러운 미소가 유지된다.

3. 1~2번을 7회 반복하기

■ 훈련의 정수 ■

검지를 입꼬리에 대고 '앙!' 하는 소리와 함께(나는 깜찍하다) 미소를 짓는다. 손가락을 떼고 미소를 7초간 유지한다. 7회 반복한다.

• 하지 말아야 할 말

다음의 언어습관은 스탠딩 스피치를 위해서는 '반드시' 손봐야 하는 것들이다. 자신이 빈번하게 사용하는 부분이 있는지 살펴보자.

제가 말을 잘 못합니다 :

'제가 이런 자리에 서는 것이 익숙하지 않아서, 말재주가 없어서, 이 분야에 아는 것이 없어서, 경험이 부족해서, ~ 때문에 준비를 못해서, 할 말이 없는데...'

당신이 서투르다는 것을 굳이 강조할 필요는 없다. 청중은 '저 사람 스피치가 익숙하지 않으니 감안해서 봐 줘야지.'보다는 '못하는 걸 알면 더 연습해 왔어야지.'라고 생각한다. 변명만 늘어놓는 사람으로 보인다.

부족해서 죄송합니다 :

'귀한 시간을 뺏어서 죄송합니다. 부족한 내용 들어주셔서 고맙습니다.'

겸손해 보이려고 이런 말을 했는지 모르겠지만 그런 효과를 기대하기는 어렵다. 자신감과 확신이 없어 보이는 인상을 남기며 여태껏 발표한 내용이 가치 없다고 자인하는 것과 같다. 확실히 사과해야 할 일이 아닌 이상 죄송하다고 하지 말라(위스컵, 2005).

시간이 없는 관계로, 시간이 좀 남아서 :

시간에 맞추어 발표하는 것은 선택이 아닌 필수이다. 이런 말은 '저는 스피치 시간 관리에 실패했습니다.'라고 고백하는 것과 같다.

방금 생각난 것인데, 정확하지는 않지만 :

스피치가 미리 잘 준비되지 못했다는 인상을 줄 수 있어 연사의 신뢰도를 깎아먹는다.

~이랬어요. 그래서요. :

해요체('~요')의 말투는 편하고 친근한 느낌이 들어서 상황에 따라 적절히 사용할 수 있다. 다만 공식적인 석상에서 이런 말투를 쓴다면 어리고 미숙한 느낌이 든다. 공식적인 자리일수록 합쇼체('~ㅂ니다')를 쓰는 것이 깔끔하다.

제가 실수했네요, 죄송합니다. 원래 이렇게 하면 안 되는 건데 :

청중에게 잘못을 고해야만 하는 상황이라면 피하지 말고 정직하게 말해야겠지만, 나의 작은 실수나 당황함을 굳이 밝힐 필요는 없다. 티내지 않고 자연스럽게 넘어가면 된다. 혹여 준비가 부족하거나 실수했다고 해도 자신감 넘치는 표정과 자세를 보이라. 청중은 주눅 든 이야기보다 자신감 있는 연사의 발표를 듣고 싶어 한다. 연사가 당당하면 청중도 뜨거워진다.

'군더더기 말'을 모두 잡아내야 할까? :

말할 내용을 생각할 때 자연스럽게 나오는 '아~', '음~' 같은 군더더기 말을 사용하지 말라는 이야기를 종종 들어 보았을 것이다.

그러나 필자는 "귀에 거슬리는 정도가 아니라면 그냥 두라."고 말하고 싶다. 예외적으로 아나운싱 등의 정보 전달은 깔끔하고 명료해야 할 필요가 있지만, 일상적이고 자연스러운 군더더기 말은 결점이 아니다. 연사의 모든 말이 깔끔하게 정제되어 빈틈없고 완벽해야 하는가? 로봇이 아닌 바에야 그런 스피치는 불가능하며, 너무 완벽해 보이는 사람은 오히려 매력이 떨어진다. 인간미가 없다는 것이다. 눌변은 그 사람의 능력을 빛내 주지는 못하지만 인격을 깎아내리지는 않는다. 언행의 신중함을 중시하는 우리 민족은 눌변이 때로 순수성을 반영한다고 믿는 경향도 있다(임태섭, 2003). 영업사원이 너무 말을 잘하면 '사짜(달변가, 사기꾼)'라 느껴져서 경계하지만, 언변과 수완은 조금 서투르더라도 마주 대하기가 편안하고 인간미가 느껴지면 친근감을 갖게 되기도 하는 것이다.

군더더기 말 한두 마디에 너무 신경 쓰지 말라. 스피치 준비는 철저하게 하되, 발표 시에는 즉흥적인 말투로 해야 진정성과 현장감이 생긴다.

단, 군더더기 말이 너무 빈번하여 귀에 거슬리거나 내용에 집중하지 못하는 경우라면 교정이 필요하다. 필자가 본 어떤 연사는 두 문장에 한 번 꼴로 '사실'이란 단어를 말한다. 특정 멘트가 지나치게 반복될 경우, 청중이 스피치의 핵심보다 반복 멘트만 기억할 수도 있어 주의가 필요하다. '음~' 하는 군더더기 말 자체가 문제는 아니지만 너무 빈번하게 반복되어 스피치를 듣고 나서 '음~'이 기억에 남는 경우라면 고쳐야 한다.

훈련 12

자세

군더더기 말 잡아내기
청중의 귀에 거슬리거나 불필요한 멘트가 스피치 중에 자꾸 나올 때

1. 군더더기 말 확인하기

자신의 스피치를 촬영해 보거나 다른 사람에게 점검해 달라고 하여 내용에 집중을 막는 군더더기 말이 있는지 확인한다. 많이 쓰는 군더더기어로는 '음~', '어~', '사실', '말하자면', '그런데', '아시다시피' 등이 있다.

2. 숨쉬기

쓰지 않으려고 해도 습관적으로 반복하던 단어는 입에 붙어 자꾸만 나오려 한다. 그럴 때 '이 단어는 쓰면 안 돼'라고 조급하게 마음먹지 말라. 오히려 침묵하거나 숨을 쉬며 여유를 가지라. 한 템포 천천히 가면서 다른 어휘를 선택하라.

3. 타인의 도움 받아 체크하기

다른 사람에게 자신이 스피치하는 중에 해당 어휘가 나오면 표시를 해달라고 부탁하라. 팻말을 들 수도 있고 한 손을 들어 알려 주거나 벨을 울려 줄 수도 있다.

■ 훈련의 정수 ■

모의청중(스터디 구성원)에게 부탁해서 군더더기 말이 나올 때마다 팻말이나 거수 등으로 표해 달라고 한다.

스피치 내용 구성하기(기초)

스피치의 생명은 누가 뭐라 해도 내용이다. 본 편에서는 스피치의 기본적인 구성법에 대해서 다루고, 상세한 내용 구성 및 연출법은 '트레이닝B'에서 살펴보겠다.

- 주제 선정

필자가 스피치 코칭을 하다 보면 '즉흥스피치 능력이 부럽다'고 하는 분들을 많이 만난다. 준비되지 않은 상태에서 연단에 섰음에도 유창하게 말할 수 있다는 것은 스피치의 강점일 수 있지만 유창하게 몇 십 분, 몇 시간이고 자신의 이야기를 늘어놓는 상사, 묻지도 않은 수십 년의 역사에 사돈의 팔촌 일까지 늘어놓고 삼천포도 모자라 사천포로 빠지다가 갈 길을 잃고 급마무리하는 스피치에서 당신은 재미와 감동을 느낄 수 있겠는가?

익살스러운 연사들의 즉흥스피치, 애드립도 사실은 미리 준비된 경우가 많다. 미리 스피치를 준비하고 구성하는 훈련을 끊임없이 하다 보니 거기에서부터 응용할 수 있는 즉흥력도 생기는 것이다. 스피치는 '준비로 만드는 예술'이다. 특히나 스탠딩 스피치에서 명확한 방향성 없이 떠드는 말은 잡담이고 소음이 될 수 있다.

내가 여행 갔던 국립공원에 대해 스피치를 한다고 생각해 보자. 여정의 모든 과정과 보았던 모든 풍경을 일일이 설명하는 것보다 인상적이었던 장소나 음식 등에 대해서만 자세히 설명하는 것이 낫다. 스피치의 주제는 하나의 명제를 벗어나서는 안 된다. 발표 시간이 1분이든 3분이든 1시간이든 청중에게 '하나의 대사'를 남길 수 있어야 한다.

즉흥적인 자리에 서게 되더라도 스스로 명확한 목적을 파악하여 중구난방으로 말하지 말고 방향에 맞게 하나의 메시지를 전해야 한다. 생각의 가위를 들고 심지어 가장 아끼는 것도 죽일 각오로 주제와 관련이 없는 소재는 과감하게 빼야 한다(피츠허버트, 2012). 소설가인 존 어빙은 "항상 마지막 문장으로 시작한다. 그다음 처음으로 돌아와 이야기를 이끌어 간다."고 했다. 자신이 결국 던지고픈 정확한 주제에서부터 스피치는 시작된다.

장시간의 강연이든, 몇 분짜리 발표를 맡든 스피치의 방향인 주제를 먼저 정하고 명확한 문장으로 만들어 적어 본다. 주제는 내가 잘 알고, 정열적으로 다룰 수 있는 것, 내 태도와 신념이 확고한 것, 청중에게 중요하고 관심을 끄는 것, 현재의 상황에 시의적절한 것, 청중이 너무 잘 알지 않는 것 중에서 선택하는 것이 좋다(임태섭, 2003). 너무 포괄적인 주제보다 세분화된 주제가 청중에게 더 깊은 인상을 남긴다.

발표를 연습할 때 들어 줄 사람이 있다면 그 앞에서 스피치를 한 후 어떤 것이 마음에 남았는지 물어보라. 당신이 주제로 선정한 메시지를 그가 말한다면 스피치를 제대로 전달한 것이다.

훈련 13 　　　　　　　　　　　　　　　　내용 구성

스피치 소재 찾기 : 브레인스토밍 & 마인드맵
스피치 소재를 찾을 때, 스피치 내용을 구상하기에 앞서

브레인스토밍(brain-storming)은 뇌에서 폭풍우가 일어나듯이 떠오르는 아이디어를 쏟아 내는 창의력 기법으로 주제 설정에 어려움을 느끼거나 주제 선택의 폭이 넓은 경우 활용한다.
(스피치 주제 선정이 어렵다면 ☞ **부록 2. 3분 스피치 주제 예시 77**)

1. 주제와 관련된 키워드 기록하기
가장 큰 방향이 되는 주제를 가운데 기록한다. 주제와 관련하여 떠오르는 키워드를 주변에 원형을 둘러 가며 기록한다. 떠오르는 내용에 대해 비판 없이 모두 적는다.

2. 각 키워드를 보고 떠오르는 키워드 기록하기
앞서 기록한 여러 개의 키워드 하나하나에 대해 관련하여 떠오르는 키워드를 주변에 기록한다.

3. 주제와 소재 선택하기
적은 내용을 전체적으로 보면서 나의 흥미를 자극하고 청중의 관심을 불러일으킬 수 있는 부분을 주제와 소재로 택한다. 적

힌 키워드를 조합하거나 참고하면 스피치의 '제목' 작성에도 도움이 된다.

예시] 'Z세대'에 대한 스피치 소재찾기 마인드맵

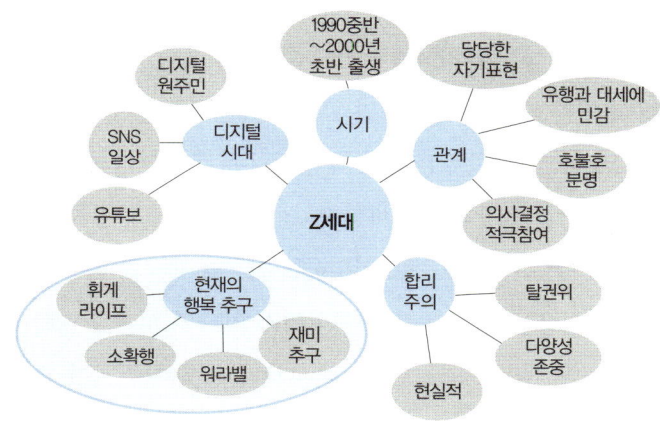

발표 주제: 현재의 행복을 추구하는 Z세대

발표 제목: Now or Never의 Z세대

■ 훈련의 정수 ■

주제와 관련되거나 떠오르는 키워드를 적으며 브레인스토밍을 해 보고 스피치에 활용할 소재와 주제를 정한다.

• 3단 구성

'서론–본론–결론[7]' 구성은 삼척동자도 안다. 그런데 스피치를 하

면서 이를 잊는 사람들이 많다.

　잘 준비된 '서론'은 청중의 마음을 열어 주며 이후의 스피치를 안정되고 편안하게 이끌어 갈 수 있는 원동력이 된다. 반면에 '서론'이 무너진다면 이후에 만회하기가 상당히 어려워질 수 있다. 시작부터 청중의 관심을 끌지 못한다면, 중간에 아무리 재미있고 유익한 내용이 있다고 해도 청중의 귀는 닫혀 있을 것이기 때문이다.

　그렇다면 내용 구성 단계에서도 '서론'부터 구성하고 만들어 가야 할까? 필자는 강연을 준비할 때 먼저 브레인스토밍을 하며 주제(결론)를 정한 뒤, 이를 풀어 설명하는 본론을 짜고 서론은 이후에 구성한다. 처음을 여는 좋은 아이디어가 있다면 서론을 바로 작성하면 되겠지만, 어렵게 느껴지면 본론부터 작성하는 것이 효율적이다. 준비 시간도 줄일 뿐더러 본론을 작성하다 보면 처음에 들어갈 부분들이 보이기 때문이다.

　본론(중간 내용)도 3가지로 나누어 전달하면 좋다. 인지공학이론에 따르면 사람이 한 번에 받아들이는 개수는 7개이며, 논점도 최대 5개이다. 세부 내용이 너무 많아지면 청중은 기억하지 못한다. 너무 많은 것을 주려다가는 오히려 아무것도 전해 줄 수 없다. 억지로 3에 맞출 것 없이 내용에 따라 1~2가지나 4가지로 구성할 수도 있겠지만, 본론이 너무 여러 갈래로 쪼개지면 청중이 이해하고 기억

---

7 '서론-본론-결론'은 다양한 이름으로 불린다. '도입-전개-정리', '처음-중간-끝', 'A-B-A', '오프닝(Opening)-보디(Body)-클로징(Closing)' 등이다.

하기 어렵다는 점은 기억할 필요가 있다.

결론(끝)은 '짧고 임팩트가 있어야' 한다. 감동적인 스피치로 심금을 울리고도 적당하게 마무리하지 못하고 장광설을 늘어놓으면 이미 잘해 놓은 스피치도 망치게 된다(김양호, 2013)는 것을 기억하자. 결론은 길게 하려는 욕심을 버리고, 요약·의지·여운 중에서 한 가지를 택하는 것이 좋다. 처음과 끝이 이어지는 듯한 느낌까지 준다면 전체적으로 탄탄하게 구성되었다는 인상을 줄 수 있다. '서론:본론:결론'의 비중은 '10:85:5' 정도가 적절(조원환, 2002)하다.

서론(처음)에서는 힘찬 인사와 함께 스피치 주제를 소개한다. 이때 너무 딱딱하게 "지금부터 ○○에 대해 발표하겠습니다."보다는 주제와 관련된 가벼운 스토리나 이슈거리, 생활과 관련된 소재로 부드럽게 시작하는 것이 좋다. 전체적인 스피치 시간을 고려하여 서론이 너무 길어지지 않도록 한다. 초반에 좋은 인상을 주고 청중의 호기심을 자극하지 못한다면 이후의 스피치에도 귀를 기울이기를 기대하기는 어려우므로 스피치의 시작에서 생글생글한 모습으로 호감을 주거나 흥미로운 이슈를 던져 청중이 관심을 갖도록 해야 한다.

- 개요 작성

등산에 앞서서 등산로를 체크하고 어떻게 산을 오르고 내릴지 결정한다. 스피치에서는 '개요'가 등산로와 같은 역할을 한다. '개요'를 쥐고 있는 사람은 '주(主)'가 되는 것이 무엇이고 생략 가능한 '부(副)'가 되는 것이 무엇인지 앎으로 발표 변수 발생시 정확하고 발 빠른 대응을 할 수 있다.

개요는 스피치 내용을 간단하게 정리해 놓는 작업이다. 글쓰기에 있어서 전체의 흐름을 읽을 수 있게 하는 개요는 스피치에서도 같은 역할을 한다. '서론-본론-결론'의 흐름을 서술식으로 적기보다 '키워드' 중심으로 간략하게 적으면 한눈에 파악하기 편하다. 개요만 보고도 전체 스피치의 흐름을 파악할 수 있어야 제대로 작성되었다고 할 수 있다. 서술식과 키워드식의 차이는 아래 예와 같다.

서술식 원고	키워드식 원고
저는 학창 시절에 패션테러리스트로 불렸습니다. 여름이면 하와이안 셔츠를 입고 무릎까지 올라오는 양말에 샌들을 신고 학교를 누볐습니다. 지금 생각해 보면 참 욕먹을 일이었습니다.	학창 시절 패션테러리스트 ex) 나의 여름룩(셔츠+양말+샌들)

훈련 14　　　　　　　　　　　　　　　　내용 구성

ABO식 스피치 구성법(기본 구성법)
스피치 내용을 구성할 때

1. A(=Aim) 스피치의 목표
스피치의 주제를 정하고 명확하게 하나의 문장으로 쓴다.

2. B(=Body) 본론의 내용구성

어떤 내용을 전할지 키워드 중심으로 적어 본다. 본론을 3개로 나누어 구성해 보는 것도 좋다. (1~2개나 4개도 무관, 가능하면 5개 이상은 되지 않도록 함)

3. O(=Opening & Closing) 서론/결론의 구성

서론은 밝은 인사, 주제와 관련된 스토리나 이슈거리, 문제 제기 등의 흐름으로, 결론은 간략한 요약과 핵심 메시지 재강조, 마무리 인사 등의 흐름으로 구성한다.

※ 상세한 서론/본론/결론 구성기법 ☞ 훈련45~47

4. 개요 작성

서론/본론/결론을 키워드 중심으로 작성한다.

예시]

Aim(목표, 주제): 혼자서 해결하려고만 하지 말고 집단지성의 힘을 발휘해야 한다.

1. 패션 테러리스트에서 패션 워너비가 된 비결 (Opening: 서론)
 - 옷을 지독히도 못 입던 학창 시절, 끔찍한 별명들
 - 모바일 패션 어플을 통한 사람들의 조언

2. 집단지성의 활용 (Body: 본론)

1) 우리가 활용하는 집단지성 서비스
 - 위키백과, 지식in 등 사례

2) 집단지성이 위대한 이유
 - 다양성과 독립성 지닌 집단구성원의 힘, 개인의 한계

3) 집단지성 활용 위해 필요한 것
- 유연한 분위기, 참여유도의 기술(우리 회사 전/현 팀장님 사례)

3. 같이 해결하는 삶의 태도 (Closing : 결론)
- 골드코즈사가 금맥을 찾게 한 집단지성
- 혼자 싸매지 말고 같이 고민해서 우리의 금맥을 찾기

■ 훈련의 정수 ■

ABO식으로 스피치의 목표(A)를 먼저 잡고 본론(B), 오프닝과 클로징(O) 순으로 구성한다. 키워드 중심으로 간략하게 개요를 만들어 발표 흐름을 잡는다. 개요 구성이 익숙해지면(짧은 스피치의 경우) 하는 과정을 머릿속으로 대신하는 것도 가능하다.

제스처, 기술이 아닌 표현의 욕구

'제스처를 사용하면 스피치가 더 풍성해지고 전달력이 상승한다.'

두말하면 잔소리다. 누구나 아는 이야기지만 누구나 제스처를 잘 활용하지는 못한다.

제스처는 배워서 향상될까? 멋져 보이는 누군가의 제스처를 열심히 연습하며 수없이 따라 하고 반복한다면 나의 것으로 만들 수도 있을 것이다. 그러나 그것은 잠재의식에 박힐 정도로 어마어마하게 연습했을 경우이다. 어설프게 따라 하는 제스처는 자칫 어색하고 내 몸에 맞지 않아 보일 수 있다.

필자는 제스처에 대해 이렇게 강조한다.

"표현의 욕구를 제한하지 말고 그대로 표현하라. 그리고 거슬리는 것만 잡아내라."

● 제스처의 탄생과 소멸

제스처의 출발은 표현의 욕구 :
제스처는 내면의 상태를 밖으로 표현한 결과이며 몰입의 산물이다. 당신이 진정으로 스피치의 내용에 몰입하고 있고 중요한 내용이라는 확신이 있다면 제스처는 자연스럽게 따라서 나오게 되어 있다. 기계적인 제스처를 몇 개 더했다고 해서 스피치가 나아지는 것은 아니다. 제스처는 자연스러워야 하며 상황에 맞아야 한다. 이 때문에 내가 스피치에 몰입했을 때가 제스처가 나오는 시점이 된다. 청중이 훌륭한 제스처를 보았다면 떠나면서 '제스처 하나 멋있다.' 가 아닌 '맞아, 연사의 말을 믿어.'라고 생각하게 되어야 한다(카네기·에센웨인, 2007).

'이 스피치를 할 자격은 오직 나에게만 있고, 이 내용은 청중에게 꼭 필요하다.'는 확신을 가지라. 제스처 자체를 신경 쓰지 말고 내용에만 집중, 또 집중하라. 그러면 자신도 모르는 사이에 내 몸이 가장 자연스럽고 멋지게 열정을 표현하고 있음을 발견하게 될 것이다.

나오는 대로 표현하라. 내용에 집중했을 때 자연스럽게 올라오는 손과 몸의 움직임을 막지 말라. 날것 그대로, 나오는 대로 크게크게 모두 표현하라. 큰 것을 표현할 줄 아는 사람은 절제할 수 있지만, 작은 것만 표현하는 사람은 큰 것을 표현할 수 없다. '내가 이상하게 보이지 않을까?' 하는 마음을 내려놓고 내용에 몰입하며 표현하라. 굳이 제스처를 넣으려고 짜내서 표현할 필요도 없다. 제스처는 '표현하고 싶을 때 표현하는 것'이지, '필요 없는데 굳이 넣는 것'이 아니다. 일단 자연스럽게 표현하고, 그 모습을 거울로 보거나 촬영해서 살펴보라. 그리고 보기에 거슬리는 부분만 손보면 된다.

무엇이 제스처를 막는가? :

떨림이 제스처를 막는다. 긴장되는 상태에서는 사람들의 시선이 신경 쓰인다. (무대공포가 크다면 ☞ **훈련1~9**)

정적인 동양적 분위기가 제스처를 막기도 한다. 선비처럼 공손한 정자세로 하는 것이 단정한 스피치라는 고정관념이 작용하기도 하는데, 특히 직위가 높은 분들 앞에서 스피치를 할 때는 '손동작을 하면 너무 도전적으로 보이지 않을까?'라는 심리가 연사를 더욱 위축되고 경직되게 만들기도 한다. 필자가 스피치 코칭을 할 때도 사람들이 제스처를 덜 해서 아쉬운 경우가 많았지, 너무 많아서 문제인 경우는 드물었다.

연단과 원고도 제스처를 막는다. 연사의 몸 절반 이상을 가리고 있는 연단이 있다면 제스처가 숨어 버리기 쉽다. 내용 숙지가 부족하여 원고를 보며 발표하면서 제스처가 제대로 나오기란 불가능하다.

멋지게 제스처를 하고 싶다면 내용을 숙지하고 나의 스피치에만 몰입하라.

● **제스처 표현의 원칙**

허리 위에서 놀아라! :

제스처는 대부분의 경우 배꼽 위에서 이루어진다고 생각하자. 허리 아래에서 꿈틀거리는 제스처는 소극적이고 자신감이 없다는 인상을 준다. 당신의 손이 기왕이면 허리 위에서 크게 놀도록 자유를 주라.

힘을 담아 완성하라 :

제스처를 할 때 손목에 마치 나사가 풀린 느낌처럼 힘이 없는 분들을 종종 본다. 맥 빠져 보이고 자신감이 없어 보일 수 있다. 일반적으로 제스처는 힘이 있어야 한다. 하는 둥 마는 둥해서는 안 되며 명확한 완성이 있어야 한다. 올라갔던 손이 내려올 때도 힘없이 탁 내려오지 말고 약간 느린 속도로 자연스럽게 기본 동작으로 돌아와야 한다. 손목의 나사를 잠가 주고 힘없이 벌어지는 손가락도 붙이고 동작 하나하나 힘 있고 확실하게 표현하라.

온몸을 적극적으로 활용하라 :

소꿉놀이하듯 작고 아기자기하게만 표현하지 말고 적극적으로 크게 표현하자. 제스처가 작으면 적극성이 떨어지고 자신감이 없어 보일 수 있다. 보통 이런 분들은 상완부(팔 윗부분)가 상체에 붙어 있다. '당신의 겨드랑이가 숨 쉬도록 만들어야' 한다(스티븐슨, 2003). 손과 팔이 몸에 붙어 있으면 지루한 연설이 된다.

제스처는 손의 움직임뿐만 아니라 표정도 포함한다. 우리의 얼굴에는 80여 개의 크고 작은 근육이 있고 7,000여 개의 표정을 만들어 다채로운 느낌을 전할 수 있다. 생생한 표정 역시 연사가 발표 내용에 몰입할 때에 비로소 나온다. 스토리의 상황에 빠져들어 당시의 감정을 재생해 보자! 거울을 보며 스피치 연습을 하거나 영상으로 촬영하여 자신의 표정을 진단해 보는 것도 좋다.

제스처의 범위는 표정뿐만 아니라, 발 구름, 무대 이동, 몸의 기울임, 고개의 끄덕임 등도 포함된다. 청중에게 소통의 의지를 보여주고자 한다면, 그들을 향해 몸을 기울이고 고개를 끄덕이는 등의 적극성이 필요하다. (청중소통의 기술은 ☞트레이닝C에서 더 상세히 다룬다.)

청중에게 보이는 모습을 생각하라! :

제스처는 나의 표현 욕구이지만 동시에 청중에게 보이는 것이기도 하다. 따라서 보는 사람의 입장을 고려하여 표현할 필요가 있다. 청중의 눈은 연사의 시선을 따라간다. 연사가 스크린을 보면 따라서 보고 연사가 창밖을 보면 무의식적으로 따라서 보게 된다. "저쪽을 보십시오."라고 말하고 손동작을 취하면서 정작 연사의 눈은 앞을 보고 있다면, 청중은 멀뚱멀뚱 당신을 쳐다보고 있을 것이다. 청중이 어딘가 보기를 원한다면 당신의 눈 역시 그곳을 향해야 한다.

연사는 청중과 반대 방향으로 서 있다는 사실도 잊으면 안 된다. 나에게 오른쪽이 청중에게는 왼쪽이다. 연사가 상승곡선을 표현한 제스처가 청중에게는 하강곡선으로 보일 수 있다. 청중에게 "오른손을 드세요."라고 할 때 연사는 왼손을 들어야 한다. 청중에 대한 이런 세심한 배려들이 당신을 프로페셔널로 보이게 할 것이다.

훈련 15						제스처

제스처 이끌어 내기
제스처를 잘 활용하지 못하는 경우

제스처가 익숙하지 않다면 말없이 제스처로만 메시지를 전달해 보는 훈련을 할 수 있다. 사전에 스피치 내용을 어느 정도 숙지하여 원고를 보지 않고도 발표할 수 있는 정도가 된 다음에 본 훈련을 해야 효과가 있다.

허밍과 제스처로만 표현하기

(내용이 익숙해졌다 싶으면) 말을 하지 않고 허밍(입은 다물고 코로만 응응 소리 내는 것)과 제스처로만 내용을 전달한다. 얼굴 표정과 몸 동작만으로 내용을 알려본다. 말없이 제스처로만 내용을 전하려고 애쓰다 보면 그동안 사용하지 않았던 동작들이 나오게 된다.

소리 없이 내용 파악하기

자신의 스피치 모습을 촬영해서 소리를 끄고 본다. 제스처만 보고도 대략적인 내용 짐작이 가능한지 점검하고 짐작이 어렵다면 좀 더 활발하게 제스처를 사용해 본다.

■ 훈련의 정수 ■

제스처와 표정만으로 내용을 전달해 본다.

훈련 16

제스처

제스처 절제하기
손동작 등이 쉼 없이 과하게 나오는 경우

스탠딩 스피치에서 제스처가 너무 많거나 요란한 느낌을 준다는 피드백을 자주 받는다면 제스처를 줄이고 다듬을 필요가 있다. 캠코더나 휴대폰으로 스피치 모습을 녹화하여 불필요한 제스처가 반복되는지 체크한다.

1. 스피치하는 자신의 모습 촬영하기

촬영 대신에 거울을 보며 연습할 수도 있다.

2. 제스처를 체크하기

제스처를 하는 이유가 있는지, 의미 없이 습관적으로 반복하는 제스처가 있는지 점검한다.

3. 제스처를 잡아내기

자신의 스피치 모습을 다시 촬영하여 보고 제스처가 다듬어졌는지 확인한다. 스피치 스터디의 경우, 특정 제스처가 나오면 청중에게 손을 들어 달라고 부탁할 수 있다.

■ 훈련의 정수 ■

촬영을 통해, 혹은 모의청중(스터디원)에게 부탁하여 습관적으로 나오는 불필요한 제스처를 잡아낸다.

- 제스처 금기사항

  제스처는 자신의 스타일대로 자연스럽게 표현하는 것이 우선이다. 다만, 다음과 같은 경우에는 청중에게 좋지 않은 느낌을 줄 수 있으므로 자제하는 것이 좋다.

손끝을 주의하라 :
  나라마다 제스처의 의미가 다른 경우가 있다. 손가락 V포즈는 그리스와 터키에서, 손등이 보이는 V포즈는 영국과 호주 등에서 모욕하는 표현이 된다. 손가락으로 'OK' 하는 포즈는 프랑스에서 형편없다는 의미이며, 브라질에서는 성적인 모욕이다.
  한국에서도 부정적인 의미를 갖는 제스처들이 있다. 손가락으로 무엇인가를 가리키는 제스처, 특히 청중을 가리키는 행동은 주의가 필요하다. 누군가 검지만 펴서 당신을 가리킨다고 생각해 보자. 어떤 느낌이 들까?

  서비스 교육에서는 길을 모르는 고객에게 방향을 알려 줄 때도 손가락을 사용하지 말고 손을 펴서 안내하라고 말한다. 스탠딩 스피치에서도 청중에게 손가락으로 지시하는 삿대질은 불쾌감을 줄 수 있다는 사실을 명심하라. 특히 직위가 높은 분들 앞에서 손가락으로 이것저것 가리키는 것은 사자의 코털을 건드리는 행위이다. 손가락보다 손바닥을 사용하는 것이 좋다.

손등은 방어적이고 폐쇄적인 느낌을 주며 권위를 의미하기도 하여 통제의 제스처로 사용된다. 반면 손바닥을 청중에게 보여주면 열려있는 느낌과 편안함을 줄 수 있다.

턱 끝을 주의하라 :
턱 끝으로 무엇인가를 지목하는 행위는 권위를 넘어 건방지다는 인상을 강하게 남긴다. 이 제스처는 절대 사용하지 말라. '만사가 귀찮으니 건들지 말라'는 것처럼 보인다. 방향이나 물건, 사람을 지목할 때는 반드시 손바닥을 펴서 하라. 스탠딩 스피치에서 사람을 지목할 경우에는 양손을 모두 써서 공손함을 나타내는 것도 좋다.

주머니를 경계하라 :
세계적인 명사들이 강연하는 테드(TED)에서 빌 게이츠 같은 이들이 주머니에 한 손을 넣고 스피치하는 모습은 여유와 포스가 있어 보인다. 그러나 한국에서 그렇게 하면 권위의식과 오만함, 건방짐으로 보이기 쉽다. (빌 게이츠는 한국의 대통령과 악수할 때도 한 손을 주머니에 넣어 국내에서 질타를 받은 적이 있다.) 뒷짐을 진 자세도 비슷한 위험성이 있다.

스피치에서는 자신감이 흘러나와야 하지만, 동시에 겸손함이 느껴져야 한다. 직원들 앞에서 이야기하는 사장이라고 해도 마찬가지이다. 제스처 하나의 작은 차이가 청중에게 예의와 겸손으로 보일지, 권위와 오만으로 보일지를 좌우할 수 있다.

스피치, 이렇게 연습하라

당신은 신대륙을 찾아 열심히 노를 젓고 있다. 다다르게 될 새로운 땅에 대한 희망에 부풀어 파도에도 굴하지 않고 쉼 없이 노를 저었다. 그러나 당신이 바다를 한 바퀴 돌아 도착한 곳은 출발점이었다.

우리는 부단한 연습이 나를 성장케 한다는 사실을 잘 알고 있다. 그러나 무작정 열심히 한다고 성장이 보장되지는 않는다. 잘못된 방향으로 스피치를 연습한다면 애쓰고 노력한 보람도 없이 다시 원점으로 돌아올 수 있을 뿐만 아니라, 잘못 만들어진 습관을 고치기 위해 더 큰 노력이 필요할 수도 있다. 눈먼 최선은 최악을 낳을 수 있다. 성공적인 스피치 연습을 위해 다음의 다섯 가지를 유념하라.

• 하나, 암기는 자폭 행위!

영국인들이 존경하는 수상, 처칠은 전시(戰時)의 영웅적 리더이자 스피치의 대가였다. 그런 그도 정치 초기의 연설은 불안했다. 한번은 완벽하게 연설을 해내고자 미리 작성한 원고 내용을 수백 번 연습하며 달달 외워 머릿속에 집어넣었다. 국민들 앞에 선 그는 외운 내용을 기억하며 그럭저럭 스피치를 이어 갔다. 그런데 갑자기 중간 부분이 기억나지 않았고 머리는 백지장처럼 하얘졌다. 얼굴이 시뻘겋게 달아오른 그는 마지막 부분을 반복해서 읊조리며 기억을 끄집어내려 했지만 결국 연설을 제대로 끝맺지 못하고 국민들 앞에서 망신을 당하고 말았다. 그 이후로 처칠은 절대 연설을 외우지 않았다.

당신도 이와 같은 적이 있지 않았는가? 공들여 외운 프레젠테이션, 혹은 자기소개를 읊다가 중간에 필름이 끊겨서 쩔쩔 맸던 경우 말이다. 완벽하게 준비한답시고 내용을 처음부터 끝까지 줄줄 외워서 스피치에 임하는 것은 마치 언제 터질지 모르는 시한폭탄을 안고 스피치하는 것과 같다.

요행히 전체 내용을 잘 기억해서 말해도 문제다. 청중들, 특히 면접시험의 면접관들은 '암기한 것을 말할 때의 국어책 읽는 말투'를 별로 좋아하지 않는다. 로봇이 책을 읽는 느낌으로는 진정성과 열정을 제대로 전할 수 없다. 아무리 잘 짜인 멋진 내용일지라도 '진심'이 느껴지지 않는다면 청중의 마음에 닿을 수 없다.

그렇다면 외우지 않고 어떻게 연습할까? 스피치를 준비할 때는 주제를 정하고 내용의 뼈대를 갖춘 뒤 개요를 작성한다. 스피치로 설명할 부분을 키워드 중심으로 적어 본다. 세부적인 내용까지 원고로 써 보는 것은 상관없으나, 연습할 때는 원고를 그대로 외우려 하지 말고 키워드가 들어가도록 '말을 만드는 것'에 중점을 둔다.

훈련 17

준비/연습법

키워드 중심 연습법
스피치를 연습할 때

1. 주제 설정/개요 작성 (☞훈련14. 스피치 내용-개요 구성하기(기초))

2. 개요/키워드를 활용하여 말할 내용 정리하기

앞에 나왔던 처칠의 예화(pp. 86-87)라면 다음과 같은 키워드로 축약할 수 있다.

예시] 처칠: 영국 존경 수상, 전쟁/스피치 활약, 연설 암기했다
　　　　개망신, 이후 절대 안 외움
　　　　(혹은 더 간략하게)
　　　　처칠 - 암기의 위험

3. 키워드를 보며 스피치로 풀기

중심이 되는 키워드만 적고 스피치로 풀어 가는 것이 진정한 연습이다. 이렇게 연습하면 매번 내용이 조금씩 다를 수 있으나 흐름만 맞다면 상관없다. 연습하다 보면 때로는 즉흥적으로 좋은 멘트들이 나오기도 하는데, 이런 애드립은 키워드 옆에 적어서 다음에 말할 수 있도록 내 것으로 만들어 가면 스피치가 점점 풍성해진다.

4. 키워드를 보지 않고 스피치로 풀기

　■ 훈련의 정수 ■

개요와 키워드를 사용하여 말로 풀어 보는 연습을 한다.

훈련 18

준비/연습법

큐카드 활용법
스피치를 연습할 때, 연습을 했음에도 불안할 때

1. 키워드 중심으로 큐카드 만들기

큐카드는 TV 프로그램을 진행하는 MC들이 들고 있는 카드라고 보면 된다. A4의 절반이나 1/3~1/4 내외의 크기가 적당하다. 개요를 바탕으로 중요한 내용만 알아보기 쉽도록 다소 큰 글씨로 작성한다.

2. 중요하거나 놓치는 부분 체크하기

스피치 연습을 하면서 자주 놓치는 부분을 큐카드에 빨간색 등으로 체크한다.

3. 가능한 큐카드 보지 않고 연습하기

특히 큐카드(메모)를 보지 말아야 하는 경우는 마음에서 우러나오는 이야기, 회사나 고객에 관한 중요한 사실, 이름을 언급할 때이다(피츠허버트, 2012). 큐카드의 목적은 보면서 스피치하기 위한 것이 아닌 일종의 보험으로 여기고 가능한 한 보지 않고 연습한다.

■ 훈련의 정수 ■

큐카드는 키워드 중심으로 크게 적고, 가능하면 보지 않고 연습한다.

- **둘, 연습은 실제로 입을 열어서 하자!**

    스피치를 준비하며 작성한 개요나 큐카드, PPT를 보면 무슨 말을 해야 할지 감이 잡히는 것 같다. 그러나 이것은 위험한 '착각'이다. 머릿속으로 연습하는 것은 실제 스피치와 대단히 다르다. 연습을 한다고 PPT를 보면서 이해할 수 없는 단어들을 웅얼거리는 것도 말로 표현하는 것과는 거리가 멀다(와이즈먼, 2011). 스피치는 이론이 아니라 실전이다. 실제 소리를 내어 말로 푸는 연습을 해야 한다. 그것도 '오버'해서 말이다.

    연습할 때는 잘되던 스피치도 실전에서 긴장감, 청중들의 매서운 시선, 딴짓하는 모습, 갑자기 변경된 스피치 시간 등의 변수를 만나면 실력대로 안 나오는 경우가 있다. 이런 변수에 민감한 편이라면 평소에 더 오버해서 연습해야 한다. 실전에서는 연습한 것보다 실력이 적게 발휘되는 것이 일반적이다. 감정과 제스처, 표정, 움직임, 모든 것을 적절하다고 생각하는 수준의 130%로 연습하라. 그래야 실전에서 90% 정도 발휘된다.

    발표할 때 가장 많이 긴장되는 시점은 발표 직전에서 시작 직후까지의 5분 정도이다. 이 시간을 잘 넘기고 청중들과 편안해지는 것이 스피치 성공의 중요 포인트 중 하나이다. 청중에게 가장 큰 인상을 주는 부분이 서론과 결론이기에 처음과 끝은 더욱 확실히 연습할 필요가 있다. 앞서 스피치 내용을 전부 암기하지 말라고 했지만, 이 두 부분은 저절로 외워질 정도로 연습을 많이 해야 한다. 필자의 경우도 강의를 준비할 때 처음과 끝 부분은 3~5배 더 연습한다. 그러고 나면 마음이 한결 편해진다. 가장 필요할 때 도움이 되는 것이 좋은 보험이라고 한다면, 처음과 끝의 확실한 연습은 떨릴 때 가장 믿을 수 있는 최고의 보험이라고 할 수 있다.

• 셋, 완벽주의를 가져라, 그리고 버려라!

시스코(CISCO) 회장인 존 챔버스는 스피치를 잘하는 CEO로 알려져 있다. 그는 철저하게 계획하고 준비하기로도 유명한데, 스피치 중간에 어떤 부분에서 청중 앞으로 다가갈지, 심지어는 언제 물을 마실지도 철저하게 계산한다. 스피치 자리에 서기 전까지는 연습하고 준비하고 점검하기를 쉬지 말아야 한다. 미국의 정치가인 다니엘 웹스터는 "완전한 준비 없이 청중 앞에 서는 것은 반나체를 여러 사람 앞에 내보이는 것과 같다."고 했다. 연사로 청중 앞에 서는 우리는 아무리 익숙한 내용이거나 상대해 본 청중일지라도 오만을 버리고 겸손함으로 철저하게 준비하고 연습해야 한다.

하지만 일단 청중 앞에 서면 완벽주의는 버려야 한다. 철저함의 대가인 존 챔버스 역시 계획한 것을 스피치에서 모두 이행할 수는 없었다. 70%만 달성해도 성공적인 연설이라고 자평하였다. 연단에 섰을 때 완벽주의는 '독'이 된다. 중간에 말이 꼬여도 괜찮다. 청중은 크게 신경 쓰지 않는 사소한 실수니 '괜찮다' 하고 잊어버려라.

내가 준비한 이야기를 한두 가지 빼먹을 수도 있다. 괜찮다.

스피치를 마친 후에도 마찬가지다. 객관적으로 자신의 모습을 보는 것도 필요하지만, 스스로에게 잘한 점을 짚어 주며 용기를 북돋는 것도 중요하다. 준비는 철저해야 하지만, 시종일관 자신에게 완벽주의의 잣대를 가져다 대는 것은 오히려 스피치의 활력을 떨어뜨리는 저해 요인이 될 수 있다.

- 넷, 시간을 재며 연습한다

스피치는 정해진 시간 안에 콘텐츠를 전하는 기술이다. 대단한 혁신안이 있고 눈물 콧물 다 짜내는 감동의 스토리가 있다고 해도 시간 안에 전달하지 못하면 의미가 없다. 주어진 시간을 초과하는 스피치는 최악이다. 데일 카네기는 주어진 시간을 넘기는 스피치가 '다른 사람의 시간을 훔치는 것'이라고까지 말하며, 10분 스피치면 11분을 하기보다는 차라리 9분만 하라(카네기·에센웨인, 2007)고 하였다.

리허설 연습을 할 때, 반드시 초시계로 시간을 재면서 연습하라. 시간이 많이 남아도 안 되고 모자라서는 더욱 안 된다. 스피치가 길어진다면 덜 중요한 부분을 빼고 시간을 맞추라. 주어진 시간에 맞게 연습해도 막상 스피치를 할 때는 긴장 등의 영향으로 말이 빨라져 예상보다 시간이 남는 경우가 있다. 이때는 미리 준비한 여분의 이야기를 활용하도록 한다.

훈련19

준비/연습법

시간 체크
지정된 발표시간에 맞추어 스피치를 해야 할 경우

개요나 원고를 보고 스피치를 하면서 초시계로 시간을 측정한다. 이상적인 스피치는 주어진 시간보다 살짝 일찍 끝내는 것이다. 주어진 시간을 초과할 것 같으면 스피치 내용 중 덜 중요한 부분을 잘라 내어 시간에 맞춘다.

3분~5분의 짧은 스피치
3분 스피치는 2분 40초 정도, 5분 스피치는 4분 30~40초 안에 마무리하도록 분량을 맞추고 다시 연습한다.

10분 이상의 긴 스피치

흐름이 바뀌는 부분 시간 체크하기

스피치 내용의 흐름이 바뀌는 부분(서론/본론1/본론2/본론3)에서 시간이 몇 분 몇 초인지 기록한다. (10분 정도라면 스피치의 1/3, 2/3 지점의 시간을 체크하는 것으로 충분하다.)

시간 체크하며 페이스 조절하기

스피치하는 중간에 사전에 체크한 시간을 확인하여 시간이 남으면 스피치 속도를 여유 있게 하거나 여분의 스토리를 이야기하고, 시간이 모자라면 속도를 조금 빨리하거나 덜 중요한 부분을 생략한다. (시계는 청중에게 티 나지 않도록 은근슬쩍 보도록 한다.)

■ 훈련의 정수 ■

초시계로 시간을 체크해 보고 내용을 첨삭한다. 긴 스피치는 중간중간 시간을 체크해서 발표 속도를 조절하도록 한다.

훈련 20

준비/연습법

스피치 시간에 따른 연습법
지정된 발표시간에 맞추어 스피치를 해야 할 경우

스피치 시간이 짧은 경우 (3분~10분)
시간에 맞는 내용 구상 → 시간 체크 → 내용 다듬기 → 시간 체크 → 완성된 스피치를 반복 연습 (최소 10회 이상)

스피치 시간이 긴 경우 (1시간 이상)
준비할 시간이 넉넉하다면 1번과 같은 방식으로 연습한다. 시간이 부족할 경우에는 반복 연습의 횟수를 가능한 만큼으로 줄인다. 내용 흐름이 바뀌는 부분은 자연스럽게 연결되도록 연습하고 '처음과 끝 부분'을 좀 더 완벽하게 숙지하도록 한다.

스피치 시간이 길고 연습 시간이 현저히 부족한 경우
1시간 이상의 스피치를 한 번에 연습할 시간이 나지 않는다면, 서론/본론1/본론2/본론3/결론 등으로 나누어 토막토막 연습한다.

정말 시간이 부족한 경우라면 PPT를 보며 설명할 포인트가 무엇인지 힌트를 얻어 전체의 흐름을 잡는 식으로 스피치를 연습한다. (본래는 다음 슬라이드에 무슨 내용이 나올지까지 미리 알고 있을 정도로 연습해야 한다.)

■ 훈련의 정수 ■

짧은 스피치면 시간에 맞추어 10회 이상 반복 연습하고, 긴 스피치는 처음과 끝을 좀 더 연습하며, 연습시간이 부족한 긴 스피치라면 부분으로 나누어 연습하거나 PPT를 보며 흐름의 감을 잡는 식으로 연습한다.

• 다섯, 연습은 생각보다 훨씬 더 치열해야 한다!

고대 그리스에 데모스테네스라는 사람이 있었다. 몸이 약골이고 호흡도 짧아서 몇 마디 하면 숨이 찼다. 지독한 말더듬이기까지 했다. 7세에 많은 유산을 받았지만 후견인들에 의해 전 재산을 빼앗기는 처지에 놓였다. 데모스테네스는 그들을 고발하고 싶었으나 당시 사회는 송사의 당사자가 대중들에게 직접 연설을 해야 했다.

그는 더 이상 스피치에 굴복당하지 않기로 결심한다. 머리와 수염을 반만 깎아버리고, 그 몰골로 밖에 다닐 수 없기에 지하실에 은둔하며 필사의 연습에 몰두했다. 재갈을 물고 말더듬증을 고치는 연습을 하고 큰 거울 앞에서 표정과 제스처를 연구했다. 말할 때 자꾸만 어깨가 올라가자 천장에 칼을 매달고 훈련했다. 산을 오르며 시를 암송하면서 호흡을 강화하였다.

마침내 민회에서 첫 번째 연설을 하였다. 그러나 내용이 뒤죽박죽되며 비웃음을 샀다. 그동안의 노력이 물거품이 된 듯했지만 그는 포기하지 않았다. 다시 지하실에서 학문을 탐구하고 스피치를 연습했다. 스피치 전문가 '이사이우스'의 지도도 받았다. 심기일전하여 다시 대중 앞에 선 그는 성공적인 소송 연설을 했다. 빼앗긴 재산을 모두 돌려받지는 못했지만 대중들에게 깊은 인상을 주었다. 이후 본격적으로 정치연설을 시작한 데모스테네스는 '아테네 10대 웅변가' 중 한 명으로 칭송받으며 아테네 외교 역사의 주역이 되었다.

스피치는 향상시킬 수 있는 분야이다. 낮은 수준에서 시작했더라도 높이 오를 수 있다. 다만, 세상의 모든 것이 그렇듯이 공짜는 없다. 처음에는 '내가 이것밖에 안 되는가' 싶어 절망할 수 있다. 준비한 만큼 되지 않아 실제 스피치를 망칠 수도 있다. 그럼에도 끈을 놓지 말고 데모스테네스처럼 치열하게 부딪혀야 성장이 일어난다.

『습관의 힘』의 저자인 잭 핫지는 습관 하나를 바꾸는 데 최소 21일이 걸린다고 하였다(핫지, 2003). 스피치 훈련은 수년에서 수십 년간 이어 온 습관을 바꾸는 작업이다. 한두 번 연습하고 변화와 성장을 기대할 수 없다. 몇 번 시도하다가 중단하면 다시 원래의 상태로 금세 돌아가 버린다. 자신에게 필요한 훈련을 반복해서 새로운 스피치 습관을 만들자. 청중에게 임팩트를 주는 스피치, 청중의 마음을 움직이는 내용 구성의 습관, 유머와 재치의 습관을 내 것으로 만들어 보자.

훈련 21

준비 / 연습법

스피치 촬영 및 자기피드백
자신의 스피치 모습을 객관적으로 평가하고자 할 때

스피치 모습 촬영하기

스피치는 목소리뿐만 아니라 표정과 제스처 등이 모두 어우러지는 종합적인 의사전달이므로 녹음보다 녹화를 추천한다. 가능하면 전신이, 최소한 표정과 상체가 잡히도록 촬영한다. 연사의 목소리가 잘 담기는지 테스트해 보고 카메라를 적절한 거리에 둔다.

자기피드백 주기

잘 표현된 부분, 개선된 부분에 대해서는 반드시 스스로에게 칭찬해 주도록 한다. 개선점의 경우 거슬렸던 부분이나 빈도를 종합하여 중요도에 따라 순서를 나열하고 가장 시급한 한두 가지만 받아들여 개선을 위한 훈련을 한다. 반복 훈련으로 어느 정도 개선되었다면 다른 개선 포인트를 찾아 하나씩 훈련한다.

목적에 따른 자기피드백

목소리, 전달력, 청중의 반응 등을 두루 보고 좋았던 부분과 아쉬웠던 점을 체크하는 것이 일반적인 자기피드백이다. 개선점을 잡아 연습하는 경우라면 특정 부분이 개선되었는지 중심으로 살펴본다. 스스로 스피치를 잘한다고 느낀다면 카메라를 청중을 향해 돌리고(물론 동의 하에) 청중의 반응을 살펴볼 수도 있다. 내가 생각했던 웃음/감동 포인트와 청중의 반응이 일치했는지를 점검하며 스피치 내용을 개선한다.

■ 훈련의 정수 ■

표정과 제스처가 나오게 촬영한다. 자신의 스피치에서 장점과 개선점을 체크하고, 개선점은 한두 가지만 집중적으로 연습한다.

3장

보이스 트레이닝

보이스 트레이닝의 필요성

보이스 트레이닝에 들어가기에 앞서, 이 훈련이 당신에게 정말 필요한 것인지 우선 점검해 보길 권한다. 보이스 트레이닝을 꾸준히 하면 목소리에 탄력과 안정이 생기고 전달력이 상승하는 것이 사실이다. 목소리가 좋아진다는 것은 스피치에서 분명한 플러스 요인이다.

그러나 보이스 트레이닝은 많은 시간과 꾸준한 노력이 필요한 부분이며(어느 스피치 훈련이나 그렇겠지만 보이스는 특히 그러하다.) 보이스 등 외형만을 중요하게 생각하는 것 또한 경계할 필요가 있다. 스피치에는 보이스보다 중요한 요인들이 있다. 자신의 내면을 제대로 꺼내 보여 줄 수 있는 자신감과 표현력, 그리고 스피치의 생명인 '내용'이 그것이다.

"횡격막 호흡을 터득하게 하느라 소비한 시간과 정력을, 그것보다도 훨씬 더 중요한 억압과 주저하는 태도로부터 스스로를 해방시키려는 목적에 기울인다면, 신속하고도 지속적인 놀라운 결과를 성취할 수 있을 것이다."

- 데일 카네기 -

모든 스피치 훈련은 자신의 상황에 맞게 실행 여부를 정하면 된다. 아래와 같은 경우라면 보이스 훈련이 필요하다. 만일 해당 사항이 없다면 별도의 보이스 트레이닝보다는 스피치 전에 간단히 워밍업을 해 주는 것만으로도 충분하다. (☞**훈련4. 스피치 워밍업 '털오불어'**)

- 목소리에 힘이 없어서 제일 뒤에 앉은 사람이 듣기 어려운 경우
- 비음이 지나치게 심해서 듣기에 불편한 경우
- 몇 마디 하고 나면 목이 금방 아픈 경우
- 발음이 심하게 뭉개져서 듣는 이가 알아듣기 어려운 경우
- 아나운서, 성우처럼 다듬은 목소리로 콘텐츠를 전달해야 하는 경우

보이스 트레이닝은 '복식발성', '공명', '발음 연습'의 세 가지로 이루어진다. 신체를 단련시키는 훈련이니만큼 뼈를 깎는 고통을 이겨내는 운동선수와 같은 마음으로 임해야 한다. 환골탈태를 기대하며 도전해 보자!

※ 보이스 트레이닝은 꾸준한 훈련이 필요한 동시에, 한 번에 너무 무리하지 않도록 주의한다. 기상하자마자 바로 큰 소리로 발성하지 않도록 주의하고(조음기관을 충분히 풀 것), 목이 아프거나 상태가 좋지 않을 때는 목을 사용하지 말고 쉬어야 한다.

힘 있는 목소리를 내기 위한 복식 호흡

화재 진압을 위해 소방차가 긴급 출동했다. 황급히 소방호스를 화재 현장으로 향하고 밸브를 열어 물을 발사했는데, 펌프의 압력이 약해서 물줄기가 힘차게 나가지 못하고 졸졸 흘러나온다면 안타까운 일이다. 호흡은 발성과 발음을 담는 그릇이다. 목소리는 호흡 없이 만들어지지 않는다. 힘 있는 목소리가 나오려면 펌프의 압력과 같은 에너지가 있어야 한다. 복식호흡으로 그 에너지를 키울 수 있다.

훈련 4

떨림 극복 – 신체, 보이스–워밍업

스피치 워밍업 '털오불어'
발표 당일 아침, 발표 20~30분전, 긴장을 털어 내고 싶을 때

갑작스럽게 큰 소리를 내면 목에 무리가 갈 수 있으므로 본격적으로 목을 쓰는 훈련에 앞서서 워밍업을 꼭 하도록 한다. 앞서 1장 자신감 회복 프로젝트에 나왔던 조음기관을 푸는 훈련 4와 동일하다. 본 훈련은 앞서서 다루었으므로 여기에서는 '훈련의 정수'만 다시 짚어 본다.

■ 훈련의 정수: 스피치 워밍업 '털오불어' 5분 ■

털기(몸과 입술) 30초 → 오아오아 30초 → 불기 '부~' 4분

• 복식호흡과 복식발성

본디 우리는 복식호흡을 잘하는 사람들이었다. 사람은 태어나면 모두 복식호흡을 한다. 아기를 키우거나 접해 봤다면 알 것이다. 그 울음소리가 얼마나 크고 쩌렁쩌렁한지를 말이다. 그 작은 몸집에서 온 집 안을 떠나가게 할 정도로 웅장한 소리가 난다. 신기하게 매일 그렇게 울어 젖히는데도 항시 목소리에 힘이 넘치고 웬만하면 목조차 쉬지 않는다.

그런데 왜 자라면서 어릴 적 복식호흡의 위엄을 잃고 어디에 가서 큰 소리 한번 못 내는 모기 소리로 변하게 되었을까? 이는 사회 분위기와 감정적인 부분의 영향이 크다. 급할 것이 없고 여유로운 아기는 자연스럽게 복식호흡을 한다. 그러나 성취욕과 빨리빨리를 강조하는 경쟁사회에서 호흡은 빨라질 수밖에 없고(이상주, 2006) 호흡은 복식에서 흉식으로 올라오게 된다. 흉식호흡 자체가 문제는 아니며 스피치에도 적절히 활용될 수 있지만, 힘 있고 전달력 있는 목소리를 내기에는 한계가 있다. 여기에 대중공포 등의 불안요인까지 몸을 경직되게 만들어서 몸을 악기로 울려 활용하는 것을 막는다.

복식호흡은 처음 배운다기보다 원래의 모습을 회복하는 차원에

가깝다. 복식호흡의 기본은 가슴에 호흡을 채우고 바로 내뱉는 흉식호흡에서 벗어나 '아랫배에 호흡을 채우고 압력을 주어 입으로 내보내는 프로세스'이다. 정확히는 폐를 떠받치고 있는 횡격막이 내려가면서 배가 밀려나오는 것이지만, 쉽게 이해하게 하기 위해 아랫배에 호흡을 채운다는 느낌으로 설명한다.

  몇 마디 말하고 목이 금세 아픈 경우라면 복식발성을 훈련하자. 비교적 오랜 시간 안정되게 스피치를 할 수 있는 든든한 힘이 된다. 이제 '응애~!' 하던 어릴 적의 에너지 넘치는 호흡으로 다시 돌아가 세상을 향해 우렁찬 목소리로 외쳐 보자!

훈련 22　　　　　　　　　　　　　　　보이스 – 발성

복식호흡과 발성 – 서서 하는 훈련(11분)
복식발성의 힘을 기르고자 할 때

1. 편안하게 서기

몸이 구부러지면 소리가 온전히 나오는 데 방해가 되므로 반듯하게 선다. 턱은 살짝 당기고 어깨는 힘이 들어가지 않도록 편안히 푼다. 머리가 헬륨가스를 넣은 풍선처럼 가볍다고 생각한다. 혹은, 정수리에 실이 달려 천장에 매달려 있다고 상상한다. 다리는 어깨 너비 정도로 벌리고 안정되게 선다.

2. 숨 천천히 들이마시고 최대한 내쉬기

가슴이 아닌 배로 숨을 쉰다고 생각하며 숨을 천천히 들이마신다. (코나 입 중 자신이 편한 대로[8] 마시면 된다.) 한 손은 가슴 위에, 한 손은 배 위에 올려놓고 숨을 들이마실 때 배 위에 얹은 손만 움직인다면 제대로 하고 있는 것이다.

하복부에 집중하면서 '후~' 하면서 숨을 천천히 내쉰다. 뱃속의 모든 공기를 다 뱉어 낸다는 생각으로 호흡을 최대한 내뱉는다.

3. '흥부가' 발성

① '부' 발성: 입을 바늘구멍 정도로 작게 하고 바람은 세게 내뿜어 본다. 복어처럼 볼이 부푸는 느낌으로 '부~' 소리를 내면서 최대한 오랫동안 호흡을 내보내며 배에 힘이 들어가는 것을 느껴본다.

② '흥' 발성: 갈비뼈가 갈라지는 곳과 배꼽 사이에 두 손을 올린다. 콧방귀를 뀌는 느낌으로 세게 '흥' 하고 소리를 내본다. 배에 힘이 들어가는 것이 느껴질 것이다. '흥! 흥! 흥! 흥!' 하고 소리내며 복식발성을 해본다.

③ '가' 발성: '흥' 발성의 느낌을 살려서 '가! 갸! 거! 겨! 고! 교! 구! 규! 그! 기!' 발성을 해 본다. 한 음씩 딱딱 끊어서 스타카토 발성을 한다. 맞은편 벽에 상상으로 점을 하나 찍고 내 소리가 화살이 되어 그 점에 박힌다는 생각으로 발성한다. 목과 상체

---

[8] 입으로만 숨을 들이마시면 성대가 건조해질 수 있어 숨을 코로 들이마시고 입으로 내뱉으라고 권하기는 이들도 있으나, 실제 스피치나 노래를 할 때는 숨을 빠르게 많이 내쉬어야 하기 때문에 대부분 입 위주로 숨을 들이마시게 된다. 크게 신경 쓰지 말고 자연스럽게 호흡하면 된다.

힘이 들어간다면 몸을 털어서 힘을 빼고 발성을 이어 간다. ㄱ ㄴ ㄷ ㄹ순으로 '가! 갸! … 그! 기!'에서 '하! 햐! … 흐! 히!'까지 발성한다.

■ 훈련의 정수 ■

편안하게 서서 '흥부가' 발성을 한다(11분).

→ 숨→ 숨 들이마시고 내쉬기 1분

→ '부~' 발성 4분

→ '흥!' 발성 3분

→ '개!' 발성 3분

훈련 23

`보이스 – 발성`

복식호흡과 발성 – 누워서 하는 훈련(11분)
복식발성의 힘을 기르고자 할 때

1. 누워서 하는 훈련

잘 때 숨을 어떻게 들이마시고 내쉬는지 생각해 보자. 배가 오르락내리락하면서 자연스럽게 복식호흡이 이루어지게 된다. 잘 때와 같이 누워서 발성 훈련을 하면 효과적이다. 바닥에 누워 두 손을 배에 올린 상태로 훈련22의 '흥부가'와 동일하게 훈련한다.

2. 강화 훈련1: 배 위에 무거운 것 올리기

편안하게 누운 상태에서 배 위에 무거운 책을 올린다. 이렇게 훈련하면 이 책을 위로 밀어내는 복식의 힘을 자연스럽게 기르는 데 도움이 된다. 무거운 책 대신에 가벼운 어린아이로 대체 가능하다.

3. 강화 훈련2: 윗몸일으키기 자세

윗몸일으키기를 하듯이 상복부를 살짝 들어올리고 발성 연습을 한다. 윗몸일으키기 자세가 하복부에 긴장을 주어 힘 있는 발성을 하는데 도움이 된다. 이 상태에서 훈련2의 '흥부가'와 동일하게 훈련한다.

■ 훈련의 정수 ■

편안하게 누워서 '흥부가' 발성을 한다 (11분).

→ 숨 들이마시고 내쉬기 1분
→ '부~' 발성 4분
→ '흥!' 발성 3분
→ '개!' 발성 3분

강화: 배 위에 무거운 것을 올리거나 윗몸일으키기 자세로 발성 연습을 한다.

☞ **부록4. 보이스 트레이닝(발음/발성) 연습 예시문**

훈련 24　　　　　　　　　　　　　보이스-발성

복식호흡과 발성 – 앉아서 하는 훈련(11분)
복식발성의 힘을 기르고자 할 때

1. 의자에 앉기

의자에 깊숙하게 앉지 말고 걸쳐 앉는다는 느낌으로 앉는다.

2. 다리 들고 상체 젖히기

다리를 바닥에서 들어 올리고 상체는 뒤로 젖힌다. 배에 힘이 들어가는 것을 확인한다.

3. 복식/발성 연습하기

훈련 22, 23과 동일하게 '흥부가' 발성을 한다(11분).

■ 훈련의 정수 ■

의자에 걸터 앉고 다리를 들어올린 상태에서 '흥부가' 발성을 한다.

→ 숨 들이마시고 내쉬기 1분

→ '부~' 발성 4분

→ '흥!' 발성 3분

→ '가!' 발성 3분

　

세 가지 방법 중 가장 효과적인 복식훈련은 '누워서 하는 훈련(훈련23)'이다. 누웠을 때는 자연스럽게 복식호흡이 이루어지는 까닭이다. 이 상태에서 힘을 실어 주는 훈련을 하면 복식발성이 비교적 쉽게 이루어진다. 누워서 하는 훈련이 환경상 용이하지 않다면 서서 하는 훈련(**훈련22**)이나 앉아서 하는 훈련(**훈련24**)을 하면 된다.

복식 발성 훈련은 이외에도 다양한 방법으로 할 수 있지만, 많은 훈련법을 익히기보다 나에게 필요한 한두 가지를 선택해 몸에 익을 때까지 제대로, 그리고 꾸준히 연습하는 것이 중요하다. 쉬지 않고 매일 두 달 정도 연습하면 목소리에 힘이 생긴 것을 발견할 것이다. (녹음해서 Before / After를 확인해 보라.) 두 달 후에도 이 방식을 잊지 않도록 일주일에 2~3번씩은 연습하도록 한다. 당신의 목소리에 에너지가 스며들 것이다.

• 목소리 톤의 교정

'목소리에 힘이 없다, 비음이 심하다' 하시는 분들은 앞서 살펴본 발성 훈련과 다음 장의 공명 훈련을 통해서 99% 교정이 가능하다. 그런데 목소리의 '톤'을 바꾸고 싶다면 어떨까? 자신의 목소리 톤이 너무 높다거나 너무 낮아서 만족하지 못하는 경우에 말이다.

오디션 프로그램에서 다른 가수의 목소리를 흉내내어 부르는 지원자들에게 심사위원들이 '왜 자신의 목소리로 부르지 않느냐'라고 혹평을 하는 경우가 허다하다.

사람마다 타고난 음색이 있다. 우리에게 필요한 것은 타고난 목소리를 찾고 그것을 개발하는 과정이지, 본래의 목소리를 바꾸는 것은 아니다. 자신의 발성 구조에 반하는 톤을 지속적으로 내면 성대에 무리가 가거나 이상이 생길 수 있다. 내 본연의 음색을 알고 이를 받아들이고 사랑할 줄 아는 사람은 자신에게 주어진 '몸'이라는 악기를 잘 개발해 나갈 수 있다.

타고난 자신의 음색을 사용하고 개발하는 것이 가장 좋지만 상황에 따라 다른 톤이 필요한 경우가 있다. 예컨대 낮은 톤은 상대에게 침착한 인상을 주고, 활력을 나타내려면 높은 톤이 도움이 된다. 자신의 업무/상황에 자신의 목소리를 대입해 보았을 때 톤의 교정이 꼭 필요한 경우에 한해서 발성 연습을 통해 목소리의 톤을 조정해 볼 수 있다.

훈련 25

보이스-발성

목소리 톤의 교정
목소리의 톤을 바꾸고 싶을 때

발성 훈련을 활용해 목소리 톤의 변화를 꾀할 수 있다. 앞의 발성 훈련(**훈련22~24**)을 하되 다음을 참조하여 연습한다.

목소리의 톤을 낮추고 싶은 경우
'아~' 하고 발성 훈련을 할 때 음의 피치(높이)는 자신이 가장 편안하게 낼 수 있는 정도로 한다. 편안한 피치로 발성 훈련을 하면 평소에 내는 음보다 좀 더 낮은 소리를 내는 것이 일반적이다. 따라서 꾸준한 발성 훈련이 이루어지면 전체적인 톤이 살짝 낮아지는(제대로 말하자면 본래의 톤을 찾아가는) 효과를 볼 수 있다.

목소리의 톤을 높이고 싶은 경우

여성분들의 경우 톤을 높이고 싶어 하는 경우가 있다. 앞서 강조했듯 가능한 본연의 음색을 지키길 권한다. 살짝 낮은 톤은 도리어 신뢰감을 줄 수 있는 힘이 있다.

목소리가 너무 낮아서 고민이라면 역시 발성 훈련(**훈련22~24**)을 통해 교정할 수 있다. 이때 자신이 편안하게 낼 수 있는 피치(음높이)보다 조금 더 높은 음을 내도록 한다. (무리해 가며 본래의 음색보다 많이 높은 음을 내지 않도록 주의하라.) 높은 음의 발성이 지속적으로 이루어지면 무의식적으로 그 피치를 기억하게 되고 스피치에서도 톤의 상승으로 점차 이어지게 된다.

■ 훈련의 정수 ■

발성 훈련에서 음의 피치(높이) 조정을 통해 톤을 점차적으로 바꾸어 갈 수 있다. 원하는 높이의 음으로 상당 시간 발성 훈련을 꾸준히 해야 일상에서의 톤에 변화가 온다.

주의!! : '메라비언의 법칙'에 대한 오해

스피치 교육에 단골처럼 등장하는 '메라비언의 법칙'이 있다. UCLA의 심리학 교수 앨버트 메라비언이 의사소통의 주요 요소에 대해 분석하고 발표한 결과로, 사람이 상대방에게 받는 이미지

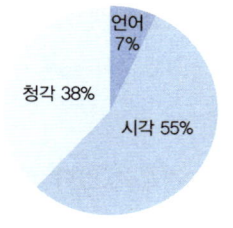

에서 시각이 차지하는 비중이 55%(표정 35%, 태도 20%), 청각이 38%, 언어는 7%에 불과하다는 내용이다 (Mehrabian, 1971). 이 법칙은 스피치, 서비스, 이미지메이킹 등 다양한 분야에서 인용되며 외적인 모습과 보이스의 중요성을 강조하는 근거로 활용된다.

이를 두고 "언어(내용)는 7%밖에 되지 않으니 제대로 스피치하려면 93%의 비언어적인 부분을 개발하는 것이 더 중요하다. 보이는 모습과 목소리를 개발하라." 하고 말한다면 옳은 해석일까?

이 실험의 의미는 언어-청각(보이스)-시각(표정) 세 가지가 일치하지 않을 경우에 사람들은 내용보다 시각이나 청각을 믿는다는 것이다. 예컨대 '사랑해'를 영혼 없는 목소리와 표정으로 말한다면 애인은 사랑한다는 언어적 메시지를 믿지 않게 된다.

그런데 이를 두고 스피치에서 목소리나 외적으로 보이는 모습이 내용보다 더 중요하다고 강조한다면 그야말로 견강부회인 셈이다. 메라비언 교수 본인도 BBC방송을 통해 이 실험이 '메시지(Verbal), 음성(Voice), 시각요소(Visual)'가 일치해야 한다는 점을 시사한 것이라고 밝히며 오해를 경계하였다.

공명과 발음

• 울림을 주는 공명

'공명(共鳴)'이란 울림을 뜻한다. 통기타를 보면 6개의 줄이 있다. 단순히 줄만 퉁기는 소리는 작다. 그런데 통기타 중앙에 있는 구멍 속 울림통을 통해 줄의 소리가 증폭된다. 바이올린을 비롯한 현악기도 울림통을 통해 소리의 힘과 탄력을 더해 준다. 우리의 몸 또한 소리를 내는 하나의 악기와도 같아서 이러한 '울림통'이 있다. 자연적으로 만들어진 몸의 울림통을 십분 활용할 수 있다면 목소리의 매력이 한껏 더해질 것이다.

폐에서 출발한 공기는 성대를 울리며 소리를 낸다. 이어서 입이나 코로 나오기 전에 울림통을 거치게 된다. '발생기(폐)→진동기(성대)→공명기→발음기(입술, 혀)'로 이어진다. 몸 안에 어떤 울림통들이 있는지 살펴보자.

먼저, 인두강은 성대의 바로 위에서 시작하여 구강과 비강으로 연결되는 파이프 모양의 공명강이다. 성대를 지난 공기가 반드시 통과하는 공간이다.

비강은 콧속 공간이다. 콧구멍과 코뼈 속에

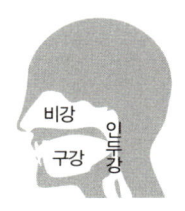

사람의 공명강(울림통)

비어 있는 공간에서 날숨이 부딪히며 음색을 만들어 낸다. 'ㅁ, ㄴ, ㅇ'이 비강에서 발음된다.

구강은 입안의 공간이다. 자음과 모음 등 말의 소리를 분화시키는 중요한 구실도 한다.

사람들은 누구나 이 공명강을 모두 사용하고 있다. 우리가 할 것은 이미 쓰고 있는 이 울림통의 활용을 극대화하는 것이다. '앵앵'하는 느낌의 비음이 센 사람은 비강을 크게 쓰고 있다. 남자 직장인들이 선호하는 목소리 1위에 꼽히는 연기자 이선균 씨도 비음이 강한 편이다. 비음은 고음역에서 중요한 역할을 하며 적절히 사용하면 매력적이다. 그러나 듣기 불편할 정도의 비음이라면 교정을 통해 구강 등 공명강 활용을 높이는 것이 좋다. 또한 음색이 너무 단조로우면 청각적으로 피로할 수도 있으므로 공명강을 다양하게 활용하여 상황에 맞는 소리를 연출하면 표현력을 넓힐 수 있다.

훈련 26　　　　　　　　　　　　　　　　　보이스-공명

공명 훈련 – 구강
눌리는 목소리, 딱딱거리는 느낌의 목소리가 날 때

1. 입 안에 공간 만들고 소리내기

입안에 공간을 잔뜩 만들고 '음~' 소리를 내 본다. 공간을 만들기 어렵다면 입안에 탁구공을 물고 있다(우지은, 2009)고 생각

해도 좋고, 맛있는 것이 입안에 가득 들어 있다고 상상해도 좋다. 입을 크게 벌리는 동시에 입 속의 공간을 넓혀야 더 울림 있는 목소리가 난다. 입천장의 부드러운 뒷부분인 '연구개'가 올라가고 혀뿌리가 내려가면 구강이 넓어진다. 아울러 입 모양도 타원형이 되면서 아치 형태의 발성공간이 만들어지면 소리의 울림이 더 깊어진다.

2. 공명 느끼며 말하기

1번의 떨림과 공명을 느껴 보며 문장 읽기 등 말하기를 해 본다. 중간에 입안의 공간이 다시 줄어들며 공명이 적어지는 것이 느껴지면 다시 1번을 통해 느낌을 살린다.

■ 훈련의 정수 ■

입안에 공이나 음식이 있다고 생각하며 발음/발성 연습을 해 본다.

훈련 27　　　　　　　　　　　　　보이스-공명

공명 훈련 - 비강
비강(콧소리) 공명을 더 사용하고 싶을 때

콧속 공간을 울리는 훈련이다. 다양한 음색의 연출을 위해 비강을 개발하고 싶은 경우라면 이 훈련을 해 본다. (단, 평소 지나치게 비음을 많이 사용하는 것은 개인에 따라 듣기에 좋지 않을 수도 있다는 점을 주의한다.)

1. 'ㅁ, ㄴ, ㅇ'이 들어간 발음으로 발성하기

비강을 울리는 'ㅁ, ㄴ, ㅇ'이 들어간 발음으로 발성을 해 본다.
"믐~~~~~ 는~~~~~ 음~~~~~"

2. 비강의 떨림 확인하기

검지와 중지를 살짝 벌려 콧잔등 위에 올려놓고 떨림을 확인할 수 있다.

3. 비강 떨림 느끼며 말하기

이 느낌을 기억하며 문장 읽기 등을 해 본다. 비강 공명을 느끼려면 다시 1번을 한다.

■ 훈련의 정수 ■

'믐~, 는~, 음~' 등으로 발성 연습을 하며 비강의 느낌을 살린 뒤에 스피치를 해 본다.

훈련 28

보이스-공명

비음 줄이기
비음이 심하다고 느껴질 때

비음(콧소리)이 너무 심하면 오랫동안 듣기에 다소 부담스러울 수 있다. 코를 막고 훈련하여 비음을 줄여 나갈 수 있다.

1. 코 막고 발성하기

코를 막은 상태에서 '아~ 에~ 이~ 오~ 우~' 등의 발성 연습

을 한다. (복식호흡과 발성 훈련 ☞훈련22~24)

2. 코 막고 문장 읽기 연습하기

코를 막은 상태에서 문장 읽기를 해 본다. 'ㅁ, ㄴ, ㅇ'이 들어간 발음을 제외하고는 코를 막아도 문장 읽기가 가능하다. 비음으로 너무 많은 날숨을 내보내는 것은 습관적이므로 코를 막고 스피치하는 훈련을 해 본다. 5분 정도 연습했다면 코를 잡은 손을 놓고 말해 본다. 이전보다 비음이 줄었을 것이다. 비음이 다시 몰려오는 것이 느껴진다면 코를 잡으라. 간단하지만 효과적인 훈련이다.

■ 훈련의 정수 ■

손으로 코를 막고 스피치 훈련을 해 본 뒤, 손을 떼고 스피치를 해 본다.

• 명료한 발음

누구나 명확하고 또렷한 발음으로 의사전달을 하고 싶어 한다. 그럼에도 불구하고 안타깝게 발음이 잘 안 되는 경우가 있다. 입이나 혀의 모양이 잘못 잡혔거나 혀가 꼬이는 증상인데 모두 조음의 위치가 잘못된 경우이다. 원인은 크게 두 가지이다.

가장 일반적인 것은 부모님의 언어습관을 따라 한 경우이다. 필자가 스피치 코칭을 했던 한 학생의 어머니와 상담을 한 적이 있다. "선생님 선생님, 저희 아이가요, 얼마나 성격이 급한지 몰라요.

제가 그렇게 말 좀 천천히 하라고 아무리 그렇게 얘기를 해도 쉬지도 않고 말하다 보니 발음도 다 뭉개지고 내용도 횡설수설하고 문제가 많아요."

이 이야기를 하시는 어머니의 말투가 어떠했을지 그려지는가? 그분은 자녀의 이야기를 하고 있는 듯했지만 실상 다급하고 정신없던 말투는 자신의 이야기였다. 명확한 발음과 스피치 훈련은 나 자신뿐만 아니라 잘못된 언어습관의 대물림을 끊기 위해서도 필요하다.

발음이 잘 되지 않는 두 번째 이유는 선천적으로 혀가 짧은 것을 비롯한 조음기관 구조상의 문제이다. 그런데 자신의 혀에 구조적문제가 있다고 말하는 사람들이 의외로 정상인 경우가 많다. 즉, 습관의 문제인 경우가 다분하다는 것이다.

발음 훈련의 3가지 원칙은 다음과 같다.

하나, 천천히 :

발음을 잘한다는 것은 "경찰청 창살은 철창살이고 철도청 창살은 겹창살이다." 같은 문장을 1초 안에 빠르고 명확하게 읽는 것이 아니다. 빨리 말해야 한다는 강박관념을 버리자. 얼른 해치워 버려야 겠다고 생각하는 순간 혀가 꼬이기 시작한다. 예부터 급할수록 돌아가라고 했다. 어렵고 부담스러운 발음일수록 마음을 가볍고 편안하게 하고 천천히 발음하라. 여유 있고 명확하게 발음하는 것이 더 프로다워 보인다.

둘, 입을 크게 :

발음 연습을 할 때는 누가 봐도 "왜 저리 입을 크게 벌리며 오버하지?"라는 소리가 나올 정도가 되어야 한다. 음가 하나하나를 크고 정확하게 발음하려고 노력하라. 크게 입을 벌리며 발음 연습을 해야 실제 스피치에서는 70~80%가 발휘되어 제 발음이 나온다.

셋, 빈번하게 :

몸도 자주 써야 근육이 붙고 힘이 생기듯 혀 또한 마찬가지이다. 개인의 발음 습관에 따라 까다롭게 느껴지는 발음이 있다. 자신이 잘 되지 않는 발음이 무엇인지를 알고, 잘못 발음하고 있는 것이 있다면 교정한 뒤 지속적으로 훈련해야 한다. 습관으로 정착되기 전까지 사람의 몸은 편하던 이전으로 돌아가려는 성질이 있다. 복식 발성 훈련과 마찬가지로 발음연습도 무의식에 박힐 때까지 의식적인 훈련을 계속해야 한다. 당신의 혀에게 새로운 습관을 덧입혀 주기까지 훈련을 멈추지 마라.

개인의 발음 상태에 따라서 훈련도 맞춤형으로 진행해야 효과적이다. 우선 자신의 발음 상태를 체크해 보자. 발음 훈련 예문을 읽어본다. (☞**부록4. 보이스 트레이닝(발음/발성) 연습 예시문 참고**) 나에게 어려운 발음이 무엇인지 체크한다. 어려운 발음을 가려내기 어렵다면 예문을 읽으며 녹음하고 다른 사람에게 들려주며 발음이 이상한 부분을 말해 달라고 하면 된다. 다음 훈련들 중 자신의 상황에 맞는 것을 선택해 꾸준히 연습하라.

훈련 29

보이스-발음

발음 훈련(평소 & 젓가락)
명료한 발음을 위한 연습을 하고 싶을 때

1. 스피치 전에 혀 워밍업하기

혀를 있는 힘껏 쭉 내민다. 끝까지 내밀었으면 천천히 입안으로 넣는다.

혀를 있는 힘껏 만다. 그리고 천천히 편다.

치아를 이용하여 혀를 전체적으로 가볍게 씹어 준다.

혀를 이리저리 마음대로 움직이며 풀어 준다.

2. 주변에 적힌 글 읽기

길거리를 걸어가면서 간판을 또박또박 읽어 본다. 생각보다 까다로운 명칭도 많으며 걷다 보면 새로운 연습 예문이 끊임없이 제공되므로 이만한 훈련이 없다. 만원버스에 타고 있다면 옴짝달싹할 수 없는 상황을 원망하지 말고 버스에 적힌 정류장의 이름과 광고들을 하나하나 읽어 보자.

3. 나무젓가락 물고 연습하기

나무젓가락을 반으로 쪼갠 뒤, 젓가락 한쪽을 치아 중간 정도에서 젓가락이 떨어지지 않을 정도로만 문다.

이 상태에서 발음 연습을 3~5분 정도 한다. 한 음절 한 음절 천천히, 그리고 정확하게 발음해 본다. (너무 오래 연습하면 턱에 무리가 갈 수 있다. 중간중간 쉬면서 하도록 한다.)

나무젓가락을 빼고 다시 발음 연습을 하며 발음교정의 차이를 느껴 본다.

※ 볼펜이나 매직은 딱딱하기도 하거니와 너무 크기 때문에 무는 것부터 무리일 수 있다. 재사용을 하다 보면 위생상의 문제도 발생할 수 있어 나무젓가락을 추천한다.

■ 훈련의 정수 ■

혀를 풀어 주고 나서 주변에 적힌 문구나 간판, 글귀를 또박또박 읽어 본다. 나무젓가락을 물고 발음 연습을 할 수도 있다.

☞ 부록4. 보이스 트레이닝(발음/발성) 연습 예시문

훈련 30

보이스-발음

발음 훈련 - ㅅ(시옷)발음
ㅅ발음이 부정확할 때

다음 단어를 발음해 보고 발음이 어색하다면 이 훈련을 한다.
- 소방서, 크림소스 스테이크, 신신애, 상사병, 수수깡

'ㅅ'이 'ㄷ'으로 발음되는 경우

① 조음 위치 조절

'ㅅ'이 'ㄷ'으로 발음된다면 혀가 윗잇몸 쪽으로 조금 더 올라가야 한다. 'ㅅ' 발음은 치경(윗잇몸)에 1㎜ 간격을 띄우고 협착점 사이로 기류를 보냄으로써 생성되는 소리로, 매우 정교한 조절

을 요한다. 혀끝이 닿는 위치를 살짝 올려서 발음해 본다.

② 혀는 살짝만 닿게

'ㄷ'은 혀가 잇몸에 강하게 닿는 반면 'ㅅ'은 살짝 마찰한다. 발음할 때 혀가 잇몸을 강하게 누르고 있는 것이 느껴진다면, 이번에는 혀가 치경 쪽에 닿을 듯 말 듯하게 발음해 본다.

'ㅅ'이 'th'로 발음되는 경우

'ㄷ'보다 혀끝이 더 내려간 경우이다. 혀가 윗니 뒷부분에 닿거나 심할 경우에는 윗니와 아랫니 사이로 혀가 나오기도 한다. (그야말로 영어의 'th[θ]' 발음이다.)
조음 위치를 ①번('ㅅ'이 'ㄷ'으로 발음되는 경우)처럼 올려 본다.

새는 소리가 나는 경우

'ㅅ' 발음에서 새는 소리가 난다면 필요 이상으로 혀에 신경 쓰느라 '혀에 힘이 들어간 경우'일 수 있다. (②의 경우와 같음) 혀가 경직되어 있으면 더 딱딱하고 둔탁한 소리가 나온다. 조음 위치가 맞다면 혀를 편안하게 풀고 윗잇몸에 살짝 마찰할 정도로 가볍게 소리를 내 본다.

필자가 코칭했던 한 분은 조음 위치가 신경이 쓰여 계속 힘이 들어간다고 하여, 오히려 '모음'에 집중하며 발음하게 했더니 개선되었다.

'ㅅ' 발음이 제대로 난다면 그 위치가 익숙해질 때까지 리딩 훈련을 계속한다.

☞ **부록4. 보이스 트레이닝(발음/발성) 연습 예시문**

■ 훈련의 정수 ■

'ㅅ'의 조음 위치를 확인하여 혀가 닿는 위치를 조절하며, 혀는 살짝만 마찰되게 발음해 본다.

훈련 31

보이스-발음

발음 훈련 - ㄹ(리을)발음
ㄹ을 비롯하여 혀 짧은 소리가 날 때

다음 단어를 발음해 본다.
- 라디오, 꿀벌, 할렐루야, 룰루랄라

'룰루랄라'가 [눈누난나]처럼 발음된다면 교정이 필요하다.

혀 짧은 소리가 나는 경우

'ㄹ' 발음이 잘 안된다면 조음 위치를 '치경' 쪽으로 조금 더 올려야 한다.

① 혀를 윗니 뒤에 붙인다. 혀로 천천히 입천장을 따라 훑으며 입안의 굴곡을 느껴 본다.

② 윗니 뒤의 파인 곳을 지나고 나면 볼록 튀어나온 언덕 같은 느낌이 있을 것이다. 볼록 튀어나온 곳이 바로 치경이며 'ㄹ'을 발음할 때 향해야 하는 부분이다.

③ 'ㄹ' 발음 시 '치경'이라는 언덕의 가장 높은 곳

(튀어나온 곳)을 찍고 온다는 느낌으로 발음한다.
'말, 달, 벌'처럼 'ㄹ' 받침으로 끝날 때는 치경에 혀를 붙인다.
'라면, 라디오, 레몬'처럼 초성에 'ㄹ' 발음이 있을 때는, 혀를 치경에 살짝 대었다가 경구개(입천장 앞쪽) 쪽으로 튕기듯 당기며 낸다.

혀가 잘 안 올라가는 경우

앞의 훈련을 하면서, 혹시 혀가 뻣뻣해 치경까지 닿는 데 어려움을 느낀다면 혀를 잘 움직이도록 도와주는 설소대(혀를 위로 올리면 보이는 힘줄)를 유연하게 훈련하도록 한다.

① 혀를 있는 힘껏 할 수 있는 데까지 말아 본다. 혀끝이 목젖에 빨려 들어간다고 생각해도 좋다. 혀를 만 상태를 5초간 유지한다.

② 혀를 좌우 위아래로 자유자재로 5초간 푼다.

③ 혀를 위로 최대한 올린 상태로 5초, 아래로 최대한 내린 상태로 5초, 좌로 5초, 우로 5초간 유지한다. 혀를 위아래 좌우로 돌리면서 푼다.

'ㄹ' 발음이 제대로 난다면 그 위치가 익숙해질 때까지 리딩 훈련을 계속한다.

☞부록4. 보이스 트레이닝(발음/발성) 연습 예시문

■ 훈련의 정수 ■

'ㄹ'의 조음 위치를 확인하여 혀가 닿는 위치를 '치경' 쪽으로 조절한다. 혀가 뻣뻣한 경우에는 혀를 말고 좌우 위아래로 푸는 훈련을 한다.

훈련 32

보이스-발음

사투리 고치기
표준어를 사용하고 싶을 때

사투리 자체는 스피치에 있어서 약점이 아니며 오히려 개성과 인간미의 매력이 될 수 있으나 다음의 경우에 해당된다면 교정 훈련을 해볼 수 있다.
- 아나운서 등 정보를 중립적으로 전하는 표준어의 사용이 필요한 직업을 준비하는 경우
- 사투리 사용으로 인해 차별을 느끼는 경우
- 표준어를 구사하고 싶은 욕구가 강한 경우

1. 연습의 핵심은 억양 잡기

표준어는 소리의 고저 변화가 적은 편이며 사투리는 대개 억양과 강세가 약하다. 사투리를 교정하기 위해서는 음의 높이가 일정하게 계속되는 평조의 훈련을 해야 한다. 자연스러우면서도 최대한 같은 톤으로 눈에 띄는 강세 없이 말을 지속해야 한다.

2. 뉴스 따라 하기

표준어를 구사하는 아나운서가 전하는 뉴스를 녹음해서 한 문장 듣고 한 문장 따라 하는 식으로 반복한다. 처음에는 억양 하나하나에 많은 신경을 쓰며 '서울말은 끝만 올리면 된다믄서 ╱?' 하는 어색함이 있을 것이다. 스스로 의식되지 않도록 자연스러워질 때까지 연습해야 한다. 시도 때도 없이 방송이나

유튜브에서 아나운서가 전하는 뉴스를 따라 하라.

■ 훈련의 정수 ■

억양의 변화를 줄이며 평조로 스피치를 연습한다. 뉴스를 따라 한다.

주의!! : 목에 무리를 주는 습관

1. 음주와 흡연, 카페인

술과 카페인은 성대를 마르게 하는 적이다. 담배는 성대 점막을 직접적으로 상하게 한다. 장시간 스피치를 할 때는 커피보다 물을 조금씩 마시는 것이 좋다.

2. 목으로 무리해서 내는 소리

목에 힘을 주고 소리를 세게 지르거나 노래방에서 성량을 벗어나는 고성을 지르면 무리가 간다. 음주 후 노래방에서 필 받아서 빽빽 소리 지르는 것은 목에 최악이다.

3. 자극적인 음식

맵고 짠 음식은 성대를 자극하며 과식은 위산 역류로 성대막을 상하게 할 수 있다.

목에 무리가 갈 때는 후두가 항상 촉촉해지도록 물을 자주 마시고 소리를 내지 말고 쉬어 주도록 한다. 말을 조금만 해도 목에 무리가 가는 경우라면 복식발성(훈련22~24) 연습을 꾸준히 할 필요가 있다.

트레이닝B(Body)

청중을 사로잡는
스피치 내용 구성

4장

청중분석기법
(WHO)

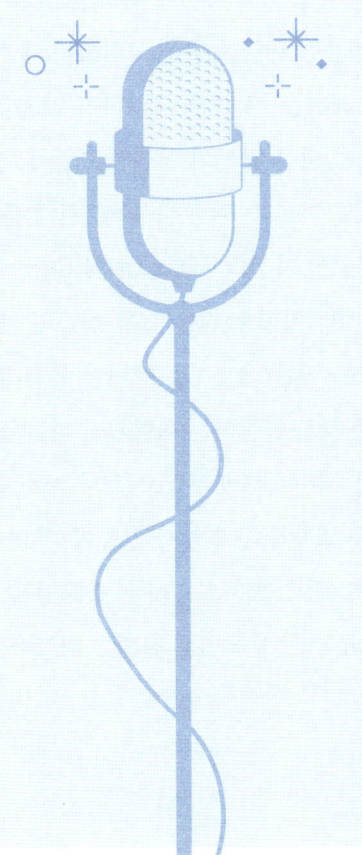

듣는 사람의 말로 스피치하라

고대 아테네의 철학자 소크라테스는 현자이자 달변가로 칭송받았다. 어느 날 사람들이 그를 찾아가서 "어떻게 하면 말을 잘할 수 있습니까?" 하고 물었다. 이에 소크라테스는 "말을 잘하는 최고의 비결은 듣는 사람의 언어로 말하는 것이다."라고 대답하였다. 탁월한 연설을 했던 링컨 대통령도 자신이 하고픈 말을 고민하는 데 드는 시간의 두 배를 청중이 원하는 말을 고민하는 데 사용하였다.

AT&T사의 켄 해머는 "청중을 생각하지 않고 프레젠테이션하는 것은 러브레터를 쓴 다음 겉봉에 '우리를 아는 모든 사람들에게'라고 적는 것과 같다."고 하였다. 누구나 '나를 위해 준비된 이야기'를 듣고 싶어 한다. 청중은 자신과 무관한 이야기가 이어지면 급속히 흥미를 잃기 시작한다. 한번 눈길을 거둔 청중의 관심을 다시 모으기란 쉽지 않다. 말을 잘한다는 것은 뛰어난 목소리나 유창함의 스피치가 아닌 '청중을 알고 공감하는 이야기를 하는 것'임을 명심하라.

이 장에서는 청중분석을 세 부분으로 나누어 살펴보며 청중에게 '무엇을 말할까'를 생각하기에 앞서 청중이 '무엇을 듣기 원할까'를 고민할 것이다. 그들의 입맛과 원하는 스타일을 파악하기 위해 필자가 설계한 'WHO' 청중분석법을 전해 드리고자 한다. WHO를 풀이하면 다음과 같다.

- W(Where you are): 발표 장소와 상황
- H(Heart): 청중의 마인드와 지식수준
- O(Official Information): 청중과 관련된 공식정보

청중이 누구(who)인지 'WHO' 분석틀로 치밀하게 분석하여, 빠져들 수밖에 없는 스피치의 선물을 전해 보자!

청중 관련 공식정보(Official Information)

'WHO'를 'O-H-W'의 순으로 청중을 분석해 보고자 한다. 먼저 'O(Official Information)'는 청중의 인적 사항, 이슈 등 공식적인 정보를 의미한다.

• 인적 사항

인적 사항은 비교적 손쉽게 파악할 수 있으면서도 스피치 전반에 걸쳐 활용할 수 있는 유용한 정보이다. 연령대, 성별, 인원, 직업 등이 이에 해당된다.

청중의 연령대 :

먼저 청중이 어린이, 청소년, 청년, 중년, 장년 중 어디에 속하는지 파악한다. 젊은 사람들은 대체로 진보, 유행, 미래, 취직, 취미, 스포츠, 모험, 자극, 해외(여행)에 관심이 있을 수 있고, 중년은 보수, 실리, 직업 불안, 노후, 평생직업, 최근 이슈, 자녀, 건강, 여가에 관심이 있으며, 노년은 예의, 과거 회상, 겸손, 노인 문제, 어려움 듣기, 날씨, 건강, 맞장구에 관심이 있다(백두현, 2010).

가능하면 스피치를 들을 청중에 대해 상세하게 파악하기 바란다. 어린이라도 초등학교 저학년-고학년의 차이가 있고, 청년이라도 대학교 신입생-고학년-취준생-사회초년생의 마인드와 관심사가 다르다. 회사 직원도 신입-대리-관리자-임원에 따라 세상을 보는 눈이 천양지차다. 학생들에게 결혼 준비와 자녀교육 이야기가 흥미를 끌지 못하고 노년층에게 최신 트렌드가 공감을 얻기 어렵듯 청중의 연령대를 미리 파악하지 못하면 애써 준비한 스피치가 통째로 필터링되어 버릴 수도 있다.

청중에 따라 스피치 스타일도 달라진다. 공식적인 발표나 예의를 중시하는 청중 앞에서는 정돈되고 깍듯한 언어를 구사할 필요가 있다. 어린 청중에게는 '~했어요'의 친근한 동화 구연 말투로 접근할 수 있고, 노년층에게는 '우리 아버님, 어머님들~' 하며 구수한 말투를 활용하듯 청중에 따라 전체적인 스피치 스타일도 크게 달라질 수 있다.

청중의 성별 :

남성은 스포츠, 군대, 성 등에 관심이 많고 여성은 미용, 드라마, 가십거리를 즐겨 이야기하는 경우가 많다. 필자의 경우 학습법 내용을 강의하며 여학생 대상으로는 '화장'과 관련짓고 남학생들에게는 '게임'과 연결지어 공감대를 얻기도 하였다. 청중의 성별이 한쪽으로 몰려 있다면 이를 고려해 스피치 소재를 선택해 볼 수 있다. 단, 성별에 따른 차이는 절대적인 것이 아닐 수 있으므로, 남자는 논리, 여자는 감성이라는 식으로 지나치게 이분법적으로 나누지 않도록 주의한다.

청중의 인원 :

인원에 따라 목소리와 제스처가 다소 달라질 수 있다. 청중의 수가 많은 상황에서는 볼륨감이 다소 커지고, 제스처도 그에 비례하여 좀 더 크고 시원하게 사용하는 것이 일반적이다. 청중의 수가 많아진다면 시선이동과 무대이동의 폭도 더 넓어지게 될 것이다. 스피치 중에 청중들이 짝을 짓거나 조를 나누어 하는 활동이 포함될 경우, 인원에 따라 제약이나 혼란이 있을 수 있기 때문에 사전에 체크해야 한다.

청중의 직업 (직무나 전공) :

필자는 강의를 하면서 다양한 직종과 직무의 청중을 만난다. 그들과 소통하는 첫 번째 방법은 청중이 자주 사용하는 익숙한 용어를 찾아서 구사하는 것이다. 법조계 청중들을 대상으로 강의할 때는 '원고와 피고', '행동양태' 등의 용어를 사용하였고, 의료통역강사들을 대상으로 한 강의를 준비하면서는 'LKP(한국어 사용이 제한되는 환자)', 'ER(응급실)' 등의 용어와 질환의 영문명을 익혀 사용하였다. 홈쇼핑 관계자들을 대상으로 한 강의를 할 때는 한 달간 시도 때도 없이 홈쇼핑을 보며 어투와 분위기를 익혔다. 준비하는 노력이 고되기도 하지만 청중의 반응을 보면 확실한 몰입의 효과가 있다.

청중이 특정 회사의 직원들이라면 회사에 따라 다른 호칭 등의 문화를 파악하고 접근하는 것도 필요하다. 청중의 직업과 직무(또는 전공)에 따라 업무 내용, 어려움과 재미, 그들만의 언어, 유머를 알고 활용하면 공감대 형성에 탁월한 효과를 볼 수 있다. 직업, 직무 부분은 비교적 고급정보이기 때문에 인적 사항 분석에서 가장 많은 시간과 노력이 필요하다.

그 밖에 활용될 수 있는 인적 사항으로는 '지역' 정보가 있다. 그 지역 청중들에게 친근하고 익숙한 명승지나 특산물, 사투리 등을 활용하고 지역의 아름다움과 맛깔스러움을 칭찬하는 것도 방법이다. 그 외에 청중의 종교 등도 확인하여 기독교인 청중 앞에서 부처님의 대자대비를 설하는 상황이 발생하지 않도록 주의한다.

- **이슈**

청중에게 최근 무슨 일이 있었는지도 놓치지 말아야 할 부분이다. 장마, 눈 등 모두가 겪었을 날씨부터 시작해서 크게는 월드컵, 올림픽 등 많은 이들이 관심을 갖는 행사가 있겠고 작게는 청중의 회사나 단체에 일어났던 사건을 주목할 필요가 있다. 그들이 최근에 달성한 자랑스러운 업적, 수상이나 히트 중인 상품, 서비스를 체크해서 스피치에 활용해 볼 수 있다. 야유회를 다녀왔는지, 휴가 시즌인지, 월말정산으로 정신없을 때인지 등을 미리 살펴보아야 한다. 청중이 청소년이라면 수학여행, 시험 기간, 방학 등의 이슈가 있다.

스피치를 시작하면 빠른 공감대 형성으로 '우리는 같은 편이다'라는 인식을 심어 주는 것이 중요한데, 이때 "~ 일들 때문에 골머리 앓고 계시죠?", "ㅇㅇㅇ, 요즘 대박 상품이지요? 저도 써 보고 놀랐습니다."처럼 청중의 이슈를 활용하면 십분 효과적이다.

사회적인 이슈에 따라 스피치에 사용되는 사례도 바뀐다. 인기를 얻는 인물들, 소위 '대세'로 불리는 사람들의 사례나 사건을 스피치에 활용하면 청중의 주목을 끌 수 있다. 반면에 사례 속의 인물이 최근에 사회적인 물의를 일으켰다면 바로 교체해야 한다. 연사는 최신의 이슈에 민감해야 한다.

청중 분석은 '그들을 위해 어떤 이야기를 할까'를 알게 해 주는 동시에 '하지 말아야 할 말'을 걸러 내기 위해서도 필요하다. 최근에 인사이동이 있었는데 '회사에서는 때 되면 승진한다'는 식의 이야기를 하거나 수능을 본 학생들에게 '시험은 별거 아니다'라는 식의 이야기는 반발을 불러일으킬 수 있다. 청중에게 민감한 부분이 무엇인지 미리 체크하여 말실수가 나오지 않도록 주의해야 한다. 스피치를 잘해 놓고 말 한마디 때문에 다 된 밥에 재 뿌리는 일이 없도록 말이다. 청중은 때로는 방어적이고 사자와 같아서 코털을 잘못 건드렸다가는 쓴맛을 보게 될 수도 있다.

훈련 33

청중분석

청중의 'O(Official information)' 분석하기
청중의 공식정보를 스피치에 활용하는 감각을 키우고자 할 때

주어진 청중의 정보에 맞춘 스피치를 연습해 보자. 스피치의 내용을 정해놓은 상태에서 청중을 다르게 설정하고 그에 맞추어 스피치를 해 본다. 청중의 언어로 설명할 수 있는 방법은 무엇일까, 청중의 관심사와 이 발표내용을 어떻게 연결할 수 있을까, 쉽고 재미있게 전달하는 방법은 무엇일까를 고민하며 발표해 보자.

1. 황산의 활용법 설명하기[9]

- 등유, 가솔린 정제
- 비누, 브러시, 빗, 면도날 황산액 처리
- 컵, 접시도 대부분 황산 처리

강화 훈련 청중을 유치원생, 어르신, 주부 등 특정 대상으로 정하고 설명해 본다.

2. 아프리카 부족에게 한국의 겨울을 설명하기

당신은 아프리카로 여행을 가서 한 부족을 만났다. 한국에 대해 궁금해하는 그들에게 한국의 겨울에 대해 설명하라.

※ 위의 상황에 따라 각각 1~3분 정도의 스피치를 해 보라. 발표하기 전에 어

---

9 와이즈먼(2003)의 사례를 응용한 것이다.

떻게 말할지 생각하거나 메모해 보는 것도 좋다. 스터디 구성원들과 함께 해 본다면 청중을 고려하는 다양한 접근 방법을 발견할 수 있을 것이다.

■ 훈련의 정수 ■

설명할 내용(A)을 확인하고 A와 연결되는 청중의 상황과 경험(B)을 찾아본다. A와 B를 연결하여 스피치로 표현한다.

※ **훈련33**과 같은 상황을 만들어서 스터디 구성원들과 함께 스피치 훈련을 해 본다. 자신이 회사나 학교에서 발표하게 될 내용과 상황을 설명한 뒤, 스피치 스터디 멤버들과 함께 '청중을 고려'할 수 있는 아이디어를 나눠 보는 것도 좋다.

청중의 마인드와 지식수준(Heart)

청중분석 'WHO'에서의 'H'는 지식수준, 태도, 이익 등 청중의 내적인 부분을 의미한다. 공식적인 정보(O)보다는 얻기에 어려운 편이나, 분석에 성공했을 경우 강력한 설득의 힘을 발휘할 수 있다.

- 청중의 지식수준

갓난아이는 젖이나 분유를 먹여야 하고 생후 4개월이 지나야 이유식을 소화할 수 있다. 이가 튼튼하지 않으신 어르신께 딱딱한 부럼을 권했다가는 된통 야단을 맞을 수도 있다. 아무리 몸에 좋은 음식이라도 상대방이 소화할 수 있는가를 살피고 권할 일이다. 스피치에서도 청중의 지식수준을 고려하여 콘텐츠를 그에 맞게 조리해야 한다.

오바마 대통령의 연설은 미국 고등학교 1학년생이면 이해할 수 있는 수준이었다. 역대 미 대통령 연설이 평균적으로 대학교 3학년 수준인 것과 비교하면 낮은 편이다. 그는 쉬운 일상의 단어를 사용하여 국민과 소통하고자 눈높이를 맞추었다. 대중에게 신제품을 설명하는 스티브 잡스도 짧고 간결한 일상의 어휘를 사용하며 쉽게 와 닿는 생활 속 비유를 활용해 이해를 돕는다.

청중의 일반적인 지식수준은 이해력, 어휘력, 사고력을 의미하며 대개 교육 수준과 비례하기도 한다. 청중의 이해도가 낮으면 복잡한 논리나 비유의 전개가 어려울 수 있다. 경영학도라면 'SWOT[10]'이라는 말을 단번에 알아듣겠지만 다른 전공 대학생이나 청소년에게는 생소할 수도 있다. 어려운 전문용어는 풀어서 쉽게 설명해 주고 청중에게 익숙한 일상의 언어를 사용해 접근해야 한다. 반대로 청중의 지식수준이 높은데 너무 쉽게 설명하는 것도 바람직하지 못하다. 연사의 입장에서는 친절한 배려일지 모르나 청중의 입장에서는 '우리 무시하나?'라고 느낄 수도 있다. 청중의 수준에 맞는 전문용어와 정교한 논리를 활용하여 접근할 필요가 있다.

스피치 '주제'에 대한 청중의 지식수준도 점검해야 한다. 청중이 발표 주제에 대해 잘 모른다면 기초부터 차근차근 설명해야 한다. 많은 정보를 전달해 주려는 욕심을 버리고(선한 의도이지만 스피치를 망치는 주요 요인이기도 하다) 청중에 맞는 내용을 선정하여 이를 일상의 용어로 쉽게 전해야 한다.

반면에 청중이 스피치 주제에 익숙할 경우, 기초적인 내용을 설명하는 데 시간을 너무 많이 할애하면 지루함을 유발할 수 있다. 그들의 귀를 열 수 있는 것은 새롭고 트렌디한 정보이다. 주제에 대해 잘 아는 청중일수록 '내가 아는 내용 같으니 들을 필요가 없다'고 단

---

10 강점(strength), 약점(weakness), 기회(opportunity), 위협(threat) 등 네 가지 요인 분석

정 지을 수 있으므로, 도입부에 그 주제가 청중에게 얼마나 중요한지 강조하거나 새로운 측면을 제시하여 흥미를 끌어야 한다.

- 태도

청중이 중립적이기만 해도 다행이다. 비협조적이고 무관심하거나 적대적인 상황에서 스피치를 해야 하는 경우도 발생한다. 청중의 태도를 고려하지 않고 내가 전해야 할 말만 전한다는 생각은 몸에 기름을 붓고 불길을 지나는 것처럼 위험하다.

나(연사)에 대한 청중의 태도를 확인한다. 그들은 중립적일 수도 있고 호의적일 수도 있다. 또는 동의하는 것처럼 보이지만 행동하지는 않을 수도 있다. 상사 앞에서 어쩔 수 없이 끄덕이면서 마음속으로는 전혀 동의하지 않는 것처럼 말이다. 청중이 나에게는 호의, 또는 중립적이지만 내가 말하고자 하는 주제가 희생정신, 임금, 복지, 노동 등 자신의 이익에 반한다고 생각하면 민감하게 반응하고 적대적인 태도를 취할 수 있다.

청중이 우호적이라면 동의하는 부분에 대해 많은 설명을 하거나 주장을 입증하기 위해 노력할 필요가 없다. 행동으로 이어질 수 있도록 촉구하는 데 중점을 두어야 한다. 동의하지만 움직이지 않는 청중이라면 이유를 찾아 그것을 해소해 주어야 한다(정경진, 2009). 만약 청중이 적대적이라면 어떻게 해야 할까?

19세기 파리에서 폭동이 일어났다. 군대의 한 지휘관에게 광장에 모인 폭도들에게 발포해 광장을 비우라는 명령이 떨어졌다. 지휘관은 군중 앞에 나아가 말했다.

"신사숙녀 여러분, 저는 폭도들을 향해 총을 쏘라는 명령을 받았습니다. 하지만 지금 제 앞에는 다수의 선량하고 존경할 만한 시민분들이 보입니다. 저희가 폭도들을 향해 안전하게 발포할 수 있도록 선량한 시민분들은 이 자리를 떠나 주시기를 정중히 요청드립니다."

광장은 3분 만에 텅 비었다.

적대적인 청중 앞에서는 논리적인 설득을 앞세우지 않는 것이 좋다. 청중의 입장에 대해 비난하거나 그들의 입장에서 적대적인 결론을 먼저 제시하는 두괄식 방법[11]은 위험하다. 스피치 도입부에서 청중과의 공통점을 찾는 것이 우선이다. 그들에 대해 공감과 존중을 표현한 후에 나의 결론은 후반부에 서서히 제시하는 '부드러운 미괄식'으로 접근하는 것이 좋다. 이때도 청중의 반응을 끊임없이 살피며 그들의 태도에 따라 결론 제시의 강도를 조절해야 한다.

스피치를 하면서 청중의 태도가 변화되는 것에 지나친 욕심을 부리지 않도록 하라. 상대방이 30년간 쌓아 온 편견을 30분 만에 뒤집을 수는 없는 노릇이다. 큰 요구를 쉽게 들어줄 것이라 생각하지 말고 현실적인 작은 변화를 목표로 삼으라. '저 연사의 말처럼 그럴 수도 있겠구나.', '저런 면이 있었네.' 하는 자극을 줄 수 있다면 충분

---

11 두괄식은 '주장+근거'의 순서로 말하거나 글을 쓰는 방식이고, 미괄식은 '근거+주장' 방식이다.

히 성공한 것이다. 작은 울림을 지속적으로 주다 보면 사람의 마음
은 열리기 마련이다.

● 이익

　동계 올림픽 개최지 선정에서 대한민국은 세 번 도전하여 유치를
확정짓고 2018년 올림픽을 개최할 수 있었다. 앞서 실패한 두 번의
프레젠테이션에서는 '한반도 통일과 평화에 대한 영향'을 제시하였
는데 당시로서는 차별성이 없고 다소 식상한 근거였다. 특히 이때
간과한 것이 심사를 맡은 IOC위원들의 성향이었다. 그들은 정치보
다는 경제적 효과에 관심이 높은 경제인들이 다수였다. 세 번째 프
레젠테이션에서는 '아시아 시장에 관심을 기울여 보세요'라는 주제
를 제시하며 올림픽이 가진 잠재력과 아시아 시장을 연결 지어 심사
위원들의 공감을 살 수 있었다.
　스피치에 유창함만 있고 청중을 위한 실제적인 유익이 들어 있지
않다면, 지루하기 짝이 없는 고문이 될 수 있다. 연사는 스피치를
준비하면서 '청중의 관심과 이익에 부합하는 내용을 준비하고 있는
가?'를 자신에게 끊임없이 되물어야 한다. 스피치를 듣고 난 청중이
'그래서 어쩌라고?'라는 반응을 보인다면 그 발표에는 '위피(WIIFY)'
에 대한 답이 없는 것이다.
　'WIIFY'란 'What's In It For You?'의 약어로 '이 발표가 청중에게

어떤 의미가 있는가?'라는 뜻이다(와이즈먼, 2003). 스피치에 이 질문에 대한 답이 빠져 있다면 청중은 금세 뒤돌아서게 되어 있다. 연사를 넉넉히 기다려 줄 만한 여유가 청중에게는 없다. "이 제품은 빠르게 구동됩니다."로 끝내지 말고 "빠르게 구동되어 당신의 시간을 절약해 줍니다.", "더 이상 기다릴 필요가 없습니다."와 같이 청중이 얻을 수 있는 이익을 강조하라.

때에 따라서는 이익과 함께 공포를 자극할 수도 있다. "지금 준비하지 않으시면 내년에 눈물 흘리게 됩니다.", "떠나고 나면 후회해도 소용이 없습니다."와 같이 말이다. 단, 공포가 청중이 감당할 수 있는 한계를 넘어서면 청중은 오히려 달아나고 싶을지도 모른다. "당신이 그렇게 한다면 파멸에 이를 수 있습니다."처럼 스피치가 공포 유발로 끝나면 연사의 마지막 인상이 부정적으로 기억될 수 있으므로 마무리는 해피엔딩이 되도록 한다.

이익을 지나치게 부풀려 말하지 않도록 조심해야 한다. "제 이야기를 잘 들으면 여러분은 10년은 젊어지게 됩니다.", "인생을 바꿀 수 있는 변화의 비법을 알게 됩니다."와 같은 과대광고는 초반에 청중의 귀를 자극하는 효과가 있을 것이다. 그러나 이를 뒷받침할 만한 알찬 스피치가 이어지지 못한다면 질소충전 가득한 과자 봉지를 뜯었을 때처럼 청중은 용두사미의 스피치에 실망감을 감추지 못할 것이다.

더군다나 관심을 끌기 위해 초반에 "여러분께 이런 이익이 있습니다."라고 말한다면 청중은 '그래서 당신은 뭘 얻고 싶은데?'라고 속으로 반문하며 경계심을 가질는지도 모른다. 청중은 진실이 결여된 계산적인 모습을 귀신같이 알아챈다. 연사는 청중의 관심과 이득을 자극하면서도 진실되어야 하고, 그렇다고 다 보여 주어서도 안 된다.

대체 어쩌라는 것인가 싶은가? 필자도 강의하면서 여러 번 느꼈다. 청중의 마음은 참 알다가도 모르겠다. 때로는 정직하게 말하는 것이 좋고 때로는 체면을 차리며 은근히 말해야 할 때도 있다. 그러므로 청중의 Heart를 지레짐작하지 말고 분석하라. 깊은 관찰과 고민이 있어야 마음을 움직이는 스피치가 가능해진다.

훈련 34

청중분석

청중의 'H(Heart)' 분석하기

청중의 지식수준, 태도, 이익에 대한 정보를 스피치에 활용하는 감각을 키우고자 할 때

다음의 내용을 가지고 1~3분 스피치 실습을 해 보자. 스터디 구성원들과 함께 돌아가며 발표한다면 다양한 Heart의 공략 방법을 배울 수 있을 것이다.

1. 이누이트(에스키모)에게 냉장고 팔기

당신은 영업사원이다. 이누이트 앞에서 냉장고를 판매하는 3분 스피치의 기회가 주어졌다.

2. 모터바이크 회사 직원들이 품질관리에 신경 쓰도록 독려하기

당신은 바이크 생산업체의 관리자이다. 제품 불량률이 높아지고 있다. 직원들이 모인 자리에서 품질 관리에 주의를 기울여 달라는 3분 스피치를 하라. (제품을 생산하는 직원들은 40~50대 남성이 주를 이룸)

■ 훈련의 정수 ■

주장하고자 하는 것, 제공할 수 있는 점(특징)이 무엇인지(A) 체크한다. 청중의 입장에서 당신의 주장(특징)에 대한 'WIIFY'의 답(B)을 찾는다. A와 B를 연결하되, 청중의 편에서 이야기해 주는 느낌으로 말해 본다.

※ **훈련34**와 같은 상황을 만들어서 스터디 구성원들과 함께 스피치 훈련을 해 본다. 회사나 학교에서 발표할 내용과 상황을 설명한 뒤, 스피치 스터디 멤버들이 각자의 방식으로 스피치해 보며 청중의 마음을 움직이는 방식을 찾아볼 수 있다. '청중의 구미를 자극하고, 쉽고 재미있게 들리게 하려면 어떻게 해야 할지' 아이디어를 함께 나누는 것도 좋다.

발표 장소와 상황(Where you are)

청중분석 'WHO'에서의 'W'는 'Where you are'의 의미로 발표 장소와 행사 상황 등에 대한 분석을 의미한다.

● 스피치하는 자리의 성격

결혼식에서 부부를 축하해 주는 축사 자리에 지인분이 섰다. 중후한 느낌의 연사분은 사회적으로도 명망이 있어 보이셨다. 모두가 그분의 스피치에 귀를 기울였다. 그런데 그분은 신랑 신부 이야기보다는 자신이 무슨 사업을 했고 왕년에 대단한 성공을 이뤘다는 등 아무도 궁금해하지 않는 자신의 사회적 위치와 업적에 관한 이야기를 늘어놓기 시작하셨다. 그마저도 길어져서 주례사보다 긴 스피치를 하고 모두의 눈총을 받았다.

스피치는 맥락에 맞아야 한다. 연사의 자리에 섰다고 해서 항상 자신이 주인공인 것은 아니다. 자신보다 남을 드러내야 할 때, 서포터의 역할을 충실히 해야 할 때가 있다. 어떤 취지와 성격의 자리인지 파악하고, 활기찬 분위기로 말할 자리인지, 혹은 진지하게, 나긋나긋하게, 극적이게, 유머 넘치게, 대화풍으로 등 적절한 스피치 스타일을 정해야 한다. 상갓집에 가서 꽹과리를 치거나 잔칫집에 재 뿌리는 스피치를 하지 않도록 주의하자.

연사는 자신의 스피치 앞뒤에 어떤 순서가 있는지, 누가 어떤 이야기를 하는지 흐름을 알고 있어야 한다. 앞의 연사가 내 스피치와 같은 이야기를 한다면 이어서 발표하는 나로서는 난감하기 그지없을 것이다. 나와 다음 연사의 발표 내용이 중복되어 본의 아니게 피해를 주는 경우도 발생할 수 있다. 스피치 준비자는 그날의 스피치나 전체 프로그램에 대한 전반적인 정보를 사전에 알고 있어야 한다. 스피치는 연사 혼자의 뜻대로 만들어 가는 쇼가 아니라 자리의 상황과 맥락에 맞게 맞추어 가는 적응의 예술이다.

- 시간

미국의 소설가이자 비평가인 마크 트웨인이 어느 날 한 목사의 선교비 모금을 위한 설교를 듣게 됐다. 스피치를 듣던 그는 설교에 감동하여 50센트를 넣으려던 마음을 바꾸어 1달러를 넣기로 했다. 점점 고조되는 목사의 설교에 트웨인은 3달러, 5달러, 10달러까지 생각했고 너무 감동받은 나머지 눈물을 흘릴 정도가 되자 현금만으로는 충분치 않다고 생각하고 수표책을 꺼냈다.

그런데 신이 난 목사의 설교는 끝날 줄을 몰랐다. 5분 더 지나자 지루해지기 시작했다. 마크 트웨인은 수표책을 도로 넣었다. 또 5

분 지나자 10달러도 과분하다는 생각이 들었다. 계속해서 10분이 지나자 1달러면 충분하다 싶었고, 10분이 또 지나자 그는 결국 10센트만 모금함에 넣고 나가 버렸다.

연사는 자신에게 할당된 시간을 체크하여 반드시 이를 엄수해야 한다. 연사는 청중에게 좋은 것을 주고 싶어서 열정을 다하다 보니 주어진 시간을 넘겼다고 생각할 수 있다. 그러나 청중은 전혀 그렇게 받아들이지 못한다. 데일 카네기는 주어진 시간을 초과하는 스피치는 "다른 사람의 시간을 도둑질하는 것"이라고까지 이야기하였다. 감동적인 스피치로 청중의 심금을 울리고도 제때 마무리하지 못하면 앞서 따 놓은 점수까지 날아가 버리므로 스피치 시간은 철저하게 지켜야 한다. (시간 체크 방법은 ☞**훈련19. 시간 체크 훈련**)

● 장소

스티브 잡스의 프레젠테이션이 칭송을 받으면서 그를 따라 하려는 연사들이 많았다. 한 기업의 관리자가 스티브 잡스처럼 어두운 바탕에 흰 글씨의 심플한 화면으로 발표를 준비하였다. 수없이 연습하고 공들여 준비한 프레젠테이션을 하러 스피치 장소에 도착한 그는 '아차' 싶은 생각이 들었다. 강연장은 햇볕이 잘 드는 남향으로 지어진 데다가 삼면이 유리창이었다. 게다가 발표 시간은 햇빛이 가장 강렬한 오후 3시경이었던 것이다. 눈부신 햇살이 회의실의 스크린을 비추자 그가 애써 준비한 자료는 알아보기조차 어려웠다. 밝은 환경에서 스크린의 검은색은 잘 보이지 않기 때문이었다. 발표 장소 점검의 중요성을 간과한 대가는 생각보다 훨씬 더 참담할 수 있다.

연사는 발표 장소의 컴퓨터, 음향, 프로젝트 등의 기자재는 물론, 채광과 조명도 확인해야 한다. 때로는 사소해 보이는 요인들이 발표 전체의 분위기를 좌우할 수도 있다. 조명 스위치와 에어컨 조절 버튼의 위치도 알아 두면 좋다. 실내가 너무 더우면 청중의 잠을 불러온다. 온도 조절은 스태프에게 요청하면 되지만, 상황에 따라서 연사가 온도를 직접 조절해야 할 수도 있다.

마이크도 발표 전에 점검해야 한다. 볼륨이 적절한지, 음색이 깨지거나 에코가 울리진 않는지(노래할 것이 아니라면), 비상시 사용 가능한 마이크가 추가로 있는지 등을 체크해야 한다. 마이크는 반드시 사용법을 배워 직접 사용해 보아야 한다.

청중 좌석 배치 점검도 중요하다. 조별 토의가 필요한데 좌석이 고정된 강의실이라면 애써 준비한 활동 자체가 불가능할 수도 있다. 극장식 배치인지, 필기가 가능한지, 테이블 이동이 가능한지 미리 점검해야 한다. 내가 생각하는 것과 다른 배치라면 원하는 형태로 사전에 배치하거나, 그것이 어려운 상황이라면 스피치 중에 있는 활동을 현장에 맞추어 수정할 필요가 있다.

훈련 35

청중분석

발표 장소 점검하기
발표장에 도착하여 기자재를 사용할 경우

컴퓨터(PPT) 점검

① 실제 사용할 프레젠테이션 파일(PPT)을 열고 '폰트 깨짐/화면 이상/동영상/음향(적정 볼륨)' 등을 확인한다. 스크린에 글씨가 잘리지는 않는지, 뒷자리에서도 잘 보이는지 확인한다. 이미 청중이 자리에 있다면 빔프로젝터는 제대로 작동하는지 확인한 후 바로 꺼서 사전 유출을 방지한다.

② 폰트가 깨져 프레젠테이션 디자인이 의도한 것과 다르게 보일 때는 파워포인트 프로그램을 종료한 후 폰트파일을 더블클릭하여 폰트를 설치하거나 시스템 폴더(Windows/Fonts)에 폰트파일을 넣는다.

음향이 안 나올 경우 음소거나 음소거 상태가 아닌지 재생장치 정보를 확인하고, 스스로 해결하기 어렵다 싶으면 바로 담당자에게 이야기한다. 인터넷 상의 영상을 재생해 보여주려 할 때는 종종 인터넷 연결 문제가 발생하는 경우가 있으므로 사전에 영상을 다운받아 준비하는 것이 안전하다. 그마저도 재생되지 않는 경우에는 영상의 내용을 말로 설명해 주고 그 다음 준비한 내용으로 넘어간다.

빔프로젝터 밝기가 약해 프레젠테이션 화면이 잘 안 보일 때는 강연장 맨 앞의 조명만 끈다. 지나치게 어두워져서 연사가 잘 보이지 않을 정도가 되지 않도록 주의한다. PPT는 어디까지나 보조자료일 뿐이고 연사가 주인공이라는 사실을 잊지 말라.

마이크 점검

① 마이크를 켜고 끄는 작동법을 확인한다. (잘 모르겠다면 담당자에게 물어 확인) 직접 멘트를 해 보면서 볼륨을 체크한다. 마이크는 제스처가 편한 반대쪽 손에 잡는 것이 좋으며(오른손잡이라면 왼손에) 마이크가 얼굴 정면을 가리지 않도록 주의한다.

② 유선 마이크라면 선의 길이를 확인하여 무대 위 이동이 어디까지 가능한지 본다. 무선 마이크라면 배터리가 충분한지, 예비용 마이크가 있는지 확인해 둔다.

기타 점검

① 실내 온도: 적정온도인지, 냉난방 컨트롤은 어디에서 가능한지 확인한다.

② 조명: 동영상 재생 시에는 조명이 꺼지면 집중도가 확연히 높아진다. 연사가 직접 꺼야 할 수 있으므로 조명 버튼의 위치를 파악해 둔다.

③ 커튼: 햇빛이 강하게 들어와서 눈부시지는 않는지, 창밖에 구경거리가 있지 않은지에 따라 커튼을 조절한다.

■ 훈련의 정수 ■

발표장에 미리 도착하여 PPT 구동, 마이크, 온도/조명 등을 점검한다.

훈련 36

청중분석

청중분석 WHO 종합표
스피치를 듣게 될 청중에 대해 파악할 때

발표 내용을 본격적으로 준비하기 전에 청중분석을 먼저 하기를 권한다. 청중에 관한 사전 정보에 따라 스피치에 사용되는 소재와 내용을 풀어 가는 방식이 달라지는 것은 물론, 심지어 주제의 방향도 달라질 수 있기 때문이다. 발표 준비를 위해 청중의 어떤 면을 알아봐야 할지 모르겠다면, 다음의 표를 참조하도록 한다. 각각의 요소를 조사한 후에 스피치에서 적용하고 고려해야 할 사항들을 체크해 본다. WHO분석은 'O→W→H' 순서로 하면 조금 더 수월하다.

1. Official Information(청중과 관련된 공식정보)

모든 항목을 전부 스피치와 연관시킬 필요는 없으며 뚜렷하게 드러나는 청중의 특성이 있을 경우, 그들의 특성, 관심사와 나의 스피치와의 연결점을 찾는다.

2. Heart(청중의 마인드와 지식수준)

가장 깊이 있는 접근이 요구되는 분석으로 청중의 마음과 수준에 맞추어 스피치를 풀어 가야 한다.

3. Where you are(발표 장소와 상황)

스피치의 방식(스타일)이나 시청각 보조 자료의 사용 여부를 정한다.

	항목	설명
O 공식 정보	연령대	청중의 연령대 분포는? (*연령대 평균만 보지 않도록 주의함.) 예) 청소년, 20대, 30대, 중년, 노년의 비율 등
	성별	남녀의 비율은?
	인원	몇 명인가?
	직업	학생이라면 전공, 회사원이라면 직무와 직급은 어떻게 되는가?
	이슈	청중에게 최근 일어난 사회/회사(학교)의 이슈는?
	기타	지역, 종교 등 동일 특성이 있는가?
H 마인드, 지식 수준	지식수준(일반)	일반적인 이해도와 사고력은?
	지식수준(주제)	주제에 대해 얼마나 잘 아는가?
	태도	연사/주제에 대해 호의적인가, 적대적인가?
	이익	청중이 원하는 이익은? (공포는?)
W 장소, 상황	자리의 성격	자리의 성격, 앞뒤 프로그램, 다른 연사의 발표내용은?
	시간	내게 주어진 스피치 시간은?
	장소	공간 구조, 컴퓨터(노트북), 빔프로젝터/마이크/냉난방/조명/음향 등, 온라인 발표 상황인지

5장

스토리의 발굴

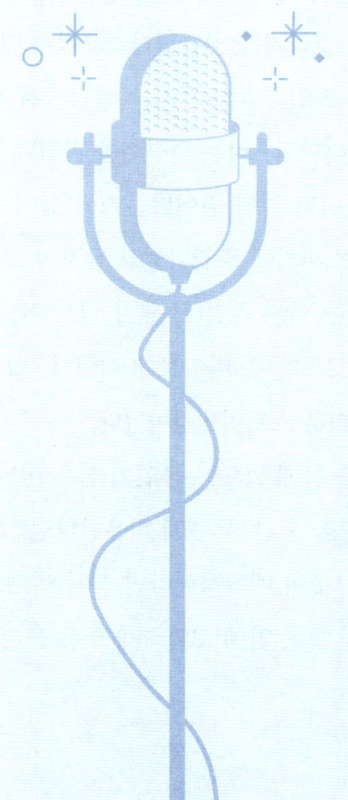

귀를 여는 스토리의 힘

• 스피치를 듣게 만드는 힘은 어디에 있는가?

필자가 어렸을 때 한 유명 강사의 강연을 들은 적이 있다. 당시 청중은 대부분 중년 남성들로, 전문 강사들도 어려워하는 대상이었다. 어떤 스피치를 구사하실까 한껏 기대에 부풀어 반짝이는 눈빛으로 그분의 입이 열리기를 기다렸다. 그런데 그분은 발음도 엉성했고 때때로 무슨 말인지 알아듣기 어렵기까지 하였다. 필자는 속으로 '저분이 유명하다고?'라는 의구심을 가졌다.

10분이 지나고 어떤 일이 일어났는지 상상이 가는가? 청중들이 하나같이 그분의 스피치에 흡입되었고 심지어 그 과정이 끝났을 때에는 강사의 열렬한 팬이 되었다! 필자 역시 어느새 고개를 끄덕이며 존경의 눈빛으로 그분을 바라보게 되었다. 그 비결은 청중이 공감할 만한 맛깔스러운 스토리텔링이었다.

청중이 스피치를 듣게 만드는 몰입의 힘은 어디에서 나오는 것일까? 스피치를 청중을 위한 '식사'에 비유한다면, 목소리는 스피치를 담는 그릇이다. 그릇이 매력적이라면 식사 전에도 호감이 갈 것이다. 그러나 황금빛 그릇 안에 고약하게 썩은 음식이 담겨 있다면 어떻겠는가?

좋은 목소리에 당장은 귀가 열린다.[12] 하지만 아나운서 같은 목소리라도 형편없는 내용의 스피치를 한다면 청중의 관심은 3분을 채 넘기기 어렵다. 세련미 있는 복장과 제스처는 어떨까? 당장은 눈과 귀가 간다. 하지만 재미없고 빤한 내용이라면 청중의 집중력은 빠르게 흐트러진다.

비언어적인 부분(목소리, 발음, 외적인 모습 등)도 개선하고 훈련해야겠지만, 필요 이상으로 매달릴 필요는 없다. 앞서 필자가 만난 강사님의 다소 어눌한 모습은 청중들이 오히려 인간미를 느끼고 마음의 벽을 금세 허물게 해 주었다. 그런가 하면 사투리를 써서 청중과 가까워지는 연사님도 계시고, 심지어 목소리의 콤플렉스를 개성 혹은 소통의 매개체로 활용해 대중의 사랑을 받는 경우도 있다.

목소리는 하찮아도 되지만 콘텐츠는 하찮으면 안 된다(김미경, 2010)는 사실을 명심하라. 겉치레와 스킬만 그럴싸하고 정작 들을 만한 내용은 없는 '속빈 강정'이 되어서는 안 된다. 스피치에서 가장 중요한 부분은 '내용'이고, 당신이 가장 차별화해야 할 부분도, 그리고 가장 많은 공을 쏟아야 할 부분도 '내용'이라는 사실을 잊지 말자. 어떻게 이야기를 풀어 나가느냐가 스피치의 승패를 좌우한다.

---

[12] 목소리와 제스처의 중요성이 과대포장되어 오해되곤 하는 '메라비언의 법칙'의 바른 이해는 111쪽을 참조 바란다.

• 스토리로 내용 풀어 가기

"한별아, 네가 공부해야 하는 이유를 다섯 가지 설명해 줄게."
"여러분은 회사를 위해 더 열심히 일해야 합니다. 회사가 잘돼야 여러분이 잘됩니다."

이런 말부터 듣는다면 당신은 그의 스피치를 열심히 듣고 싶은가? 먹구름이 끼면 창문을 닫듯이, 잔소리와 설교가 한바탕 쏟아질 것 같은 어두운 예감에 마음의 창을 닫을 것이다.

캐런 디어츠는 절대로 스토리 초반에 가치(주제와 의미)를 지명해서는 안 된다고 하였다. "저는 용기에 관해서 이야기하겠습니다." 와 같은 시작은 마치 드라마의 결말을 미리 이야기해 주는 것과 같아서 청중은 이후 스피치에 대한 집중을 잃게 될 수 있다.

에이즈 퇴치 운동 기금을 모으기 위한 스피치를 한다고 생각해 보자. 당신은 불과 10분의 스피치로 사람들의 마음을 움직여야 한다. 어떻게 말할 것인가?

- 우리는 에이즈 퇴치를 위해 함께 힘써야 합니다. 유엔에이즈계획(UNAIDS)의 추산에 의하면 세계 에이즈 환자는 약 3,500만 명이며 67.7%는 아프리카 사람들입니다. 수백만의 어린이들이 감염되어 있고 매일 수천 명의 부모들이 에이즈로 죽어 갑니다. 우리가 건강하게 지내는 동안, 지구 반대편 아프리카에서는 수많은 사람들이 에이즈에 의해 미래를 잃어 가고 있습니다. 소중한 생명을 구하는 일에 우리도 힘을

보태야 합니다.

- 에밀라는 아프리카에 사는 5살 소녀입니다. (사진을 보여 주며) 똘망똘망한 눈이 정말 맑고 사랑스럽지 않습니까? 에밀라는 그림 그리는 것을 좋아합니다. 얼룩말, 임팔라, 강아지 등 동물을 즐겨 그립니다. 모두 직접 보고 그린 것이라고 하는데요, 사자도 직접 바라보며 그렸다니 정말 용감하지요? 에밀라는 앞으로도 예쁜 그림을 그리는 것이 꿈입니다. 사랑스러운 가족과 친구들을 그리고 행복한 추억을 그리고자 하는 예쁜 꿈이 있지요.

그런데 에밀라는 요즘 그림을 그리지 못합니다. 연필을 들 힘조차 없이 누워 있습니다. 자신이 왜 아픈지도 모르고 매일같이 고통의 눈물을 흘립니다. 어머니의 배 속에서부터 그녀를 괴롭혔던 병명은 후천성 면역결핍 증후군, 에이즈입니다. 아픈 몸과 함께 에밀라의 꿈과 희망도 점점 무너져 가고 있습니다.

두 예문을 보고 어느 방식이 더 설득력이 있는지 생각해 보자. 주제를 반복하여 말하는 전자보다는 스토리가 있는 후자의 방식이 몰입하기 쉽다. 스피치에서 '주제'를 반복해서 전해야 하는 것은 맞다. 그러나 단순하게 주제문을 반복하여 설명하고 주장하는 것이 아니라 사람의 귀를 여는 '스토리'를 통해 주제를 다양한 방식으로 강조해야 한다.

미국의 오바마 대통령은 대통령 수락연설을 하면서 '흑인들에게 없던 투표권이 오늘날의 우리에게 주어졌고 과거와 비교하면 우리에게는 희망이 있다'라는 주제를 스토리텔링으로 전하였다.

"앤 닉슨 쿠퍼는 오늘 줄을 서서 투표로 권리를 행사한 수많은 사람과 같습니다. 단 하나 다른 점은 106세의 여성이라는 점입니다. 그녀가 태어난 시기에 앤 닉슨 쿠퍼와 같은 사람은 투표를 할 수 없었습니다. 첫째는 여성이었기에, 둘째는 피부색 때문이었습니다. (중략) 오늘 밤 저는 가슴앓이와 희망, 투쟁과 진보 사이에서 '너희는 할 수 없다'는 말을 듣던 시절 '그래, 우리는 할 수 있다'는 신념을 품고 밀고 나간 사람들을 생각합니다."

    사람들은 이야기 듣는 것을 좋아한다. 고대부터 '신화'와 '민담'을 구전해 왔다. 우리도 어려서 "옛날 옛적에~" 하는 이야기를 들을 때, 두 눈을 크게 뜨고 침을 꼴딱 삼키며 호기심과 상상력의 세계에 빠지지 않았던가? "얼마 전에 있었던 일입니다.", "최근에 가슴을 쓸어내린 일이 있었습니다." 하면서 시작하는 스피치에 사람들은 귀를 기울인다. 졸던 사람도 잠에서 깬다.
    사람의 마음을 움직이는 것은 화려한 언변도, 논리적인 설득도 아닌 '이야기라는 옷을 입은 진실'이다(시몬스, 2007). 스토리텔링은 '상상의 세계로 들어가는 초대장'(커더스, 2003)을 보내는 것과 같다. 청중이 귀를 열고 흔쾌히 그 초대에 응할 수 있도록 스토리텔링의 초대장을 매력적으로 준비해 보자!

• 스토리텔링이란?

스토리텔링은 '스토리(story)'와 '텔링(telling)'의 합성어이다. 스토리가 인물, 사건, 배경을 갖추어 어떤 내용을 전달하는 말이라면 스토리텔링은 그 스토리를 표현하는 말하기 행위라고 할 수 있다(조정래, 2010). '텔링'은 스토리가 '구어체'의 살아 있고 생동감 있는 입말로 전달되어야 함을 의미한다.

사람은 메시지가 아무리 논리적이더라도 내 마음에 들지 않으면 설득당하지 않는다. 우리는 때로 인간미에 더 끌리고 육감으로 움직이며 왠지 모를 끌림에 사로잡히는 감성적 동물이다. 듣는 이의 마음을 움직이게 하는 결정적 요소는 '파토스[13]'를 건드리는 것이다.

스토리에는 사람의 심금을 울리고 감동을 주며 파토스를 자극하는 힘이 있다. 논리적·추상적인 것을 구체적으로 만들어 주고 뻔한 주장에 생기를 불어넣어 준다. 스토리를 들으면 머리가 아닌 가슴으로 이해하고 자연스럽게 화자의 주장에 스며들게 된다. 사르트르는 "인간은 세상사 모든 것을 이야기를 통해 이해한다."고 하였다. 당신이 사람의 마음을 움직이는 스피치를 하고 싶다면 그 안에는 반드시 '스토리'가 담겨 있어야 하고, 청중의 귀와 마음에 이를 더욱 효과적으로 남길 수 있도록 '텔링'을 활용할 수 있어야 한다.

---

[13] 아리스토텔레스는 사람을 설득하는 데 필요한 세 가지 요소로 로고스(logos: 이성, 논리, 과학), 파토스(pathos: 감정, 예술), 에토스(ethos: 습관에 의한 지성, 보편적 도덕성, 신뢰, 명성)를 꼽았다.

- **어떤 스토리텔링이 청중을 움직이는가?**

"친애하는 동곡 초등학교 여러분~ (여러분~ 여러분~)"

당신은 햇볕이 쨍쨍 내리쬐는 여름날 운동장에 서서 교장선생님의 훈화말씀을 듣고 있다. 수십 분째 열심히 공부하라는 도덕책 같은 이야기가 이어진다.

회사에서 신입사원들의 정신무장을 위하여 임원분께서 특강을 하신다. 당신께서 지금 얼마나 잘나가고 계신지, 끝을 모르는 자랑의 향연을 듣다 보면 저분을 '한국을 빛낸 101번째 위인'으로 모셔야 하나 싶다. 뜨거운 연사의 열정을 반영하듯 스피치는 2시간을 넘기고 사원들은 졸음과의 사투를 치열하게 벌이고 있다.

당신이 위의 상황에 청중으로 자리하고 있다면 어떨까? 꾸벅꾸벅 졸거나, 내면 깊숙한 곳에서부터 끓어오르는 짜증을 느끼거나 둘 중 하나일 것이다. 우리는 스토리의 홍수 속에 살고 있다. 학교와 회사에서 많은 발표를 듣고, TV를 켜면 수만 가지의 스토리를 담은 프로그램과 광고가 쏟아져 나온다. 하지만 모든 스토리가 당신의 마음을 움직이는 것은 아니다. 어떤 스토리가 좋은 스토리일까?

청중의 몰입과 공감을 자아내는 스토리가 효과적이다. 좋은 스토리의 조건을 '애수(AESU)'라고 이름 붙여 보았다.

A = Appropriate
메시지를 잘 뒷받침해야 좋은 스토리이다 :

필자가 아는 선생님은 금융권 친구들이 다수 있어서 증권가에 도는 소문들, 소위 말하는 찌라시를 많이 알고 있다. 수업 시간에 학생들이 졸 때 유명한 연예인의 최근 열애설, 결별설 등을 풀면 학생들은 눈이 초롱초롱해지며 초집중 상태가 된다. 그러나 곧바로 부작용도 있었다. 찌라시 스토리가 나올 때만 학생들이 집중했고 수업 내용으로 넘어가면 모두가 관심을 접고 또다시 조는 것이었다.

때로 재미를 위해 스토리를 사용할 수 있다. 그러나 모든 유머러스한 이야기나 흥미로운 사례는 스피치의 '메시지'와 연결되어 있어야 한다. 주제와의 연결점 없이 사용하는 이야기는 오히려 스피치의 흐름을 흩트리고 산만하게 만들 수 있다는 점을 주의하자.

E = Empathetic
청중이 공감할 수 있어야 좋은 스토리이다 :

청소년들 앞에서 결혼 준비나 노후 대비에 관한 이야기를 꺼낸다면 별 흥미를 끌지 못하고, 어르신들에게 최신 가요나 예능 이야기는 귀에 한마디도 들어오지 않을 것이다. 앞서 임원분께서 신입사원 앞에서 열정의 강연을 했지만 졸음과 짜증을 불러일으킨 것도 같은 이유에서다. 만약 자신의 신입 시절 어렵고 힘들었던 마음과 자기가 생각해도 황당한 실수담을 털어놓으며 그 일들을 극복하고 성장한 스토리를 전했다면 청중의 마음을 사로잡을 수 있었을 것이다. 내가 하고 싶은 말을 전달하려 하기 전에 청중이 '공감'할 수 있는 은유와 통찰력의 스토리를 찾아낸다면 청중은 마음을 열 것이다.

S = Simple
해석이 어렵지 않고 '직관적'으로 이해되어야 좋은 스토리이다 :

필요하다면 어떤 상황이나 감정을 세부적으로 묘사할 수 있겠으나 지나칠 정도로 모든 부분을 구구절절 상세하게 풀거나 하나의 스토리가 길어지기 시작하면 청중은 금세 지치게 마련이다. 스피치에서의 스토리는 가능하면 짤막하면서도 해석이 너무 어렵지 않고 직관적으로 이해되는 것이 좋다. 특히 젊은 세대는 짧고 간결한 것을 선호한다. 하나의 스토리는 3~5분 이내로 전달할 수 있으며 때에 따라 10~20여 초 안에 전달하는 것도 가능하다. 스피치 스토리는 간결하면서도 임팩트 있게 전달하기를 권한다.

원석을 채굴하고 가공해서 찬란한 보석을 만들듯이, 이번 장에서는 스피치 내용(Body)의 원석이 되는 '스토리'를 발굴하는 법을 살펴보고 다음 장(6~7장)에서는 발굴한 스토리를 구성하고 각색하여 보석처럼 가공하는 방법을 살펴볼 것이다. 청중의 마음을 움직이는 보석과 같은 스토리를 찾아 함께 떠나 보자!

U = Unexpected
청중이 새롭다고 느껴야 좋은 스토리이다 :

'토끼와 거북이' 이야기를 들려주며 성실함의 가치를 전하거나, '흥부 놀부' 이야기로 선행의 중요성을 강조하는 스피치는 유치원 아이들이 아닌 바에야 흥미를 끌지 못한다. 청중과 공감하려면 그들이 알고 있는 익숙한 소재를 활용해야 하는데, 식상하게 느껴지는 이야기라면 청중은 오히려 귀를 닫아 버린다. '내가 아는 이야기다'라고 판단하는 순간 스피치에 집중할 이유를 잃어버리는 것이다.[14]

스토리는 신선해야 한다. 사골처럼 여러 번 우려먹는 이야기는 갈수록 주목을 끌지 못한다. 소재 자체가 신선하면 좋고, 기존의 이야기에 대해 참신한 관점을 제시하는 것도 방법이다. 예컨대, '개미와 베짱이' 이야기를 현대식으로 풀어서, 요즘에는 성실하게 죽어라 일만 하는 개미는 근근이 입에 겨우 풀칠하며 살아가고, 자신의 재능을 알고 개발하는 베짱이는 오디션 프로그램에 나가 가수로 성공한다는 메시지를 전할 수 있다.

---

[14] 청중은 나의 삶과 시선이 반영된 '공감'할 수 있는 이야기에는 흥미를 느낀다. 반면에 이미 알고 있는 정보들이 계속 이어지면 시시하다고 여긴다. 공감의 스토리와 뻔한 스토리의 차이를 잘 구분해야 한다.

스토리의 발굴

"당신의 스토리를 들려주세요."라고 하면 "저는 벼랑 끝까지 내몰렸다가 바닥을 치고 올라간 눈물의 스토리라든지 눈부신 도약을 이룬 신화가 없다."라며 고개를 젓는 분들이 있다. 그러나 사람들이 귀를 기울이는 스토리가 꼭 인간극장에 나올 법한 이야기일 필요는 없다. 우리 삶 속의 소재들도 발굴하고 각색하기에 따라서 얼마든지 재미와 감동을 줄 수 있다. 스토리텔링은 누구나 사용할 수 있는 기술이며 여러분은 평생 동안 일상에서 이야기를 전하고 들어 온 스토리텔링의 대가들이다. 자신감을 가지고 경험했던 것들을 상기해 보자.

스토리를 발굴할 수 있는 세 경로를 살펴보고자 한다. 내 경험, 주변 사람, 외부 정보가 그것이다.

• 나의 경험을 스토리로

내 경험이 1등급 스토리 :

내가 경험한 이야기는 스토리의 신선도로 따지면 1등급이다. 직접 경험했기 때문에 누구보다 상황을 잘 알고 생생하게 전달할 수 있다. 그 상황을 떠올리며 몰입해 표현할 수 있다면 최고의 소재가 된다. 많은 사람들은 자신의 이야기를 모르고 있다. 면접에 꼭 붙고 싶어 하는 면접자도 정작 자신의 삶을 스토리로 표현할 줄 모르고, 중장년층도 소중한 인생스토리의 자산을 세월이라는 강물에 흘려보내 버리고 만다. 신선도 1급 소재를 스피치로 활용하고 나 자신을 제대로 이해하기 위해서 내가 경험한 스토리를 발굴해 낼 필요가 있다.

지하철 4호선 상계역에서 산본역까지 출퇴근하는 나는 그날도 자리에 앉아마자 의식적으로 눈을 감았다. 몇 정거장 지나서 누군가 내 옆에 바짝 서 있는 느낌이 났다. 살짝 눈을 떠 보니 나이 드신 여자분인 것 같았다. 나는 더욱 눈을 질끈 감고 내 자리를 사수했다. 웬만하면 빈자리를 찾아 다른 자리로 가실 텐데 그 여자분은 한참을 지나도 내 앞에 계셨다. 깜빡 잠이 들었다가 노원역이라는 안내방송에 깨서 고개를 들어 보니 이게 웬일인가! 내 앞에 줄곧 서 계셨던 분은 다름 아닌 '어머니'였다.

"뭐예요, 왜 안 불렀어요?"

"너 피곤할 텐데 조금이라도 자야지."

어머니는 같은 지하철 같은 칸에서 만난다는 게 마냥 신기하다면서 웃으셨지만, 나는 순간 화도 나고 창피하기도 해서 괜히 어머니에게 툴툴거렸다. 당신 아들 쉬게 하려고 내 앞을 지키셨던 어머니가 답답하게만 느껴졌다. 어머니인 줄 알았다면……. 아니, 어머니가 아니더라도 당연히 일어섰어야 했던 나. 정녕 답답한 건 내 자신인데 말이다.

— 경기 의정부 조연호 님 (서울메트로 스토리텔링 최우수상 수상작) —

로버트 맥키가 말했다. "왜 우리는 내면으로부터 모든 것을 다 끄집어내서 써야만 하는가? 그렇게 해서 얻는 것은 무엇인가? 그렇게 하지 않으면 어떤 희생이 뒤따르는가? 진실한 감정의 확실한 원천은 오직 당신 자신뿐이다." 생생함과 진실성이 담긴 스피치가 좋은 스피치이다. 그런 점에서 당신이 경험한 이야기는 당신이 가장 리얼하면서도 진실 되게 표현할 수 있는 값진 소재이다.

자기소개 스피치 :

"저는 정직하고 깨끗한 사람입니다. 절대 거짓말을 하지 않습니다."라고 말하는 사람을 온전히 믿고 신뢰할 수 있겠는가? 오히려 '사기꾼 아닌가?' 하는 경계심을 품을 수 있다. 단순히 명제를 반복해 말하는 것보다 과거에 프로젝트를 진행하면서 어떤 난관이 있었고 그 상황에서 내가 어떤 자세로 일해서 결과가 어떠했는지 스토리를 말해 줄 때 비로소 어필이 가능하다.

"저는 유머러스한 사람입니다."라고 거듭 이야기한다고 해서 청중들은 그가 재미있는 사람이라고 받아들이지 않는다. 살아 있는 스토리를 통해 익살을 보여 줄 때에야 비로소 증명된다.

중년의 한 남성이 자기소개를 했다. 얼핏 보기에도 배가 제법 나와 있었다. 그분은 스스로를 이렇게 소개했다.

"저는 남들보다 배가 나와서 남들보다 조금 더 앞서가는 남자 ㅇㅇㅇ입니다."

간단하면서도 재치 있는 소개였다. 사람들은 모두 웃음을 보이며 그를 유머러스한 캐릭터로 받아들였다. 자신의 특징을 어필하고 싶다면 이를 뒷받침하는 사례를 찾아서 스피치로 풀어야 한다. 철학자 대니얼 데넷은 "자기를 지키고 자기를 보여 주는 전술은 스토리를 전달하는 것이다. 즉, 다른 사람들에게 자신의 정체성을 알리는 스토리를 엮고 통제하는 것이다. 우리는 스토리로 그 사람을 알게 된다. 어필하고 싶은 당신의 능력이 있다면 스토리로 전달해야 한다."라고 하였다.

스토리가 반드시 대단한 성공과 업적에 대한 이야기일 필요는 없다. 빈틈없이 자기관리가 철저하고 사업에도 큰 성과를 이룬 완벽한 성공담을 들려주는 것보다 실패와 역경을 겪은 사람의 극복과 노력의 이야기가 더 감동적이다. 문제를 쉽게 극복하는 영웅보다는 보통 인간의 고군분투 스토리가 공감을 얻기 쉽다.

예를 들어 스피치에 대한 불안과 두려움을 겪고 있는 청중에게라면 "나도 대중공포가 심해서 청중과 눈 마주치기가 어려웠고 심장은 입 밖으로 튀어나올 것 같았다. 한번은 임원들 앞에서 발표를 하는데~"처럼 내가 겪었던 스피치의 어려움을 이야기하다가 의지와 노력으로 전화위복을 경험한 사례를 말하면 공감을 얻을 수 있다. 현재의 청중과 연관성 있으면서 역경 극복의 방식이 포함되어 있다면 훌륭한 스토리이다.

스피치를 통해 나 자신을 드러내기 위해서는 우선 내가 경험한 스피치 소재를 찾아야 한다. 막상 나에 관해 말하려고 하면 잘 생각나지 않아서 말하지 못하거나 혹은 아무 말이나 하게 되는 경우가 있다. 등잔 밑에 어둡게 숨겨져 있는 보석 같은 당신의 이야기들을 발굴해야 한다.

가장 간단한 나의 스토리로는 자기소개 스피치를 생각해 볼 수 있다.

"저는 W사에 근무하는 김○○입니다. 서울 신림에 살고 있으며 나이는 00살입니다. 가족은 부모님과 저, 동생, 이렇게 네 식구이고 취미는 영화 보기입니다. 잘 부탁드립니다."

우리가 심심치 않게 듣는 자기소개이다. 1분가량의 짧은 자기소개의 경우, 직장, 나이, 취미, 가족, 지역 등의 정보를 말하고 나면 듣는 사람에게는 아무것도 남지 않는다. 단순한 정보의 나열은 청자의 흥미를 끌 수도 없고 인상적이지도 않다.

"장차 여러분 한 사람 한 사람의 마음속에 별처럼 기억되고픈 강사 '장한별'입니다. 제 이름이 참 예쁘지요? 어디 가서 '장한별 씨를 소개합니다.'라고 하면 남성분들은 '얼마나 예쁜 사람이 나올까?' 하는 기대감에 벅차오릅니다. 그러다가 남자인 제가 나오면 '에이C' 하는 표정으로 실망감을 감추지 못하십니다. 그 모습을 보면 제가 괜히 죄송합니다. (웃음) 비록 첫인상에는 절망을 드렸지만 오늘 강의에서는 여러분께 즐거움으로 빛나는 시간을 전해 드리겠습니다."

필자가 종종 활용하는 자기소개이다. '이름'의 전달에 목적을 두었고 '별'의 속성에 포커스를 맞추었다. 이름에 관한 간단한 스토리를 덧붙여 청중에게 공감을 얻으며 다가가려 하였다. 짧은 자기소개를 할 때는 여러 정보를 주려 하지 말고, 청중에게 '한 가지'를 남기겠다는 목표를 세우라. 1분 소개라면 세 가지도 많다. 한두 가지에 집중하고 이를 드러낼 수 있는 간단한 스토리를 덧붙인다. 청중에게 당신에 관한 무엇을 남기고 싶은가? 잘 떠오르지 않는다면 다음의 훈련을 참조하라.

훈련 37　　　　　　　　　　　　　　　스토리 발굴/구성

스토리 자기소개(1분 소개)
자신에 대해 청중에게 간략하게 소개할 때

이름 기억하게 하기
자기소개에서 이름을 기억하게 하는 것은 중요하다. 이름의 의미를 전하거나 '삼행시'를 활용하여 자기를 소개하면 이름과 의미를 동시에 전할 수 있다.

예시] ○ (가슴을 두드리며)이곳을 두드리면 찬스가 열린다! 안녕하세요. 이두찬입니다.

○ 삶을 윤리적으로, 세상을 현명하게 살아가려 노력하는 윤세현입니다(정병태, 2011).

○ 서서히 정이 드는 여자, 서정희입니다.

자신이 제공할 수 있는 것 소개하기

청중을 위해 도움을 줄 수 있는 부분을 소개한다. 자신을 세일즈 하려고 할수록 상대는 저항하고 싶어질 수 있으므로 상대가 바라는 것을 찾아 주면 귀가 열리게 된다(다나카 쇼죠, 2010).

예시] ○ 여러분 쇼핑 좋아하시나요? 쇼핑하시면서 우리를 가장 기분 좋게 하는 말, 바로 'SALE'이 아닐까 싶습니다. 그 행복한 단어가 떠오르실 때, 제 얼굴을 함께 떠올려 주세요. 저는 L백화점에서 일하고 있습니다. 기분 좋은 쇼핑, 제가 도와드리겠습니다.

○ 저는 시골에서 작은 텃밭을 가꾸고 있습니다. 곧 봄이 오면 새싹이 돋고 꽃이 피겠지요. 저는 텃밭을 통해 아이들에게 신비로운 자연의 아름다움과 생명의 소중함을 경험하게 해 주고 싶습니다.

모임의 성격에 맞는 스토리 전하기

공동의 목적을 위한 모임이라면 그와 관련된 스토리를 통해 청중과 같은 마음임을 표현할 수 있다.

예시] ○ (등산모임) 정상에 올랐을 때 그 시원한 느낌 다들 느껴 보셨지요? 밉살맞은 상사가 줬던 스트레스, 집에서 남편이나 부인 때문에 속 탔던 가슴이 뻥 뚫리는 느낌이 듭니다. 저는 특히 바가지 긁힌 가슴을 뚫어 주는 매력 때문에 등산을 10년째 하고 있습니다.

○ (스피치모임) 높으신 분들 앞에서 발표할 때의 느낌을 잘 아

실 겁니다. '얼마나 잘하나 두고 보자' 하는 그 매서운 눈초리를 보고 있노라면 제 심장이 입 밖으로 튀어나올 것 같더라고요. 계속 이렇게 살다가는 심장병 걸려서 제명에 못 살겠다 싶어서 오늘부터는 당당하고 자신감 있는 저 자신을 만들기 위해 참석했습니다.

기타: 좋아하는 취미 / 별명(자신을 비유하기) / 롤모델 / 꿈 등

간단한 자기소개(1분)는 모임의 성격을 고려하여 몇 가지 버전으로 준비해 볼 수 있다. 자신을 나타낼 수 있는 직함도 '긍정의 여신', '반짝이는 추억을 전해 드리는 MC', 'ㅇㅇ사의 브레인(참모)' 등 모임/상황에 맞게 다양하게 가지고 있으면 유용하다. 자기소개에서 나에 관한 여러 가지 정보를 전달하려고 욕심내지 말라. 가능하면 한 가지에 집중하여 이를 효과적으로 전달하는 간단한 스토리를 덧붙이라. 청중에게 당신에 대한 한 가지 인상을 명확히 남긴다면 성공한 자기소개라고 볼 수 있다.

이제 위의 네 가지 예에 따라 각각의 1분 자기소개를 만들어 보자!

■ 훈련의 정수 ■

이름을 기억하게 하는 1분 소개, 내가 제공할 수 있는 것을 어필하는 1분 소개, 모임 성격에 맞는 1분 소개, 기타 어필의 1분 소개를 만들어 본다. '나에 관한 한 가지 메시지'를 '스토리'를 활용해 전달한다.

나를 어필하는 스토리 :

실전 스피치에서는 특정한 메시지를 어필하기 위한 목적(근거의 성격)으로 스토리가 활용된다. '나는 실험정신/호기심이 강하다'는 메시지를 전하기 위해서는 학창 시절에 과학실험을 하다가 집을 태워 먹을 뻔했던 경험, 전기실험을 하다가 감전되어 병원에 실려 갔던 경험 같은 것을 말하게 될 것이다.

경험 이야기를 스피치로 전할 때, 그 이야기들은 중구난방의 따로국밥 느낌이 아니라 어필하고자 하는 '하나의 주제'와 연결되어 있어야 한다. '책임감과 끈기가 강하다'는 메시지를 전하고자 한다면 프로젝트를 위해 몇 주간 씨름하여 결국 클라이언트를 놀라게 했던 경험만 말해야지, 굳이 야근하며 졸던 경험이나 회사에서 도망가고 싶다는 생각이 들었던 때를 이야기할 필요는 없다.

자신이 살아온 과정을 연대기적으로 쭉 나열하는 경우도 주제를 흐리게 만든다. 듣고 나면 청중이 궁금해하지도 않는 오만 가지 이야기가 나왔을 뿐 메시지가 무엇인지 도무지 모르겠다. 돋보기의 초점이 한 점에 맞추어져야만 종이를 태울 수 있다. 연사가 명확한 초점의 메시지를 가지고 그에 맞는 스토리만 전해 주어야 스토리텔링의 효과를 발휘할 수 있다는 점을 잊지 말자.

꼭 성공의 스토리만 전할 필요는 없다. 스피치에서 나의 찬란한 업적과 성취만을 늘어놓으면 청중이 매료될 것 같지만, 인간적인 모습이나 극복의 과정이 함께 있어야 스토리가 더 빛난다.

사람들은 영웅을 좋아한다. 과거에는 완벽한 영웅인 '슈퍼맨'이 최고였다면 요즈음의 영웅들은 사뭇 다르다. 아이언맨은 허세와 삐딱함이 있고, 헐크는 자신도 컨트롤하지 못하는 초인적인 힘으로 사회의 공격을 받으며, 데드풀은 영웅으로 불러도 되나 싶을 정도로 정의감과 책임감이 없다(OSEN, 2016). 토르는 동생과 불신하는 가정사의 문제가 있고 스파이더맨은 가난한 흙수저이다. 단점일 수도 있는 부분이 관객들에게는 '인간적인 매력'으로 어필된다. 어쩌면 청중이 원하는 영웅은 슈퍼히어로가 아니라 부족함을 가지고 있지만 그것을 극복해 나가는 '인간적인 영웅'인지도 모른다.

당신의 스토리에 어려운 고비들이 등장하고 이것을 극복하고 해결하는 모습이 포함된다면 당신의 메시지는 더 매력적으로 기억될 수 있다. '어려웠던 부분'과 '극복한 모습' 사이의 간극이 클수록 청중이 받아들이는 임팩트는 더 커진다. 당신도 얼마든지 청중에게 '일상의 영웅'이 될 수 있다. 이제 당신의 영웅담을 꺼내 보자!

훈련 38

스토리 발굴

내 경험에서 스피치 소재 찾기[15]
나의 경험에서 스피치 소재를 찾고 싶을 때

스피치가 어렵고 어색하다면 시사 상식이 많이 필요한 어려운

---

[15] 이 훈련은 데닝(2007)의 '정체성 스토리를 위한 템플릿'을 응용한 것이다.

주제보다 자신에게 익숙한 '나의 경험 이야기'를 발굴해 풀면 부담이 적으면서도 자연스러운 스피치를 할 수 있다.

나에 관한 스토리를 발굴하고자 한다면 과거부터 현재까지의 모습을 돌아보는 시간을 가질 필요가 있다. 인생곡선(그래프)을 그리거나 큰 사건, 전환점 등을 체크해 보는 것이다. 보통 면접을 앞두고 하는 과정이지만 면접이 아니더라도 스피치를 하다 보면 자신의 정체성이나 가치를 드러낼 일이 생기게 되므로 미리 스토리를 발굴해 두면 필요할 때 도움이 된다.

1. 백지를 세 부분으로 나누기
백지를 세 부분으로 나누어 과거/현재/미래라고 적는다.

2. '과거'란에 어렸을 때 스토리 적기
당신이 어렸을 때 '잘하던 것', '관심 있던 것', '힘들었던 점' 등을 키워드식으로 간단하게(ex. 키 때문에 고백했는데 차임) 적는다. 인생의 전환점이나 큰 사건도 간략히 기록한다.

3. '현재'란에 발전/심화된 부분 적기
과거의 적성/흥미/어려움이 어떻게 바뀌었는지 적는다. 그대로라면 어떻게 심화되었는지, 혹시 더 발전하거나 극복한 부분이 있는지 생각해 본다. 발전과 극복의 소재가 나의 어필스피치로 가장 좋은 소재이기도 하다.

4. '미래'란에는 희망하는 변화/발전을 기록하기
앞서 적은 영역들이 어떻게 변하거나 발전했으면 좋겠는지를 적어 본다. 연상되는 단어도 기록한다.

■ 훈련의 정수 ■

'과거'의 경험들을 종류별로(잘하던/못하던/관심/좋았던/슬펐던 등) 떠올려 보고 키워드식으로 정리한다. '현재'란에는 극복하거나 악화된 스토리를 키워드식으로 정리하고 '미래'에는 희망하는 모습을 정리한다.

훈련 39

스토리 발굴/구성

내 경험을 스피치로 표현하기
나의 경험에서 스피치 소재를 찾고 싶을 때

훈련38에서 '과거의 어려움 → 현재 극복/노력 부분'이 청중에게 가장 어필하기 좋은 스토리라고 하였다. 훈련39는 발전/극복 과정에 대해 좀 더 자세하게 풀어 본다. 흥미/적성을 갖게 된 이유, 역경이나 장애를 극복한 방법, 당신에게 영향을 미친 인물/사건/말, 주변에서 들었던 이야기/기억나는 감정 등을 떠올려 키워드로 정리해 본다.

1. 전하고자 하는 메시지 잡기

청중에게 주고자 하는 메시지(주제)를 잡는다.

2. 메시지에 맞는 스토리를 내 경험에서 찾기

'(과거) 어려움 → (현재) 극복 → (미래) 의지·권유'의 흐름이나 '(과거) 관심사 → (현재) 심화·발전 → (미래) 의지·권유'의 흐름으로 구성하는 것도 좋고, 현재에서 시작해 과거의 스토리로 갈 수도 있다.

3. 스피치의 전체 구조를 키워드로 간단하게 정리하기

예시]

주제: 발표 두려움은 극복할 수 있다.

(스피치 두려움을 극복한 나의 모습)

① 어릴 적 생긴 발표의 공포(야유받고 욕먹은 경험)

② 10년간 발표를 피함(대학교)

③ 입사 후 PT를 피할 수 없게 됨

④ 극복 노력(1년간 매주 발표모임에 쉬지 않고 참석, 훌륭한 강연 따라 하기)

⑤ 성장의 뿌듯함(상사의 칭찬, 자신에게 받는 인정), 다음 발표의 소망

4. 말로 풀어서 연습하기

'내 경험' 스토리는 생생함이 생명이다. '준비한 내용대로 말해야지'보다 '그때의 감정과 느낌이 어땠는지'를 살리는 데 중점을 둔다. 발표 내용 중 '어려움(관심)', '극복(발전) 노력', '현재(미래)의 좋은 느낌(결과)'에 대한 스토리는 그 당시의 느낌을 살려 생생하고 몰입감 있게 표현한다.

■ 훈련의 정수 ■

메시지(주제)에 맞는 스토리를 내 경험에서 찾는다. 과거, 현재, 미래의 스토리를 배치하여 극복과 성장을 보여 주는 하나의 스피치로 구성한다.

면접 스토리 :

면접장에서 "저는 고객에게 매우 헌신적입니다."라고 계속 말하는 것은 의미가 없다. 헌신·봉사한 매력적인 스토리(사례)를 제시하고 면접관이 스스로 결론을 내리게 해야 한다(커러더스, 2003). 이점을 잘 아는 면접자들은 자신을 어필하기 위해 없었던 일과 인물들을 만들어 내기도 한다. 그러나 '어떻게 하면 그럴싸해 보이는 이야기로 나를 포장할 수 있을까?' 하며 스토리사냥에 나서기에 앞서서, 스스로에 대해 제대로 알고 있는지 고민해 볼 필요가 있다. 자신의 이야기를 진실 되게 끄집어내는 것이 우선이며, 그 후에 더 임팩트 있는 부분을 선별하고 다듬는 식으로 면접을 준비해 볼 수 있다.

훈련 40　　　　　　　　　　　　스토리 발굴/구성

면접을 위한 나의 스토리 끄집어내기
면접에서 활용될 만한 경험을 찾고 싶을 때

1. 자소서나 면접 질문으로 자주 등장하는 주제(질문) 선정하기
예시] 지원 분야를 위해 노력한 것, 노력해서 성장을 이룬 경험, 갈등을 겪고 해결한 사례, 사람들과 함께 무엇인가 해낸 일, 나의 슬럼프와 극복, 10년 후의 미래 등

2. 떠오르는 스토리 기록하기
과거의 경험을 시간 순으로 짚어 보며 떠오르는 스토리를 간단

하게만 기록(한 줄 정도)한다. 주의할 점은 '좋은 스토리', '괜찮게 들리는 스토리'를 찾아야겠다는 생각에서 벗어나 브레인스토밍을 하듯 떠오르는 스토리를 모조리 꺼내는 것이다.

예시] 지원 분야(전기 관련 직무)를 위해 노력한 것
- 집에서 친구와 함께 매주 전기실험(중학교 때)
- 전기모형반 활동(고등학교 때)
- 전기자동차 동아리 활동(대학교 때)
- 발명대회에 참가했던 경험
- 전기 분야 자격증 취득(3개)

3. 임팩트있는 소재 고르기

어필이 잘될 것 같은 스토리부터 번호를 매긴다.

예시] ① 전기자동자 동아리(대학) ② 발명대회 참가 ③ 전기분야 자격증 ④ 집에서 전기실험(중) ⑤ 전기모형반(고)

※ 면접에 활용하는 스토리라면 다음의 요건을 충족하면 좋다.

- 내가 생각해도 임팩트 있는 것, 어필이 된다고 생각하는 소재

- 긍정적인 결과물이 있는 소재. 여기서 결과물이란 '수상, 합격' 등만을 말하지 않는다. 남들이 보기에는 실패일지라도 내가 배우고 느낀 것이 있다면 좋은 결과물이다. 실패를 통해 배우고 성장하는 사람의 '태도'를 보여 준다면 면접관에게 좋은 인상을 남기게 된다.

- 너무 어릴 적의 이야기보다 비교적 최근의 노력이 좋다. 기업면접이라면 청소년보다 대학생 때의 노력 사례를 이야기해야 한다. (중·고등학교 때의 소재는 간단하게 언급하며 '지원 분야에 지속적 흥미를 가져왔다'라고 어필하는 데 활용

할 수 있다.)

4. 선별한 스토리를 스피치로 표현하기

① 스피치 시간을 고려한다. 보통 질문 하나에 대한 답변은 20초~1분 이내가 적당하며 그에 맞게 스토리를 편성한다.

② 구성: (메시지) + 스토리 + 메시지

면접에서의 답변은 일반적으로 양괄식(주제가 앞뒤로 들어감)이 선호되는 편이며, '스토리+메시지'로 답변하는 것도 가능하다. 메인이 되는 스토리는 한 가지여야 한다. 너무 많은 스토리를 전달하려다가 하나도 제대로 안 될 수 있다.

③ 우선순위에 따라 선택한 하나의 스토리를 준비하고 여분으로 두 번째 후보도 스피치로 준비해 본다. 면접관이 다른 사례를 물어볼 경우에 대비하기 위함이다. (1순위를 제대로 전하고 2순위 이야기를 살짝 흘려서 추가 질문을 유도할 수도 있다.)

④ 과거의 스토리라면 당시의 감정과 배운 점을 생생하게 재생하도록 몰입하라.

⑤ 스피치 내용은 일단 말로 풀어 본 후, 간단하게 키워드로 흐름을 정리하여 연습한다. (대본을 외우기보다 키워드를 기억하여 말로 푸는 연습을 하는 것이 좋다. ☞**훈련17. 키워드 중심 연습법 참조**)

예시] Q. 지원 분야에 대해 어떤 노력과 관심을 기울였나요?

전기에 대한 제 마음속 열정의 전구는 중학교 때 불이 들어오기 시작하여 지금까지 한 번도 꺼진 적이 없습니다.

대학교 때는 전기자동차 동아리 활동을 하며 ○○시스템을 연구하는 등 전기에 대해 많이 배웠습니다. ○○발명대회에 참가했을 때는 회로를 설계하고 만들면서 거의 한 달 정도 밤샘 작업을 했습니다. 설계한 ○○제품이 구상한 대로 불이 번쩍이고 움직일 때의 성취감은 밤샘피로도 다 잊게 해 주는 꿀맛이었습니다. 그렇게 노력한 결과 ○○발명대회에서 상을 멋지게 받을…… 줄 알았는데 안 주시더라고요. 수상은 못했지만 전기 제품을 만들고 공부하는 것이 저는 참 재미있었기 때문에 제품 연구와 개선을 지속했습니다. 연구를 즐기다 보니 다음 해에는 우수상을 받게 되었습니다.

전기는 제 삶을 행복과 보람으로 비추는 뜨거운 에너지입니다. 이제 ○○에서도 즐겁게 일하면서 시스템 운용 분야에 열정의 불빛을 비추겠습니다.

■ 훈련의 정수 ■

주제(질문) 선정 → 과거부터 스토리 끄집어내기(간단히만 적기) → 임팩트 있는 스토리 1~3개 선정 → '(메시지) + 스토리 + 메시지'로 구성해 연습

훈련 41

스토리 발굴/구성

논리적 말하기 PREP
자신의 의견을 논리적으로 말할 때

1. Point(강조/주장) 제시하기

예시] 이번에 중국 진출을 미루는 것이 좋다고 본다.

2. Reason(이유) 제시하기

예시] 과거와 달리 인건비가 상승하고 각종 혜택이 사라지고 있다.

3. Example(사례) 제시하기

예시] 중국에 진출했던 L사와 E사는 ○○○원의 손실을 입고 철수를 결정했으며, H사도 매출이 00% 감소하였다.

4. Point(재강조/주장) 제시하기

예시] 그러므로 우리 회사도 중국 진출을 서두르기보다 상황을 좀 더 지켜보는 것이 나을 것이다.

■ 훈련의 정수 ■

면접, 회의 등에서 자신의 의견을 주장할 때 'PREP' 순으로 스피치를 풀어 본다.

• 주변 사람들로부터 찾는 스토리

'내 일상은 너무 평범해서 소재가 없다'고 느껴진다면 눈을 들어 주변을 바라보라! 스토리는 도처에 널려 있다. 친구, 회사 동료부터 시작해서 카페에서 수다 떠는 옆 테이블의 손님, 길거리를 지나가는 수많은 사람들까지……. 스토리는 넘쳐나서 문제이지, 결코 부족하지 않다. 똑같은 환경에서도 누군가는 보석 같은 스피치 소재를 찾아내는 반면, 누군가는 이를 지루한 일상으로 치부해 버리고 만다. 같은 버스를 타고도 어떤 사람은 승객들을 관찰하며 커플의 대화, 바쁜 비즈니스맨의 에피소드를 찾아내지만, 어떤 사람은 핸드폰만 닳도록 만지느라 경험의 기회를 놓친다.

다음은 필자가 지하철에서 목격한 한 어머니와 초등학생(1~2학년으로 보임)의 이야기이다.

엄마: 아들~ 너는 커서 뭐가 되고 싶니?
아들: 음……. 나는 검사가 되고 싶어!
엄마: (기쁨의 미소를 지으며) 어머나, 어떻게 그런 기특한 생각을 했어? 그래, 어떤 검사가 되고 싶은데?
아들: 칼을 멋지게 잘 써서 악당을 물리치는 검사가 되고 싶어!
엄마: …….

부모님들을 대상으로 하는 강의에서 위의 스토리를 들려드렸더니 웃음바다가 되었다. 이 짤막한 스토리는 '부모와 자녀는 어쩜 사고방식과 기대의 차이가 이리 클까' 하는 주제를 흥미롭게 풀어 갈 수 있는 윤활유의 역할을 해 주었다.

청중은 연사의 이야기 속에서 자신과의 공통점이나 연결점을 발견할 때 마음의 경계를 풀고 친근함을 느낀다. 학생들에게 시험기간 일화가 통하고 직장인에게 얄미운 동료 이야기가 공감을 불러일으키듯, 일상 속에서 발견한 에피소드에는 힘이 있다. 눈과 마음을 크게 뜨고 주변에서 스토리를 발굴하여 나의 스피치 곳간으로 거두

어들여야 한다. 일상의 이야기는 어쩌면 놀라운 성공 신화보다 더 소중한 소재일 수 있다.

물론 아무리 괜찮은 이야기도 너무 우려먹으면 곤란하다. 때마다 반복되는 팀장님이나 선배의 무용담은 첫 소절만 들어도 레퍼토리가 그려진다. 좋은 이야기도 여러 번 들으면 질리고 알고 있는 스토리는 반복해서 들으면 싫증이 난다. 연사는 새롭고 신선한 스토리의 발굴에 힘쓸 필요가 있다.

훈련 42

건배사 '감사용'
건배사를 해야할 때

스토리 발굴/구성

회식이건 연말모임이건 예고없이 갑자기 훅 들어올 수 것이 건배사이다. 건배사는 즉흥의 마법이 아닌 준비된 스피치이다. 1세대 건배사인 '위하여~'는 올드하다. 2세대 건배사는 '삼행시'형태로 인터넷에 '단무지!', '진달래!', '사이다!' 등으로 알려져 있다. (예) '지금부터 화합하자, 지화자!') 삼행시는 의미 연결이 다소 억지스러워서 구호를 외칠 때 청중의 반응이 탐탁지 않을 수 있다. 필자가 제안하는 3세대 건배사인 '감사용'의 공식을 활용해 보자.

1. 감: 감사

건배사의 기회가 주어졌다면 감사의 멘트로 문을 열어본다. '이 자리를 마련해 주신 상무님, 감사합니다', '폭탄주를 기가 막히게 제조해 주신 팀장님께 감사드립니다' 등 모임과 관련하여 감사의 이야기를 풀어줄 수 있다.

2. 사: 사연(스토리)

짤막하게 스토리를 푼다. 나의 이야기, 들은 이야기, 비유의 이야기, 명언 등이 가능하다. 모임과 관련이 있는 감사한 이야기나 어려움을 극복한 이야기 등 사연(스토리)은 긍정과 희망의 메시지를 담는 이야기여야 한다. 건배사는 가능한 1분 안에 끝내도록 한다.

3. 용: 용기있게 구호 외치기

사연을 간략히 전했다면 구성원들이 잔을 채우고 들게 한다. 연사가 '제가 ㅇㅇㅇ라고 선창하면 여러분들께서는 ㅇㅇㅇ라고 후창하시면서 건배 하시겠습니다'라고 안내하고 건배 구호를 외친다. 이때 구호는 방금 전한 사연(스토리)와 연관이 있어야 한다. 내가 전하고자 하는 메시지(주제)를 짤막한 문장으로 만들고 약간의 강조 포인트나 변형을 주면 된다.

예) 화합의 메시지라면 '(선창) 우리! (후창) 함께 갑시다!'

예) 연령대가 높은 청중이라면 '(선창) 나이야! (후창) 가라!'

※ 참고로 건배사 선·후창이 꼭 힘찰 필요는 없다. '(후창) 꽃길만 걸으세요~', '(후창) 잘 부탁드립니다~'처럼 부드럽게도 가능하다.

■ 훈련의 정수 ■

건배사는 '감사용(감사–사연(스토리)–용기 있게 구호)'의 공식으로 소화한다.

훈련 43

스토리 발굴 / 구성

건배사 심화 '반반반'
건배사에 좀 더 임팩트를 주고 싶을 때

꽃은 '반'만 핀 것을 즐기고 술은 '반'만 취하도록 마시라는 채근담의 이야기처럼 '반'은 의미가 있다. 건배사에서 좀더 임팩트를 주고 싶은 분들을 위하여 '반'에 또 다른 특별한 의미를 담아 공식으로 만들어 보았다.

1. '반' 대

앞선 '감사용' 건배사에서 '감사'와 '사연'의 순서를 바꿔 볼 수 있다. 처음에 사연(스토리)을 듣다가 자연스럽게 감사의 이야기로 이어진다면 사연의 힘을 받은 감사의 파워가 더욱 강해질 수 있다.

2. '반' 영

앞서 상사분께서 건배사, 또는 한 말씀을 하셨다면 그 메시지를 반영해서 건배사를 할 수 있다. 예를 들어 사장님께서 '내년에는 함께 열심히 달리자'는 말씀을 하셨다면, '앞서 사장님께서 ~~ 말씀을 주셨는데요'라고 하면서 '(선창) 행복을 향해! (후

창) 달리자!'를 외칠 수 있다. 센스있는 당신을 사장님께서 흐뭇한 눈빛으로 바라보고 있을 것이다

3. '반' 복

더욱 힘차게 건배사를 하고 싶다면 구호를 반복하게 할 수도 있다. 후창 구호를 '달리자! 달리자! 달리자!'처럼 여러 번 외치게 할 수 있다. 또는 선창-후창-선창-후창의 구조로 '(선창) 마음은! (후창) 뜨겁게! (선창) 스피치는! (후창) 따뜻하게!'처럼 이어 갈 수 있다. 분단을 3개 정도로 나누어 후창을 분단별로 연이어 하게 하는 것도 가능하다. 단, '반복'의 기술은 청중들이 다소 헷갈려 할 수 있으므로 다같이 연습을 한 번 하고 이어서 제대로 건배사를 하는 것도 방법이다.

■ 훈련의 정수 ■

'감사용'에 '반반반(반대, 반영, 반복)'의 기술을 추가로 활용한다.

건배사 전체 흐름의 예]

○ 감(감사): 올 한 해 우리 팀은 참 많이 바빴습니다. 모두 이렇게 살아서 송년회에서 만날 수 있음에 감사드립니다

○ 사(사연): 올해, 우리 회사는 등대였습니다. 다들 바쁘셔서 늦은 밤까지 야근하시느라 회사의 불이 꺼지지 않았지요. 그 덕분에 올해 실적이 그린라이트라고 합니다. 고생하신 성과가 잘 나와서 다행입니다. 내년에도 우리가 함께 열정의 불을 밝혀 갈 텐데요, 그런데 여러분, 아무리 바쁘셔도 꼭 챙겨 가셔야 할 게 있습니다. 건강, 그리고 여러분의 가

정과 주변의 소중한 사람들입니다. 그 모든 행복도 함께 밝혀 가셨으면 좋겠습니다.
- 용(용기 있게 구호): 다함께 건배하시겠습니다. 잔을 채우시고 다함께 들어주십시오. (대부분 잔을 든 것을 확인하고) 올해 실적이 그린라이트였는데요, 건강도 관계도 모두 그린라이트를 켜자는 의미로, 제가 '실적도 행복도!'라고 외치면, 다함께 '그린라이트!'라고 외치면서 힘차게 건배하시겠습니다. (선창) 실적도 행복도! (후창) 그린라이트!

- **외부정보**(매스컴/책 등)

앞서 '4장 청중분석기법(WHO)'의 'O(Official Information)'에서 청중의 '이슈'를 스피치에 활용할 수 있음을 살펴보았다. 매일 뉴스에 나오는 기사들이 스피치의 소재들이며, 책과 칼럼, 잡지 등에서도 스피치 소스가 쏟아져 나온다. 필자 역시 강의를 준비할 때 책, 논문, 기사 등을 주로 활용하는 편이다.

그런데 정보를 볼 때는 '스피치에 써먹으면 좋겠다.'고 생각하지만 몇 분이 지나면 본 기억조차 나지 않는다. 사람들은 좋은 소재를 접하고도 쉽게 잊어버린다. 반면에 어떤 사람들은 이 소재를 활용하여 멋진 스피치를 조리한다. 두 경우의 차이점은 무엇일까? 바로 '기록'이다.

미국의 링컨 대통령은 기억력이 그다지 좋지 않은 편이어서 중요한 서류나 업무를 까먹기 일쑤였다. 어느 순간부터 그는 수를 쓰기 시작한다. 링컨의 커다란 모자를 본 적이 있는가? 그 속에 노트와 연필, 서류를 넣고 다니며 수시로 메모를 했다고 한다. 위대한 발명가 에디슨도 메모 노트만 3,400권을 작성했다. 뉴턴도 과학적 사고를 5,000장이 넘는 노트에 기록하였다. 다산 정약용 선생도 메모광이었으며 이 노하우를 토대로 500권이 넘는 방대한 책을 쓸 수 있었다.

최신의 스토리를 자유자재로 활용하고 싶은가? 지금 당장 스토리를 메모하고 저장해 보자.

훈련 44

스토리 발굴

스토리 데이터 모아 두기
스피치에 활용될 만한 데이터를 미리 모아 두고 싶을 때

1. 관찰하고 경청하기
나의 경험, 주변에서 보고 들은 이야기, 외부정보(매스컴/책)에서 들은 이야기에 세심히 눈과 귀를 기울인다.

2. 메모하기
보고 들은 내용을 간단하게 메모한다. 메모장에 기록하거나 스마트폰 메모로 남길 수 있다. 기록 시에는 다음의 원칙을 기억

하면 좋다.

○ 요약본이라는 생각으로 키워드 중심으로 간단하게 작성하라. 단, 지나치게 압축되어 이해하기에 어려움이 있으면 안 된다.

○ 보고 들은 시점에 즉각적으로 작성하라. 바로 적지 않으면 금세 날아간다. 당신의 두뇌를 너무 믿지 말라.

○ 임팩트 있는 대사나 묘사하고픈 장면이 떠오른다면, 그 부분은 자세하게 기록하라. 스피치로 표현할 때 활용하면 생생함을 살릴 수 있다.

○ 메모는 한곳에 하라. 여기저기에 기록하면 나중에 정리하기도 어렵고 최악의 경우 메모를 어디에 했는지조차 기억이 나지 않을 수 있다.

3. 스토리 사례집 만들기

메모로만 정리해 놓으면 나중에 주제에 맞추어 스피치를 할 때 해당하는 스토리를 찾기 힘들어진다. 메모한 스토리를 컴퓨터에 문서파일로 만들어 보관하면 필요할 때 찾아 쓰기 좋다. 필자가 다양한 문서 형태로 저장하며 활용성을 비교해 본 결과, '엑셀'이 우수하다고 판단된다. 셀과 표를 활용해 카테고리를 나눌 수 있어 스토리의 분류와 검색에 유용하다. '대주제, 소주제, 제목, 내용'으로 나누어 스토리를 기록하여 보관하면 언제든 쉽게 활용할 수 있는 스피치 소스 대백과가 된다.

대주제	소주제1	소주제2	기타주제	제목	이야기
행복	후회	감정		죽을 때 후회하는 5가지	얼마전 영국 〈가디언〉지는 시한부 선고를 받은 임종 환자들을 상대로 죽을 때
행복	시련	극복		커피 탄생 = 행복 비유	커피 볶는 과정, 열… 인생도 행복/성공 위해 필요한 과정
행복	시련	극복	명언	구름 뒤 실버라인	구름 뒤에 실버라인이 있다(영속담)
행복	돈	물질만능		행복 못 느끼는 미혼 남녀	2030 미혼 남녀 37% '돈이 행복 좌우'
행복	돈	남자	부부	남자 인생에서 행복한 37세	남자의 인생에서 가장 행복한 시기는 37세 즈음이라는 연구

6장

스피치 내용 구성

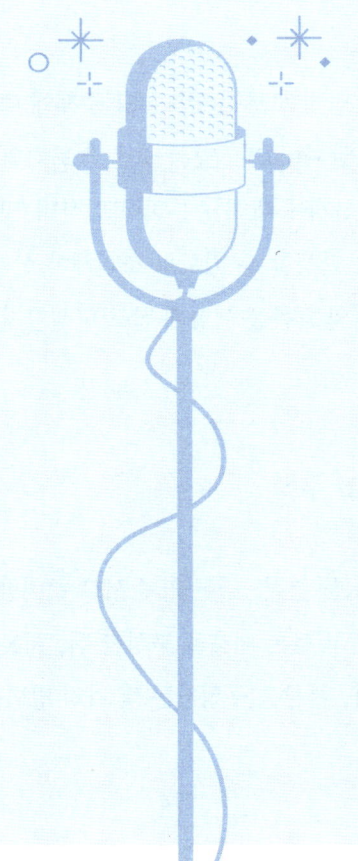

스피치 서론-본론-결론의 구성

"스피치가 잘 되지 않아서 고민하는 사람은 누구나 자신이 보거나 읽은 것에 대해서 생각하는 연습을 해야 한다."

― 제제트 버제스

"스피치하는 것은 혀가 아니고 두뇌운동이지 않으면 안 된다."

― 존 아베플리

무슨 말을 해야 할지 모르겠다면 해당 주제에 대하여 충분히 생각하지 않았기 때문일 수 있다. 앞서 좋은 스토리의 재료를 발견했다면, 이제는 내용 전개에 대해 충분히 고민하며 '맛깔스러운 스피치'라는 진미(珍味)가 탄생할 수 있도록 조리해야 한다. 스피치 전체의 '서론-본론-결론'의 흐름을 어떻게 잡고 구성할지 살펴보자.

• 스피치 본론의 구성

스피치를 꼭 '서론-본론-결론'의 순서로 준비할 필요는 없다. 주제(결론)를 먼저 잡고 본론 내용을 구성한 뒤, 서론은 나중에 구성하면 좀 더 수월하다. 본론을 구성하는 몇 가지 방법을 살펴보자.

청중의 질문에 답을 찾는 식으로 구성하기 :

스피치는 '청중 중심'으로 전달되어야 한다. 그렇다면 내용도 청중이 궁금해할 만한 흐름에 맞추어 구성되면 좋다. 예컨대 '집단지성'에 대해 발표한다고 생각해 보자. 청중의 입장에서 궁금한 점을 적어 보고 의문점에 답하다 보면 스피치 전체의 구조가 세워질 수 있다.

청중의 궁금증		스피치 본론의 흐름
집단지성이 뭐지?	→	집단지성의 의미, 특징
집단지성이 왜 필요하지?	→	집단지성의 필요성, 장점
그게 나랑 무슨 관련이 있지?	→	집단지성이 활용되는 사례, 우리(청중)가 이미 사용하고 있는 사례
어떻게 하면 활용할 수 있지?	→	집단지성 발휘를 위해 필요한 것들, 삶 속에서 활용되는 플랫폼/어플 소개

위와 같이 청중의 질문에 대한 답을 작성하여 '의미 – 필요성 – 사례 – 활용'으로 본론을 구성해 볼 수 있다.[16] 청중이 답을 이미 잘 알고 있다면 그에 대해 스피치 분량을 많이 할애할 필요는 없다. 예컨대 집단지성 앱을 개발하고 있는 개발자들이 청중이라면, 의미와 필요성에 대한 부분은 중요한 포인트만 짚고 넘어가고 '새로운 동향'이나 '활용 정보'에 초점을 맞출 수 있을 것이다.

---

[16] 이와 유사하게 스피치 내용을 'Why(배경, 필요성, 문제 제기) – What(정의) – How(솔루션) – Move(움직이게 하기)'로 구성할 수도 있다(최효정, 2016).

3분 스피치의 본론도 청중의 질문에 답을 하는 방식으로 구성할 수 있다. '내가 관심있게 보았던 드라마'에 대해서 발표한다고 해 보자.

출발점: 드라마 〈오징어게임〉을 추천한다.		
청중의 궁금증		스피치 본론의 흐름
추천하는 이유는?	→	빠른 전개, 한국문화 반영, 디자인과 색채
1. 전개가 어떻게 빠른가?	→	죽기 아니면 살기, 매 회 탈락자가 발생
2. 한국문화가 어떻게 반영되었나?	→	한국 전통게임의 현대적 해석, 한국의 정(情) 문화
3. 디자인과 색채가 어떠한가?	→	동화 속 장면, 놀이공원 같은 디자인

위의 흐름에 따른다면, '〈오징어게임〉을 추천하는 이유'라는 주제로 3개의 본론을 구성할 수 있다.

이런 구성이 너무 평범하게 느껴진다면, 연사가 원하는 세부적인 방향(주제)에 대해서 청중이 던질 법한 질문을 예상해 가며 스피치 내용을 구성할 수도 있다. 예를 들어 '〈오징어게임〉이 미친 영향'에 대해 스피치를 한다고 생각해 보자.

청중이 가질 법한 궁금증에 답을 제시하는 방식으로 다음과 같이 내용을 구성하였다. 명확한 전달을 위하여 본론을 3개로 구성하고 그 외의 소재(배우, 평등 등)는 발표 내용에서 제외하였다. '〈오징어게임〉으로 재발견한 것들'이라는 주제로 스피치를 풀어갈 수 있다.

출발점: 드라마 〈오징어게임〉으로 재발견하게 된 것은?	
청중의 궁금증	스피치 본론의 흐름
이 드라마로 재발견하게 된 것은 무엇인가?	→ 과거의 놀이문화, 놀이, 한국 드라마, 배우, 평등, 의상, 돈, 친구
1. 재발견한 과거의 놀이문화는 무엇인가?	→ 딱지치기, 무궁화 꽃이 피었습니다, 달고나 등
2. 놀이를 어떻게 재발견했는가?	→ 학생들도 즐기는 전통놀이, 오징어게임을 진행한 국내외 사례, 온·오프라인을 넘나드는 놀이
3. 한국 드라마가 어떻게 재발견 되었는가?	→ 넷플릭스 1위 드라마로 세계적 인지도 획득, K콘텐츠 관심 증가

아래는 드라마를 보면서 느꼈던 점을 또 다른 스피치로 풀어보고자 한 흐름이다. 청중이 질문할 법한 내용에 답하는 방식을 통해 '오징어게임, 나였다면?'이라는 주제로 스피치를 구성해 보았다.

출발점: 내가 드라마 〈오징어게임〉에 참가했다면 어떤 선택을 했을까?	
청중의 궁금증	스피치 본론의 흐름
내가 드라마 속에 있다면 어떻게 했을까?	→ 게임에 참여했을지, 지속했을지, 친구를 어떻게 대했을지
1. 게임에 참여했을까?	→ 내가 절망적인 상황이었다면? 청중 의견 거수로 확인, 나라면 돈보다 목숨
2. 게임을 지속했을까?	→ 중간에 게임을 멈출 수 있는 상황이라면? 청중 의견 확인, 나는 '모 아니면 도'라서 도전
3. 친구를 어떻게 대했을지?	→ 오랜 친구와 경쟁해야 한다면? 청중 의견 확인, 나라면 피할 듯, 피로 얻은 부가 주는 불편함

훈련 45　　　　　　　　　　　스피치 3단 구성

본론 내용 만들기: 청중의 궁금증을 토대로
본론 내용을 구성하고자 할 때

청중이 가질 만한 호기심을 해결해 주는 방식으로 스피치를 구성하면 흐름이 자연스럽다. 논문(보고서)이 '연구의 필요성 – 연구 문제(주제) – 용어의 정의 – 이론적 배경 – 연구 방법 – 연구 결과 – 결론 및 제언'의 흐름으로 가는 것도 독자의 궁금증에 따른 자연스러운 배치이다.

1. 청중에게 전하고 싶은 주제나 소재 정하기

2. 그에 대하여 청중이 궁금해할 만한 질문을 던지고 답하기

'그 주제가 대체 무엇이지?', '나와 어떤 관련이 있지?', '왜 중요하지?', '어떻게 활용할 수 있지?' 등 청중이 궁금해할 만한 내용에 대해 답하며 간략하게 메모해 본다.

3. 위의 2번의 결과물을 조합하여 내용 구성하기

청중의 궁금증을 해소해 주는 방식으로 내용을 구성한다. 주제를 들은 청중이 가장 먼저 던질 법한 질문에 대한 답을 첫 번째 본론으로 제시하고 이어서 다음에 가질 법한 궁금증에 대한 답을 제시해 주는 식으로 구성하면 본론의 흐름이 자연스럽다.

■ 훈련의 정수 ■

발표할 주제에 대하여 청중의 궁금증에 답해 나가는 방식으로 본론의 구성을 잡아 본다.

내용 조직화의 여러 가지 틀 :
다음은 본론을 구성하는 고전적인 7가지 틀이다(Philips, 1976).
- 시간: 과거-현재-미래의 흐름으로 구성하는 방식이다. '대중교통의 역사'에 대해 발표한다면 과거에는 버스안내원이 있었고 현재는 카드나 핸드폰으로 대중교통을 이용하며, 미래에는 무인택시가 활성화된다는 흐름이 자연스럽다.
- 공간: '국내 사례 → 해외 사례'로 흘러간다거나, 대륙 간이나 지역별로 본론 내용을 구성하는 경우, 혹은 '넓은 개념 → 좁은 개념'으로 설명하거나, '외형 → 내부'로 이어지는 등의 구성이다. 유행이나 질병이 A지역에서 시작하여 B지역으로 흘러가고 C지역까지 이어진다는 식의 구성이 이에 해당된다.
- 분류: 비슷한 내용끼리 묶어서 본론을 나눈다. 특징 3가지, 장점 3가지 등으로 구성될 수 있다.
- 원인-결과: 원인을 먼저 설명하고 그로 인해 이어진 결과를 이어 구성한다.
- 문제-해결: 문제점을 보여 주고 그에 대한 해결방안을 제시한다. 문제만 장황하게 표현되지 않도록 주의하며 해결의 활약을 강조한다(와이즈먼, 2003).
- 유추: 비슷한 것에 기초하여 다른 부분을 미루어 추측하는 방식이다.
- 대조: 차이점을 비교·대조하는 방식으로 본론을 구성한다.

예를 들어 '한류'에 대해 발표한다고 생각해 보자. 큰 주제는 같지만 어떤 틀을 사용하느냐에 따라서 내용 전개는 전혀 달라지게 된다.

내용 조직 방법(틀)	스피치 본론 흐름
시간	① 최초의 한류(백제) ② 1세대 한류(욘사마, 클론) ③ 2세대 · 3세대 한류 ④ 4세대 한류
공간	① 일본 ② 중국 · 대만 ③ 동남아 ④ 미국 · 유럽
분류	① K-POP ②드라마 · 영화 ③ 음식
원인-결과	① 수준 높은 콘텐츠 – 결과(인기) ② 문화적 근접성 – 결과(인기) ③ 문화산업의 세계화 경향 – 결과(인기)
문제-해결	문제점 ① 비슷한 콘텐츠의 피로도 ② 가격 상승 등 경쟁력 하락 ③ 더빙과 자막 해결책 ① 문화적 내화(우려먹기)에서 진화로 ② 콘텐츠 인력 양성과 마케팅 변화 ③ 공용어 · 자국어로 한국문화 제공하는 온라인 서비스 제공

동일한 발표 소재도 어떤 구성의 틀을 사용하느냐에 따라 전혀 다른 스피치가 될 수 있다. 내가 발표할 주제를 여러 가지 방식으로 풀며 적용해 보고 가장 효과적으로 주제를 보여 줄 수 있는 구성을 택하자.

- **스피치 서론의 구성 (오프닝+스피치 밑그림)**

"서두가 좋아야 한다. 그렇지 않으면 나머지 내용은 아예 읽히지도 못하기 때문이다."

- 추리소설가 로렌스 블록 -

스피치 내용을 구성하면서 처음과 끝에 대한 부담을 호소하시는 분들이 많다. 서론에서 청중의 관심을 집중시키는 것에 실패한다면 뒤에 아무리 좋은 내용이 나온다 해도 귀를 기울이리라 기대하기 어렵다. 이미 의식을 잃은 청중에게는 백약이 무효하다. 서론을 자연스럽게 풀어 갈 수 있는 방법에는 무엇이 있을까?

스피치의 첫 부분은 인사와 함께 분위기를 부드럽게 풀며 주제에 대해 접근해야 한다. 서론은 '오프닝+스피치 밑그림'으로 생각해 볼 수 있다. '오프닝'은 청중과의 연결이 시작되는 스피치의 출발점이며 '스피치 밑그림'은 발표할 내용이 무엇인지 간략하게 방향을 이야기해 주는 예고편이라고 볼 수 있다. '어떤 흐름으로 발표하겠다'며 간략하게 개요를 알려 주면 된다. (발표 시간이 짧다면 생략할 수도 있다.)

오프닝에서는 임팩트 있게 청중을 사로잡거나 혹은 부드럽고 편안한 분위기를 만들어야 한다. 아마추어는 온갖 미사여구와 고사성어로 유식한 척을 하며 시작부터 잔뜩 힘을 주고 기대감을 넣었다가 점점 힘을 잃고 초라해지지만, 프로는 일상적인 이야기로 시작해 친구와 차 한잔하듯 자연스럽게 청중을 빠져들게 한다(이영권,

2012).

서론의 목적은 두 가지로 청중과의 '라포(공감대)' 형성과 '주제로의 연결'이다. 새롭거나 혹은 익숙한 이야기로 시작해 보자!

① 자기소개: 인간적인 면이 드러나도록 자신을 소개한다.
(☞훈련37. 스토리 자기소개(1분 소개))

② 날씨, 계절: 누구나 공감할 수 있는 소재이다. 단, 감흥 없이 너무 평범해지지 않도록 주의하자. 몰입도 있는 멘트나 혹은 활력, 둘 중에 하나는 청중에게 주어야 한다.

예시] ㅇ 안녕하세요! 오늘 날씨가 참 좋습니다. 이 시간 소통을 잘 하는 법에 대해 발표하겠습니다.(×)

ㅇ 알록달록한 요즈음의 단풍은 자연이 주는 아름다운 선물이 아닌가 싶습니다. 여러분은 자연이 주는 예쁜 선물을 누리고 계십니까? 오늘 이 시간은 우리가 주변 사람들에게 줄 수 있는 선물에 대해 이야기를 나누고자 합니다. 선물이라고 너무 부담 갖지는 마세요, 돈 안 드는 선물입니다. 우리는 '말'을 통해서 단풍보다 기분 좋은 마음의 선물을 전할 수 있습니다. (소통에 관한 스피치)

③ 뉴스, 이슈: 최근 뉴스나 이슈에 대해 이야기한다. 재미있거나 혹은 새롭거나 충격적이라면 효과적이며 소재는 청중과 관련이 있어야 한다.

예시] 여자가 나이 들면서 필요한 5가지는 무엇일까요? 5위는 반려동물, 4위는 친구, 3위는 딸, 2위는 돈, 1위는 건강이라고 합니다. 그렇다면 남자가 나이 들면서 필요한 5가지는요? 5위 배우자, 4위 와이프, 3위 마누라, 2위 아내, 1위가 부인입니다. 선생님들(남성 청중)께서 노후에 가장 절실하게 필요한 존재는 돈도 그 무엇도 아닌, 바로 '사모님'입니다. 그렇다면 최고의 노후대비는 뭘까요? 젊어서 사모님의 마음을 얻는 것이겠지요. (남녀 소통에 관한 스피치)

④ 인연, 공통점: 청중이 특정 지역이나 학교의 사람들이라면 연사 역시 그 지역과 관련이 있음을 밝히는 것도 좋다. 학연·지연도 공감대 형성의 효과적인 방법이다. 청중과 연사의 공통분모를 찾는 것이다.

사례] 1970년대부터 30년간 교도소 찾아다니며 교화 활동을 하신 삼중스님의 스피치 서론: "이렇게 보니까 승려인 저와 여러분은 세 가지 공통점이 있습니다. 첫째는 우리 모두 머리가 없다는 점이고, 둘째는 여러분이나 저나 비슷한 옷을 입고 죄를 참회한다는 것입니다. 여러분은 청색이고 저는 회색이지만 말입니다. 셋째는 모두 여자가 없다는 점입니다. 그러나 여러분의 마음속 깊이 사모하는 한 여인이 있습니다. 그분은 바로 여러분과 저의 어머니이십니다."

⑤ 칭찬: 청중을 기분 좋게 하는 칭찬으로 호감을 주는 시작도 가능하다.

사례] 안녕하세요. 이야기 인문학 저자 조승연입니다. 교육이 백년대계란 말이 있죠. 그러니까 여기 교육에 관심을 가지고 와 계

신 분들은 다 구국의 영웅이세요. (웃음)

⑥ **질문**: 청중과 소통하는 좋은 방법이 '질문'이다. 질문은 청중의 호기심을 자아내거나 호응을 불러일으키는 것이어야 한다. 특히 초반에 던지는 질문에는 청중의 'Yes'를 이끌어 내는 것이 좋다. (☞**훈련**57~58)

예시] ○ 여러분 요즘 시험 기간이시죠? 이 많은 공부를 언제 다 해야 하나 싶지 않습니까?

○ 유재석 혹은 박명수로 살 수 있다면, 여러분은 누구로 살아 보고 싶습니까?

⑦ **이득 제시**: 사람은 자신에게 심적/물질적으로 도움이 된다는 이야기에 귀를 기울이기 마련이므로 서두에 청중이 얻을 수 있는 이득을 제시해 볼 수 있다. 단, 초반에는 귀를 쫑긋하게 만들었지만 막상 들어 보니 별거 없다 싶다면 오히려 마이너스가 될 수 있으므로(블링블링한 선물상자인데 열어 보니 벽돌이라면 기분이 어떻겠는가?) 예고만큼 가치 있는 내용이 본론에 담겨야 한다.

예시] ○ 여러분, 젊어지고 싶습니까? 한 5년쯤 젊어질 수 있다면 여러분은 그 길을 택하시겠습니까?

○ 하루에 5분만 투자해서 인생의 퀄리티가 바뀌게 된다면 여러분은 시간을 투자하시겠습니까?

⑧ **에피소드**: 짤막한 스토리를 던지며 주제로 연결시킬 수 있다.[17]

사례] 제가 7살, 제 여동생이 겨우 5살이었을 때 저희는 이층 침대 위에서 놀고 있었습니다. 때로 여동생은 제가 원하는 것을 뭐든

해야 했고 저는 전쟁놀이가 하고 싶었습니다. - 숀 어쿼

⑨ 보조자료: 음악과 함께, 혹은 짤막한 동영상을 보고 시작하는 방법이다. 스피치와 관련된 물건을 가지고 와서 보여 주는 방법도 있다.

훈련 46 　　　　　　　　　　　스피치 3단 구성

서론 내용 만들기(오프닝 기법)
서론 내용을 구성하고자 할 때

1. 스피치의 본론 내용 먼저 구성하기 (결론→본론→서론)
2. 앞서 나온 9가지 스피치 시작 방법 하나씩 적용해 보기
   ① 자기소개 ② 날씨·계절 ③ 뉴스·이슈 ④ 인연·공통점
   ⑤ 칭찬 ⑥ 질문 ⑦ 이득 제시 ⑧ 에피소드 ⑨ 보조자료
3. 청중에게 더 어필될 수 있는 방법 선택해 연습하기

■ 훈련의 정수 ■

9가지 오프닝 기법을 적용해 보고 청중의 호감·흥미를 높이는 기법을 사용한다. (몇 가지를 함께 사용 가능)

---

17 세계적인 연사들이 출연하는 TED 상위 20여 개의 강연 중 절반 이상이 개인적인 이야기로 시작하여 공감대를 형성하고 본론으로 확대시켜 나갔다(도노반, 2012).

● 스피치 결론의 구성

녹색 신호등을 보며 마음 놓고 운전하고 있는데, 갑자기 1초 만에 빨간불로 바뀌어 버린다면 어떨까? 심장이 철렁할 것이다. 청중이 스피치에 몰입하려는 찰나 발표가 황급히 끝나 버린다면 마치 이와 같은 기분일지 모른다. 스피치에서도 노란색 신호등처럼 종료 신호가 필요하다. 스피치를 잘해 놓고도 마무리가 흐지부지하다면 애매한 인상을 남길 수 있다.

스피치의 마지막 부분에서는 간략한 요약과 함께 핵심메시지를 재강조하고 마무리해야 한다. 서론과 본론에서 언급하지 않은 내용을 추가하지 않도록 주의한다. 스피치가 끝나고 나서는 청중이 박수를 시원하게 보낼 수 있는 타이밍을 주는 것도 잊지 말자.

① 요약: 스피치의 내용을 요약한다. 너무 단순하고 기계적인 요약이 되지 않도록 주의하며 핵심메시지가 주는 의미와 가치를 다시금 강조한다. 스피치 전체의 요약이 될 수 있을 만한 강렬한 한마디를 마지막에 던져 주는 것도 좋다.

사례] ○ "제가 말하려는 것은 너무도 간단합니다. 개발이 행복을 가로 막아서는 안 된다는 것입니다. 개발은 인류에게 행복을 가져다주어야만 합니다. 개발은 행복, 지구에 대한 사랑, 인간관계, 아이 돌봄, 친구 사귀기 등 우리가 가진 기본적인 욕구를 충족시켜 줘야 합니다. 우리가 가진 가장 소중한 자산은 바로 행복이기 때문입니다. 우리는 환경 문제의 가장적인 핵심 가치가 바로 인류의 행복이라는 점을 기억해야 합니다." – 호세 무히카
- ○ "자유가 아니면 죽음을 달라!" – 패트릭 헨리
- ○ "노병은 결코 죽지 않는다. 다만 사라질 뿐이다." – 맥아더
- ○ "우리 모두 정상에서 만납시다." – 지그 지글러

② 인용: 관련된 유명한 말이나 관용구, 속담 등을 활용한다. 단, 일차원적이거나 너무 뻔한 인용이 되면 무미건조할 수 있으므로 임팩트 있거나 신선한 문구를 사용한다.

예시] ○ (목적의식에 관련된 이야기를 하며)

– '뜻이 있는 곳에 길이 있다'는 말도 있지 않습니까? (너무 뻔한 느낌이라 와 닿지 않음)

– '글만 모아 놨다고 책이 되는 것이 아니라, 책을 만들기 위해 쓴 글이 책이 됩니다.' 여러분은 무엇을 만들기 원하십니까? 내 삶이 힘차게 나아갈 인생의 과녁을 정하십시오!

○ (신개발·신기술에만 과도하게 집중하는 직원들에게)

'일찍 일어나는 새가 먹이를 잡는다'는 말이 항상 진리라고 생각하지 마십시오. '치즈를 먹을 수 있는 쥐는 정작 두 번째로 달려온 쥐다'라는 속담도 있습니다. 무작정 달려온 첫 번째 쥐는 쥐덫에 걸려 으깨지고 다음에 달려온 쥐가 치즈를 차지합니다. 최첨단 기술 선두주자들은 첫 번째 쥐와 마찬가지로 앞서가는 기술로 인해 실제 많은 손해를 보고 있습니다. 저는 우리 회사가 자원을 현명하게 투입하기를 바랍니다. 첫째는 다른 사람이 되도록 그냥

비워 둡시다. 돈은 둘째가 법니다(시몬스, 2007).

③ 에피소드: 주제와 관련된 이야기를 전하며 메시지를 강조한다. '짤막한 스토리(에피소드)+시사점 정리 멘트'로 마무리한다.

사례] "저는 지금 52년간의 군복무를 마치려고 합니다. 제가 처음 군에 입대할 때, 20세기가 시작되기도 전이었습니다만, 그것은 제 소년 시절의 모든 희망과 꿈의 실현이었습니다. 제가 웨스트포인트 연병장에서 임관하던 그날 이후로 세상은 여러 번 바뀌었습니다. 그리고 저의 희망과 꿈도 오래전에 사라졌지만, 저는 그 시절 가장 즐겨 부르던 어느 군가의 후렴 한 구절을 기억하고 있습니다. 그 노래는 '노병은 죽지 않는다, 다만 사라질 뿐'이라고 당당하게 선언하고 있습니다. 그리고 그 노래 속의 노병처럼 이제 저는 제 군 생활을 마감하고 사라지려 합니다. 신께서 의무에 대한 깨달음을 주신 바에 따라, 자신의 의무를 다하려고 애쓴 한 노병으로 말입니다. 감사합니다." - 맥아더 장군

④ 행동 촉구, 호소: 청중에게 행동을 촉구한다. 힘 있는 어조로 강력하게 촉구할 수도 있고 부드러운 설득의 어조로 전할 수도 있다. (청중/주제에 따라 결정한다.) 그 행동을 통해 얻게 될 멋진 미래를 곁들여서 간략히 그려 주면 좋다. 홈쇼핑에서 방송을 마무리하면서 "내 주방에 행복한 활력을 불어넣어 주는 ○○세트, 이 좋은 기회에 하나 장만하시죠?", "지금, 놓치지 마세요." 하듯이 말이다.

사례] ○ "나는 우리의 소명(召命)은 결코 실패하지 않을 것이라고 확신합니다. 나는 이 시점, 이 대목에서 여러분들의 도움을 요구

할 자격이 있다고 느끼면서 이렇게 호소하는 바입니다. 자, 단합된 우리의 힘을 믿고서 우리 모두 전진합시다!" – 윈스턴 처칠

○ "이 습관의 달력을 통해서 여러분이 뭔가를 정해서 습관을 만들 수 있다는 뜻은 뭔지 아세요? 여러분은 뭐든지 할 수 있다는 뜻입니다. 여러분은 할 수 있습니다. 자, 며칠이요? 66일입니다. 감사합니다." – 강성태

⑤ **수미쌍관 구조**: 수미쌍관이란 시가에서 첫 연을 끝 연에 다시 반복하는 문학적인 구성법이다. 스피치에서도 처음 부분과 마지막 부분이 이어진다면 완성도 높은 구성이 되며 청중에게 인상과 여운을 줄 수 있다.

예시] 훌륭한 배드민턴 선수가 자신의 도전의 삶에 대해 스피치를 한다고 하자. 서론에서 "한 꼬마가 배드민턴채를 쥐고 있습니다." 하면서 처음 운동을 접한 호기심 어린 마음을 조명했다면, 본론에서 시련의 극복을 이야기하고, 결론에서는 "이제 꼬마는 쉰 살이 되어 배드맨턴채를 쥐고 있습니다. 세월은 흘러 손은 거칠어지고 주름은 깊어졌지만 처음 배드민턴채를 잡았을 때의 그 설렘은 지금도 간직하고 있습니다." 하는 식으로 서론과 결론이 이어지게 구성해 볼 수 있다.

⑥ **질문**: 주제를 질문으로 바꾸어 청중에게 던지며 마무리할 수도 있다. 앞의 행동촉구는 강력한 어투가 어울리는 반면, 클로징에 사용되는 질문은 다소 느린 속도로 여운을 남기듯이 하는 것이 효과적이다.

예시] 당신은 어떤 길을 선택하시겠습니까? / 당신은 어떤 한마디를 하시겠습니까?

훈련 47　　　　　　　　　　　　　스피치 3단 구성

결론 내용 만들기(클로징 기법)
결론 내용을 구성하고자 할 때

1. 6가지 스피치 마무리 방법을 하나씩 적용해 보기
① 요약 ② 인용 ③ 에피소드 ④ 행동 촉구·호소 ⑤ 수미쌍관
⑥ 질문

2. 청중에게 더 어필할 수 있는 방법 선택하기
핵심메시지를 가장 잘 전달할 수 있는 마무리 방법 한 가지나 몇 가지를 선택하여 클로징을 구성해 본다.

3. 결론의 어조로 말하기
본론이 끝나고 결론이 시작되기 전에는 2~3초 정도 쉼을 주어 내용이 구분되게 한다. 마지막 문장의 경우 단어 하나하나를 청중의 귀에 꽂는다는 느낌으로 천천히 명료하게 전해 주면 효과적이다.

■ 훈련의 정수 ■

6가지 클로징 기법을 적용해 보고 청중에게 임팩트나 여운을 남기는 기법을 사용한다. (몇 가지를 함께 사용 가능) 마무리가 느껴지는 어조로 말한다.

스토리의 구성

• 스토리의 구성 요소

초콜릿 한 상자 안에 여러 개의 작은 초콜릿이 있듯이 하나의 스피치 안에는 몇 개의 스토리가 들어 있다. 그 각각의 스토리를 어떻게 구성하는지 살펴보자. 아리스토텔레스는 비극의 6요소를 '플롯(줄거리), 인물, 어법(대화), 사상, 장경(볼거리), 노래(음악)'라고 하였다. 소설의 3요소는 '인물, 사건, 배경'이라고 추억의 국어시간에 들은 기억이 날 것이다. 스토리는 그 형태와 구조가 다양하여 획일적인 공식이 있다고 보기는 어렵다.

우리가 스피치에서 다루는 스토리는 대부분 짧은 형태(1~5분 이내)이기에 소설이나 연극의 스토리와는 다소 차이가 있다. 스피치의 스토리에서는 초반에 간단하게 배경을 설명하고(생략하는 경우도 있음) 그 속에서 인물이 사건이나 갈등을 겪고 대처하는 과정을 보여주면서 연사가 전하고자 했던 메시지를 청중에게 남긴다. 스피치에서 사용하는 각각의 스토리는 메시지를 부각시키기 위한 도구적인 성격이 짙다.

이런 흐름을 고려하여 필자는 스피치 스토리의 구성 요소로 '메시지, 인물, 사건'을 꼽고자 한다. 스피치에서는 필요에 따라 특정 요소에 대한 설명이 줄어들거나 늘어날 수 있다. 스토리텔링은 정답이 존재하지 않기에 상황에 따라 유연한 구성능력이 요구된다.

메시지 :

'신인 시절 예능울렁증이 심했던 유재석의 자기계발' 이야기를 통해 '꾸준한 연습으로 놀랍게 발전할 수 있다'는 교훈을 전한다. '황폐하던 남이섬이 한류관광지로 탈바꿈한 이야기'를 통해서 '역발상과 혁신의 메시지'를 전한다. 이처럼 스토리는 연사의 목적을 위해 사용된다. 메시지가 없는 스토리라면 청중도 의미를 느끼지 못하고 허무해할 것이다.

스피치 스토리는 단일한 메시지와 연결되어야 한다. "이 음식점에서 가장 맛있는 게 뭔가요?"라고 물었을 때, "짜장, 짬뽕, 볶음밥, 탕수육, 팔보채, 모두 다 맛있어요."라고 대답한다면 '아~ 다 고만고만하구나. 잘하는 게 없구나.'라는 생각이 들 것이다. "손님들은 저희 매장에서 열에 아홉은 '짬뽕'을 찾으십니다. 최고 인기 메뉴입니다." 하고 한 가지를 짚을 때 뇌리에 남는다. 메시지나 시사점이 많으면 스토리의 의미가 불분명해지기 마련이므로 하나의 스토리에 가능하면 한 개의 메시지를 남기는 것이 좋다.

인물 :

인물은 스토리 속에 등장하는 인물이지만 연사이며 청중이기도 하다. 연사가 사춘기인 자녀로 인해 마음고생한 이야기를 한다면 청중들은 자신의 자녀를 떠올리며 들을 것이다. 취업과 면접에 낙방하며 절망 속에서도 희망을 찾으려 고군분투한 이야기를 한다면 취준생들은 자신의 상황을 투영하여 공감하며 듣는다. 이렇듯 스토리 속 인물에게 청중과 업무, 직위, 상황, 처지 등 공통적인 부분이 있다면 청중은 자신을 그 인물에 대입시키며 몰입하고 메시지를 더 적극적으로 받아들이게 된다.

스토리 속의 인물은 사건을 겪으며 갈등을 극복해 가는데, 이때 적대세력이 있으면 갈등과 극복이 부각된다. 동화 속에서는 적대세력이 마녀나 괴물이지만, 현실 스토리에서는 이기적인 동료, 권위적인 상사, 개념 없는 부하 등이 이에 해당한다.

사건 :

하루는 드라마를 즐겨 보시는 어머니께서 말씀하셨다.

"저 드라마는 너무 밋밋해. 그냥 다들 착하게만 나오고 평탄하기만 하니 재미가 없어. 뭔가 불륜이나 복수나 자극적인 게 나와야 재미있지."

막장드라마가 인기 있는 이유가 있다. 밋밋하기만 한 스토리는 재미가 없다. 갈등을 유발하는 사건이 없는 스토리는 김빠진 콜라와 같다. 사건이 발생하고 그로 인해 생기는 문제와 갈등은 청중에게 긴장을 촉발한다. 청중은 해결할 수 있는 방법을 고민하며 듣게 된다. 이러한 사건이 청중에게도 일어날 법하거나 직간접적으로 연관이 있다면 몰입은 강해진다.

- 스토리의 흐름

  기승전결 흐름 :

  스토리는 인물, 사건이 어우러지면서 시작부터 끝까지 자연스러운 흐름으로 이어질 수 있어야 한다. 우리에게 익숙한 '기승전결' 구조를 따르면 스토리가 비교적 안정되게 흘러갈 수 있다. 기-승-전으로 갈수록 사건의 갈등과 위험요소는 강해지며 마지막 결에서는 해결과 회복에 다다른다. 스피치 스토리에서 기승전결의 각 부분을 모두 충실하게 설명될 필요는 없다. 스토리가 진행됨에 따라 긴장감 변화의 흐름만 참고하면 되며 '청중이 이제 무엇을 궁금해하는지'에 대한 답을 준다는 느낌으로 스토리의 흐름을 이어 가면 된다.

  − 기(起, 일어날 기): 배경이나 인물, 상황을 소개하거나 문제 제기를 한다.
  예시] 군대 자대배치를 받고 산속에 있는 부대로 가는 열차를 탔을 때였습니다.
  − 승(承, 이을 승): 사건이 본격적으로 전개되기 시작한다. 문제나 갈등에 대해 설명하며 긴장감을 조성한다.
  예시] 몇 시간을 갔을까요. 창밖 풍경은 어느새 숲이 우거지는 험한 산세로 바뀌었고 저는 점점 두려움을 느꼈습니다.
  − 전(轉, 구를 전): 결정적인 전환이 있으며 분위기나 갈등이 최고조에 이른다. 갈등이나 극복 과정을 생생하게 묘사한다.

예시] 기차가 이름 모를 한 기차역에 섰고 저는 내렸습니다. 몹시도 녹슨 기차역과 철로를 보니 '아~ 이제 나도 저렇게 녹슬어 가겠구나. 저것이 나의 군 생활, 나의 미래이겠구나.' 하는 절망감이 밀려왔습니다.

- 결(結, 맺을 결): 사건이 해결되고 변화를 맞이한다.

예시] 그때 철로에 곱게 핀 민들레가 한 송이 눈에 띄었습니다. 순간 '저 녹슨 철로 사이에도 꽃은 피는구나. 아, 그렇구나. 희망은 어디에나 피는구나.'라는 생각이 뇌리를 스쳤습니다.

훈련 48

스토리 구성

스토리 기승전결 구성하기
스토리의 흐름을 잡고 싶을 때

1. 스토리를 기승전결로 표현하기
- 기: 배경, 인물, 상황 소개, 문제 제기
- 승: 사건 전개, 문제·갈등과 함께 서서히 긴장 조성
- 전: 결정적 전환, 분위기와 갈등의 최고조
- 결: 사건 해결과 변화

예시]
- 기: 사내에서 직원들은 과장인 저에게 친절하게 인사하고 잘 따르는 편입니다.

─ 승: 하루는 바쁜 업무가 생겨서 저는 컴퓨터 작업을 하고 있었습니다. 그때 사내 메신저로 김 대리에게서 메시지가 날아왔습니다.

─ 전: '야, 장 과장 눈을 무섭게 부라리고 저러냐? 키보드는 시끄럽게도 치네. 아주 부수겠다.' 저는 뒤통수를 맞은 듯 잠시 정신이 멍했습니다. 저는 김 대리에게 메신저로 답장을 보냈습니다.

─ 결: '너무 열광적으로 작업해서 부담스러웠지? 미안하네.' 잠시 후 김 대리가 와서 말했다. '과……과장님, 메시지를 잘못 보냈네요. 저를 죽여주세요…….'

2. 스토리 첨삭(각색)

① 스토리에서 불필요한 설명을 삭제한다.

'청중이 궁금해하는 부분인가?'라는 관점을 가지고 설명을 줄이거나 생략할지 여부를 정한다.

예시] 나는 과장임. ~~○○사에~~ ○○부서에서 일하며 재작년에 ~~진급했음.~~ 우리 부서는 ○○○한 업무를 처리하고 있음. ~~(사무실에 직원은 총 ○명임.)~~ 직원들은 친절한 미소를 띠며 나에게 인사함. 업무 지시를 해도 군말 없이 따르는 편임. (나는 직원들에 대해 ~~긍정적으로 생각할 때도 있고 아닐 때도 있지만 그래도~~ 비교적 긍정적으로 생각하는 편임.) 스스로 괜찮은 과장이라는 생각이 듦.

→ 관련성이 떨어지는 부분이 줄어야 메인 스토리라인에만 집중할 수 있음

② 더 살을 붙여 설명할 부분을 찾는다. 상황을 강조하고 싶거나, 감정이 드러나는 부분, 절정으로 치닫는 부분 등은 살을 붙일 수 있다.

예시] - 컴퓨터 작업을 열심히 하였다. → 눈 코 뜰 새 없이 바빴다. 키보드에 불이 나도록 작업하였다.

- 잠시 후 김 대리가 와서 말했다. → 고개를 푹 숙이고 대역 죄인의 표정으로 다가왔다. 거의 울 것 같았다.

※ 기승전결 흐름을 만들 때 주의사항

- 스피치 스토리는 '기-승-전-결' 모든 부분을 세부적으로 묘사할 필요는 없다. 메시지와 스토리 흐름을 위해 필요한 부분을 가려내어 스피치로 풀 부분을 '첨삭'하도록 한다. 때로 생략도 가능하다.

※ '기승전결'의 흐름을 뒤집을 수도 있다. '전-기승전결', '결-기승전결'도 가능하다. 영화 등에서도 종종 쓰이는 방식이다. 호기심을 자아내는 효과가 있다.

예시] - 전-기승전결: 상사와 심하게 말다툼 하는 장면 → 사건의 발단과 전개 → (다시) 말다툼 장면 → 해결 장면

- 결-기승전결: 행복하게 결혼한 장면 → 첫 만남 → 부모님의 심각한 반대 → 어려움의 극복과 결혼

※ 스피치 전체의 '본론' 만드는 훈련 ☞훈련45

'서론' 만드는 훈련 ☞훈련46 / '결론' 만드는 훈련 ☞훈련47

스토리 전달력 훈련 ☞훈련53 '강감찬 떡' 텔링 연습

■ 훈련의 정수 ■

스토리를 '기승전결'로 표현한 후, '청중이 궁금해하는 부분인가?'를 기준으로

내용을 첨삭한다. 호기심을 높이기 위해 '기승전결'을 뒤집어서 구성할 수도 있다.

미니스토리 :
스토리가 꼭 기승전결의 구조를 다 갖추어야 하는 것은 아니다. 5~30초 정도로 짧게 전달하면서도 스토리의 효과를 살릴 수 있다.

우리나라가 초강대국이 될 수 있는 기회가 생겼습니다. 세계적인 위인들이 우리나라에 다시 태어난 것입니다. 과연 위인들은 어떻게 살아가고 있을까요?
뉴턴이 제출한 논문은 이해할 수 있는 교수가 없어서 예심을 통과하지 못해 졸업하지 못하였습니다. 갈릴레이는 사회의 모순과 부조리에 대해 이야기하다가 블랙리스트에 올라 사회생활을 할 수 없게 되었습니다. 퀴리부인은 그나마 졸업하였지만 못생기고 말재주가 없어서 면접에서 매번 떨어져 실업자가 되었습니다. 아인슈타인은 수학을 잘하였으나 나머지 과목에 낙제를 받아 대학 진학에 실패하였습니다. 에디슨은 위대한 발명가의 자질이 있었지만 초등학교 퇴학의 학력이라 이력서를 낼 수조차 없었습니다.

앞의 이야기 안에는 무려 5개의 미니스토리가 들어가 있다. 듣고 나면 '한국사회에는 제한, 편견 등 불합리한 요소들이 있구나!'

라는 주제에 어느 정도 공감할 수 있을 것이다. 짧은 스토리지만 그 의미(메시지)를 받아들이는 데 무리가 없다. 굳이 '에디슨은 몇 년도에 활동했고 어떤 제품을 만들었으며 어렸을 때는 무슨 일이 있었고······.' 하는 스토리를 구구절절 풀어 놓을 필요도 없다. 스피치에서의 스토리는 '메시지'를 부각시키기 위한 의도로 사용되느니만큼, 청중이 이해할 수 있는 내용이라면 때로 짧고 간결한 미니스토리를 전하는 것이 효율적인 방법이 될 수 있다.

훈련 49　　　　　　　　　　　　　　스토리 구성

미니스토리 활용하기
짧은 시간에 스토리의 힘을 효율적으로 활용하고 싶을 때

미니스토리는 짧은 스피치 안에 스토리의 힘을 활용하고 싶을 때 사용된다. 스토리가 꽤 가치 있어서 좀 더 세밀하게 표현하는 것이 낫다고 판단되는 경우라면, 미니스토리가 아닌 일반적인 스토리 형태(☞훈련48)로 사용한다.

1. 메시지 확인하기
청중에게 전달할 핵심메시지(주제)를 확인한다.

2. 메시지를 뒷받침하는 미니스토리(사례) 찾기
3~5가지 이상 찾아본다.

3. 스피치에 넣을 스토리를 정하기

한 개를 넣을 수도 있고 두세 개를 연달아 넣을 수도 있다. (스토리+스토리+의미/시사점) '청중과의 연관성'이 높은 사례면 좋다.

4. 사례 각색하기
불필요한 구구절절한 설명은 생략하되, 재미와 의미는 충분히 전할 수 있는 정도로 각색한다.

예시]
메시지: 자신만 생각하는 이기적인 사람들이 있다.

청중: 병원 관계자들

미니스토리: 환자들 중에서 늦게 와 놓고서 자기는 급하니까 먼저 진료받게 해달라고 생떼 부리는 경우를 보신 적 있으시지요? 또 점심시간에 와서는 왜 이렇게 직원이 없냐고 화내는 환자분도 있습니다. 마음이 급한 건 알겠는데 너무 자신만 생각하는 모습은 참 밉상입니다.

■ 훈련의 정수 ■

메시지를 뒷받침하는 사례를 찾고(청중과 관련되면 좋음) 재미와 의미가 전달되는 정도로 짧게 각색한다.

7장

스토리의 각색과 연출

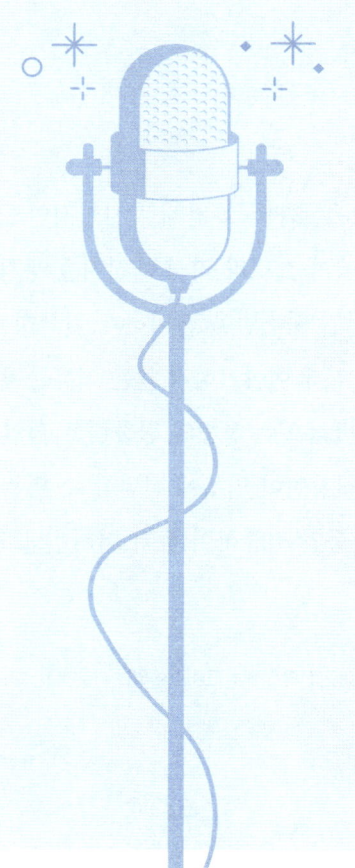

스토리 종류에 따른 각색법

우리가 스피치에서 활용하는 스토리는 실화일 수도 있고 우화(비유나 가상의 이야기)일 수도 있으며, 미래와 비전을 그리는 내용일 수도 있다. 스토리의 성격에 따라 어떻게 다듬어서 사용하면 효과적인지 살펴보자.

- 실화 스토리

스토리 중에서도 실화는 그 자체로 사실적인 근거가 되기 때문에 힘이 강력하다. 실화 스토리 역시 메시지를 부각시키기 위한 목적이므로 하나의 단일 사건만을 짤막하게 각색하여 활용한다. 단일 사건을 지나치게 길게 이야기하지 않는 이유는 청중의 집중력과 시간 때문이다. 일반적으로 청중의 집중력은 성인 기준 15분~20분 미만 정도이고, 직장인이 업무에 전념할 수 있는 시간도 11분[18] 수준이다. 긴 시간 동안 집중하여 듣기 어려우므로 인상적이고 짤막

---

[18] 11분은 평범한 사무원이 자신의 업무에 전념할 수 있는 시간이다. 그러고 나면 일이 중단된다(뮌히 하우젠, 2010).

한 스토리를 통해 적절한 긴장감을 유지할 필요가 있다. 다음의 사례와 함께 실화 스토리의 특징을 살펴보자.

어느 날 한 아주머니가 아들과 함께 간디를 찾아와서 간청했습니다.
"선생님, 저의 아들을 도와주십시오. 이 녀석이 설탕을 너무 좋아합니다. 건강에 좋지 않다고 아무리 혼내도 듣지를 않아요. 그런데 아들이 선생님을 존경해서 친히 설탕을 끊으라고 말씀하시면 끊겠다고 하네요."
간디는 소년을 바라보면서 그의 어머니에게 말했습니다.
"도와드리겠으니 보름이 지나고 나서 아드님을 데려오십시오."
"선생님, 저희는 아주 먼 길을 왔습니다. 그냥 돌려보내지 마시고 제 아들에게 설탕을 먹지 말라고 한마디만 해 주세요."
"보름이 지나고 다시 아드님을 데려오십시오."
보름 후에 어머니는 아들과 함께 간디를 다시 찾아왔습니다. 간디는 소년에게,
"설탕을 많이 먹으면 건강을 해칠 수 있으니 먹지 않는 것이 좋겠구나."
하고 말했습니다. 어머니는 감사해 하면서 간디에게 물었습니다.
"선생님, 감사합니다. 그런데 보름 전에 선생님을 뵈었을 때에는 어째서 보름 후에 다시 찾아오라고 하셨는지요?"
간디가 미소를 지으며 대답했습니다.
"사실은 저도 설탕을 좋아합니다. 아드님께 설탕을 먹지 말라고 하기 전에 제가 먼저 설탕을 끊어야 했답니다."
간디 선생님은 역시 보통 분이 아니신 것 같지요? 누군가에게 이래라저

래라 명령하고 혼내기는 참 쉽습니다. 말로 명령하고 지시할 수는 있지만 오직 행동만이 영향력을 미친다는 사실을 기억할 필요가 있습니다. 그래서 간디 같은 분이 가장 존경스러우면서도 무서운 리더입니다. 이런 분 앞에서는 변명이나 꾀를 부릴 수 없습니다. 철저하게 모범을 보이는 리더를 부하들은 따르기 마련입니다.

스토리 + 시사점(정리 멘트) :

위의 스토리를 보고 어떤 생각이 떠오르는가? '간디는 대단한 사람이다', '괜히 간디가 아니구나', '그는 모범을 보일 줄 아는 사람이구나' 하는 생각이 든다면 스토리 활용의 목적은 성공이다.

스피치의 메시지가 초반에 직접적으로 제시되면 때로 낭패를 부른다. '이번에는 용기에 관련된 스토리를 들려드리겠습니다' 하는 식으로 말하면 청중의 설렘과 기대는 무너진다. '간디의 솔선수범에 관한 이야기입니다.' 하는 결론부터 들으면 시시하고 뻔한 스토리가 됨은 물론이고 설교나 잔소리처럼 느껴질 수도 있다. 영화를 보기 전에 스포일러에 당해 허탈함을 느끼는 것처럼 말이다. 메시지는 스토리를 통해 청중에게 간접적·암시적으로 전달되어야 한다.

스토리를 전달한 후에는 그 의미나 청중과의 관련성을 간략하게 정리해서 말해 줄 수 있다. 이때 스토리가 끝나자마자 바로 이어서 말하지 말고 3초 정도 쉬었다가 시사점을 전하면 이야기의 여운을 살릴 수 있다.

청중이 스토리를 잘 이해하지 못했다면 시사점을 좀 더 풀어서 이야기해 줄 수도 있으나 애당초 스토리를 이해하는 데 어려움이 없도록 구성하고 시사점을 짧게 말하는 것이 더 낫다. 시사하는 바를 결론으로 전할 때에도 '여러분도 이와 같이 해야 한다'로 마무리하는 것보다 '이 이야기는 이런 의미였다, 저는 이렇게 느끼고 배웠다', '이렇게 한다면 좋지 않을까' 하는 부드러운 방식으로 전달하는 것이 좋다.[19] 마무리가 너무 딱딱하고 도덕 교과서 같지 않도록 주의한다.

기승전결, 그러나 모든 부분 세세하지는 않게:

비교적 짧은 스토리에도 '기승전결'의 흐름이 드러나는 경우가 일반적이다. 위의 스토리도 기승전결에 따라 구성되어 있다.

기: 배경이나 인물, 상황을 소개하거나 문제 제기
→ 어느 날, 한 아주머니가 아들과 함께 간디를 찾아옴
승: 사건이 본격적으로 전개, 문제나 갈등에 대해 설명
→ 아주머니가 간디에게 아들이 설탕을 끊도록 말해 달라고 함
전: 전환이 있으며 분위기나 갈등이 최고조에 이름
→ 간디가 아주머니와 아들에게 보름 후 다시 오라고 함, 거듭 간청에도 같은 대답을 함

---

[19] 결론기법 중 하나인 '행동촉구'(206쪽 참조)를 사용할 때는 직접적이고 의지적으로 메시지를 드러내어 '스토리+강하고 직접적인 메시지'로 청중을 움직이는 경우도 있으나 때로는 청중의 반발심을 불러일으킬 수도 있으므로 청중의 내적인 상태를 살펴 사용 여부를 정하도록 한다.

결: 사건이 해결되고 변화를 맞이함
→ 보름 후, 간디는 다시 찾아온 아주머니의 아들에게 설탕 끊기를 충고함, 간디 자신이 먼저 모범을 보이고 권면하기 위해 보름 후에 오라고 하였음

만약 위의 스토리를 신문기사처럼 5W1H를 밝히며 세세하게 풀어 갔다면 어떨까? '기(시작)' 부분을 "1946년 8월 7일, 인도 델리에서 있었던 일입니다. 간디는 인도의 민족해방운동의 지도자로……." 식으로 지나치게 세세하게 배경을 설명한다면 이야기는 길고 지루해진다. 스피치의 스토리에서는 구성 단계의 모든 내용을 충실하게 설명하기보다는 청중의 입장에서 드는 '호기심'이 느껴지는 부분을 중심으로 이야기한다. '메시지 전달'과 '청중의 호기심'을 기준으로 삼아 각 부분을 얼마나 묘사할지 설명의 정도를 정한다. '결'은 가능한 긍정적으로 마무리되는 것이 좋다.

진실성이 있는 스토리 :

"아~ 그 이야기는 MSG를 너무 많이 친 것 같아요. 리얼 맞습니까?"
TV 예능프로그램에서 스토리를 지나치게 부풀리거나 경험한 적 없는데 직접 겪은 듯이 가짜 스토리를 이야기하는 게스트는 종종 이런 질문을 받는다. 과장의 옷을 지나치게 입혀 닭을 봉황으로 만든다면 당장은 사람들이 빠져드는 것처럼 보이지만 금세 탄로 나게 마련이다. 모바일 시대인 지금은 당신의 한 마디 한 마디에 대한 검증

이 실시간으로 가능하다. 스토리는 진실에 기반을 두되 이야기를 더 잘 어필할 수 있는 방식으로 연출과 각색은 필요하다.

• 우화(가상의 스토리)

"옛날 옛적에~"
　어렸을 때 우리는 이런 종류의 이야기를 들어 왔다. 실화가 아님에도 귀 기울여 들으며 교훈과 의미를 얻는다. 스피치에 활용하는 모든 스토리가 사실일 필요는 없다. 연사가 실제로 경험한 스토리가 가장 힘이 있으나 사람이 모든 것을 경험할 수는 없는 노릇이다. 우화 같은 현실의 비유나 실제 있을 법한 가상의 이야기를 활용해도 효과가 있다.

예시] 한 인디언 마을의 추장이 아이들을 모아 놓고 말했습니다.
"우리 모두의 마음속에서는 두 늑대가 치열하게 싸우고 있지. 한 마리는 악한 늑대로 화, 질투, 슬픔, 후회, 탐욕, 거만, 죄의식, 열등감, 거짓, 자만, 이기심을 부리는 놈이란다. 또 다른 한 마리는 기쁨, 사랑, 소망, 인내, 평온, 겸손, 친절, 동정심, 진실, 믿음의 늑대이지."
한 아이가 물었습니다.
"늑대 두 마리 중에서 누가 이기나요?"
"그야……. 네가 먹이를 주는 놈이지."

(스토리 전달 후) 여러분은 요즘 행복하십니까, 아니면 화와 불만에 둘러싸여 있으십니까? 여러분은 어느 늑대에게 먹이를 주고 계십니까? 예시] 우리는 높이 나는 독수리가 될 수도 있고, 게으른 하마가 될 수도 있습니다. 저는 게으른 하마가 되는 것도 나쁘지는 않다고 생각합니다. (웃음) 그러나 한 번쯤은 높이 나는 독수리가 되어 보는 열정이 있었으면 합니다. 여러분과 함께하는 이번이 그 기회가 되기를 바랍니다.

스토리 + 시사점(정리 멘트) :

'실화 스토리'와 마찬가지로 '스토리+시사점(정리 멘트)'을 전한다. 처음 부분에서 '지금부터 행복과 불행에 관련된 이야기를 하나 들려드리겠습니다'라는 식으로 주제를 드러내며 청중이 김빠지게 하지 않도록 주의한다. 정리 멘트는 구구절절 길어지면 스토리로 전한 느낌을 다 까먹을 수 있으므로 짧고 임팩트 있는 것이 효과적이다.

빤한 우화는 아니 사용함만 못할 수 있음 :

누구나 아는 이야기는 피한다. 앞서 '스토리의 발굴' 장에서 말했듯이 사람들은 친숙한 이야기를 반가워하지만 지나치게 익숙한 것은 식상해한다. 우화나 가상의 이야기일수록 참신해야 한다. 시사점 역시 도덕 교과서처럼 느껴지지 않도록 너무 빤하고 당연한 말로 마무리 짓지 말고 참신한 관점을 제시하거나 뒤틀어서 새롭게 느껴지도록 종결지어야 한다.

훈련 50

스토리 각색

실화 / 우화 각색하기
실화나 우화를 스피치용으로 각색할 때

1. 스피치의 주제나 목적 정하기

2. 그에 맞는 실제 사례나 우화 찾기

전해들은 이야기, 책이나 인터넷에서 읽은 실제 스토리나, 있을 법한 인물과 사건이 담긴 우화 스토리를 찾는다.

3. 주제/목적에 가장 부합하는 스토리를 선택하기

☐ 스토리를 듣고 나서 주제/목적에 수긍하게 되는가? (근거가 되는 이야기인가?)

☐ 재미, 혹은 의미가 있는 이야기인가? (둘 다 있으면 베스트)

☐ 청중의 외적/내적/상황 중 연관되는 부분이 있는가?

☐ 청중이 너무 잘 아는 뻔한 이야기라서 시시하게 생각하지는 않을까? (기대를 뒤집는 반전이 있는가?)

4. '스토리+시사점(의미 정리)'에 따라 구성하기

초반에 주제부터 말하지 않도록 주의하고 스토리 전달 후에는 잠시 쉬었다가(3초 정도) 시사점을 간단하면서도 명확하게 언급한다.

■ 훈련의 정수 ■

스피치의 주제에 맞는 스토리를 탐색하여 고른 뒤, '스토리+시사점(의미 정리)' 형태로 스피치를 구성한다.

- 미래와 비전의 스토리

훌륭한 연사는 말이라는 상상의 붓을 이용하여 청중들의 머릿속에 미래를 그려 준다. 말을 가지고 희망 가득한 청사진을 보여주는 것이다. 그런데 미래와 비전을 제시한다면 뭔가 세밀한 장면을 묘사해야 하지 않을까? 이 부분에서 주의가 필요하다. 미래는 불확실하다. 연사가 마치 미래를 점지한 듯 확실하고 예측가능하다는 투로 스피치를 펼치면 청중의 의심을 살 수 있다. 생생하게 전달하되 세부 사항을 과도하게 제공하지 않는 편이 좋다(데닝, 2007).

"나는 꿈이 있습니다. 어느 날 이 나라가 모든 사람은 평등하다는 것을 진실로 받아들이고 그 신념대로 사는 날이 오는 것입니다.
나는 꿈이 있습니다. 어느 날 조지아 언덕 농장 노예의 아이들과 주인의 아이들이 함께 형제처럼 사는 것입니다.
나는 꿈이 있습니다. 나의 자식들이 이 나라에 살면서 피부색으로 평가받지 않고 그들의 인격으로 평가받는 날이 오는 것입니다."

인종차별 반대운동을 펼치며 노벨평화상을 받았던 마틴 루터 킹 목사는 '나는 꿈이 있습니다(I have a dream)'라고 했지 '나는 세밀한 계획이 있습니다'라고 하지 않았다. 그는 미래로 어떻게 이동할지 청중에게 구체적으로 보여 주지 않는다. 무엇이 언제 어떻게 이루어지는지, 어떤 행동을 해야 하는지 말하지 않지만 청중은 그가 그리는 미래에 자극을 받아서 스스로 무엇을 어떻게 해야 할지 생각하게 된다.

1940년, 2차 세계대전 중 영국군은 프랑스 덩케르크 전선에서 철수하게 된다. 이때 영국의 수상이었던 처칠은 "전쟁에서 철수는 승리가 아니지만, 이번 덩케르크에서의 철수작전은 승리이다."라면서 참패의 절망으로 얼어붙은 영국 의회에서 다음과 같이 연설한다.

"우리는 끝까지 싸울 것입니다. 우리는 프랑스에서 싸울 것입니다. 우리는 상륙 지점에서도 싸울 것입니다. 우리는 들판과 거리에서도 싸울 것입니다. 우리는 언덕에서 싸울 것입니다. 우리는 결코 항복하지 않을 것입니다."

처칠은 전쟁의 방법과 전략에 대해서는 상세하게 이야기하지 않았다. 다만 낭만적인 미래의 장면들을 표현하였고, 청중은 승리의 미래를 그리며 우레와 같은 박수를 그에게 보냈다.

미래와 비전에 관한 스토리[20]는 그에 도달하기 위한 구체적인 방안을 제시하지 않고, 미래의 상상에서부터 거꾸로 이동한다. 계획

---

20 이러한 스토리는 '스프링보드 스토리(데닝, 2007)'와 의미가 통한다. 스프링보드는 도약판 또는 뜀틀이라는 뜻으로 스토리를 들으며 청중이 마음속으로 이해의 한계를 훌쩍 뛰어넘어 조직이나 사회 또는 복잡한 제도가 변화해야 한다는 사실을 확실히 이해하게 해 주는 스토리를 말한다. 새롭고 복잡한 아이디어를 전달하고 실행을 촉구하는 역할을 하며, 이때 지나친 틀에 갇히지 않도록 세부적인 사항을 너무 많이 제시하지 않는 것이 좋다.

은 예상되는 것을 다루지만 스토리는 예기치 못한 무엇에 대해 다룬다. 비극이나 공포스러운 분위기로 스피치가 마무리될 경우 연사에게도 그 느낌이 덧입혀져 호감이 떨어질 수 있으므로 낙관적인 어조로 미래를 그려 청중이 행복을 그리게 한다.

훈련 51

스토리 각색

미래/비전을 그리는 스피치
청중에게 밝은 미래를 꿈꾸게 할 때

1. 목표와 미래 상황 설정하기
청중과 함께 이루어 갈 목표는 무엇이고 스토리로 표현할 미래는 언제인지 정한다.

2. 목표 달성 시 이루어질 모습을 묘사하기
목표가 이루어진 미래의 모습을 긍정적으로 묘사한다. 목표에 도달하기 위한 구체적인 방법, 수치를 상세하게 풀어 가는 스피치가 아님을 유의한다. 마틴 루터 킹이나 처칠처럼 청중들로 하여금 생각과 사고를 불러일으키게 하는 표현을 사용한다. (관련된 미래 상황으로 이미 일어난 사례를 활용할 수도 있다.) 목표 달성으로 인한 성취와 행복의 장면을 청중이 이미지로 떠올릴 수 있도록 생생하게 묘사한다.

■ 훈련의 정수 ■

달성코자 하는 미래를 생생하게 표현하되 세부 사항이나 구체적인 방법을 상세하게 표현하지 않도록 한다.

훈련 52

스토리 각색

미래/비전을 그리는 스피치 패러디하기
청중에게 밝은 미래를 꿈꾸게 할 때

창조는 모방에서 시작한다. 청중에게 미래와 비전을 제시했던 마틴 루터 킹, 윈스턴 처칠 등 유명한 연사들의 연설을 참고하여, 나의 상황에 맞는 스피치로 재탄생시켜 보자.

1. 목표와 미래 상황 설정하기

청중과 함께 이룰 목표, 스토리로 표현할 미래를 정한다.

2. 목표 달성 시 이루어질 모습을 묘사하기

목표가 이루어진 미래의 행복한 모습을 청중이 이미지로 떠올릴 수 있도록 긍정적으로 묘사한다.

3. 명연설문을 보며 '나의 스피치'와 연결되는 문구, 문장을 찾아보기

연설문은 네이버 '웜스피치 카페/연설문-스피치 영상' 게시판을 참조.

4. 나의 스피치에 해당 표현을 넣어서 적용하기

패러디임을 알 수 있도록 명연설문의 형식을 유지하면서 내 스피치의 내용과 결합시켜 본다.

예시] 'I have a dream' 연설의 응용

목표: 대학에서 홀로 다니는 학우들이 K동아리에 찾아와서 함께 영어를 공부함

미래: K동아리에서 함께 공부하며 영어를 유창하게 사용하는 즐겁고 자신감 넘치는 모습

예문: 우리는 꿈이 있습니다. 외국인이 내게 한 걸음 다가오면 쫄면서 뒷걸음질 치지 않고 이제는 당당하게 미소 지으면서 내가 두 걸음 다가가게 되는 꿈입니다.

우리는 꿈이 있습니다. 외국인이 내게 질문하면, 더 이상 'I beg your pardon.'으로 되묻지 않아도 이제는 귀가 열려 해석이 술술 되는 아름다운 꿈입니다.

우리는 꿈이 있습니다. 더 이상 무서운 영어에 홀로 짓밟히지 않고 이제는 든든한 동아리원들과 함께 영어를 내 발아래 정복해 나가는 꿈입니다.

우리 이제 영어로부터의 자유가 울려 퍼지게 합시다. 초중고 영어의 사슬로부터 벗어나, 이제 내 인생이 영어로부터 자유로워지게 합시다!

■ 훈련의 정수 ■

목표/미래상황을 설정한 뒤 유명한 연설문/스피치 영상을 보며 나의 스피치와 연결되는 문구 · 문장을 패러디해 본다.

텔링 강화를 위한 연출법

아라비아에 '귀로 들은 것을 눈에 보이도록 만드는 사람이 말을 가장 잘하는 사람이다'라는 속담이 있다. 똑같은 이야기를 해도 재미가 깨알같이 쏟아지게 하는 사람이 있는 반면에 어떤 사람은 개그마저도 다큐멘터리로 만들어 버린다. 스피치에 생생한 재미가 부족하다고 느껴진다면 '텔링' 부분을 강화할 필요가 있다.

본서에서 텔링은 '강조법'을 포함하는 개념으로 내용을 더 맛스럽고 생생하게 전할 수 있는 언어 전달 측면에서의 기술로 보았다. 다양한 텔링의 기술들을 '네 가지'로 압축하여 '강감찬 떡'이라고 거창하고도 황당하게 작명해 보았다.

- 강: 강약

약하고 여린 목소리 톤과 세기가 지속되는 스피치는 청중들을 꿈나라로 이끌기 딱 좋다. 반대로 목소리에 힘과 에너지가 넘친다면 당장은 그 박력에 집중될는지 모른다. 하지만 크고 강한 목소리가 10여 분 넘게 지속된다고 생각해 보자. 귀가 피곤해지고 듣는 사람들도 지쳐 간다. 스피치에서는 강약이 조화를 이루어야 한다.

강약의 변화를 어떻게 주면 좋을까? 스피치의 핵심 주제와 관련된 내용을 이야기하는 부분에서 변화를 준다. 당신의 열정을 담아 강력하게 전달한다.

(전략: 1년 동안 열정적으로 스피치 모임에 참여하며 훈련했던 노력과 투쟁의 스토리) 저 자신이 생각하는 것보다 저에게는 더 큰 잠재력이 있었습니다. (강하게) 문제는 의지입니다. 내가 하고자 마음먹는다면 나는 얼마든지 성장할 수 있습니다. 자신을 믿고 기회를 준다면 반드시 더 발전할 수 있습니다!

꼭 강하게 말해야만 강조되는 것은 아니다. 속삭이듯이 갑자기 약하게 전달한다면 이 변화도 집중과 몰입을 유도할 수 있다.

(전략: 1분 늦어서 차를 놓치고 중요한 대회에 참석하지 못하게 된 스토리)
그때 저는 '(나지막하게 속삭이듯) 아~ 1초의 시간을 우습게 보다가 내 인생 초칠 수 있겠구나.' 하는 깨달음을 얻었습니다.

- 감: 감정 + 대사

희로애락의 감정이 담긴 내용이라면 스피치 도중에 '감정이 재생' 되어야 한다. 간절히 원했던 합격통보를 받은 내용을 스피치로 전하는데, 뉴스를 전달하듯 감정 없이 말하면 스토리의 맛을 살리지 못할 것이다. 스피치를 하는 그 순간, 막 합격 발표를 들은 것처럼 기쁨과 놀라움의 마음으로 전달해야 몰입감이 더해진다. 그러려면 내가 먼저 스토리의 상황을 떠올리며 그 당시의 감정에 빠져들어야 한다.

감정을 좀 더 생생하게 전달하려면 '대사'로 만들어서 전달하는 것도 효과적이다.

저희 어머니께서 아버지는 네 나이 때 결혼했다며 저를 꾸짖으셨어요.
→ 저희 어머니가 그러셨어요.
"너의 아버지는 네 나이 때 결혼을 했다. 정신 차려라, 이놈아!"

● 찬: 찬찬히 & 빨리 (= 속도 변화)

연인의 다툼과 갈등이 극에 달하며 분노와 눈물이 뒤얽히는 드라마의 클라이맥스 장면에서, 갑자기 평화로운 음악이 깔리며 배우들이 느긋한 어조로 나긋나긋하게 말싸움을 한다면 어떨까? 좀비가 무서운 속도로 주인공을 쫓아와야 하는 장면에서 나무늘보처럼 느릿느릿 움직인다면? 긴장도가 급격하게 떨어질 수밖에 없다.

긴박하거나 절정으로 치닫는 장면에서는 스피치 속도에 변화를 주자. 예컨대 '기승전결'의 '전' 부분에서는 빠른 속도로 긴박감 있게 스피치를 하다가 '결'에서는 다소 정리된 침착한 어조로 내용을 전달할 수 있다.

속도에 극적으로 변화를 주는 '멈춤(pause)' 효과도 종종 활용하면 효과적이다. 스피치의 핵심 정보와 내 메시지를 결합하는 가장 좋은 방법은 잠시 동안 아무것도 하지 않는 것(와이즈먼, 2011)이다. 가장 중요한 핵심을 전달하기 전에 의도적으로 2~3초 정도 멈추어 보자.

"내 인생만 왜 이렇게 불행한가 싶었습니다. 불친절한 가족과 의리 없는 친구들과 꽉 막힌 팀원들이 문제라고 생각했습니다. 하지만 진짜 문제는 (쉼) 바로 나 자신이었습니다."

멈춤에는 청중을 집중케 하는 강력한 힘이 있어서 핵심 내용을 전달할 때 활용하면 좋다. 단, 너무 자주 사용하면 청중이 듣기 답답해하며 귀를 닫아 버릴 수도 있으니 꼭 필요한 순간에만 사용하자.

- 떡: 떡밥멘트

'떡밥멘트'란 청중의 관심을 순간적으로 끌어들이는 멘트(다나카 이데아, 2009)를 의미한다. 예컨대 여자 친구의 예언이 현실로 이루어졌던 이야기를 하면서 본격적인 스토리에 들어가기 전에 "여자의 직감이란 대단하지 않습니까?"라는 멘트를 던져 볼 수 있다. "연애하면서 이런 일이 꼭 발생합니다.", "최근 핫이슈인 스타가 있습니다.", "얼마 전에 심장이 철렁한 일이 있었습니다.", "여기에서부터가 중요합니다." 같은 멘트를 함으로써 본격적인 스토리에 들어가기 직전에 관심을 집중케 하고 흥미를 유발하는 효과가 있다.

훈련 53 　　　　　　　　　　　　　　　　　　　텔링

'강감찬 떡' 텔링 연습
내가 준비한 스토리를 더 맛깔나게 '텔링'하고 싶을 때

1. 스피치 내용 구성하고 실제처럼 녹음(녹화)하기

텔링이 생생하게 되고 있는지 보려면 원고나 대본을 검토하는 것만으로는 부족하다. 실제로 전달해 보아야 개선할 부분을 알 수 있다.

2. '강감찬 떡'의 차원에서 변화가 필요한 부분 찾기

스피치를 다시 들으며 '강(강조), 감(감정, 대사), 찬(속도), 떡(떡밥멘트)'에서 아쉬운 부분을 체크한다. 좀 더 생생하고 극적인 효과가 나도록 표현 방법을 수정한다.

3. 오버해서 연습하기

스피치는 실제로 100%를 연습했다면 실전에서는 70~80%정도 나오기 마련이다. 스피치의 강조 변화가 적고 밋밋한 편이

라면 120% 정도로 연습해야 한다. 강조 표현을 더 극대화해서, '오버해서' 스피치 연습을 한다.

■ 훈련의 정수 ■

자신의 스피치를 녹음(녹화)해서 들어 보고 '강감찬 떡'의 차원에서 아쉬운 부분을 수정하여 120% 텔링 연습을 해 본다.

주의!! : 이런 연습은 어떨까?

텔링을 강화하기 위하여 대본을 쓰고 대본에서 강조할 부분을 표시하고 강약의 흐름을 적어서 연습하는 경우가 있다. 개인적으로는 이 방법이 대단히 효과가 있는지는 잘 모르겠다. 연습하며 보고 읽을 때야 그에 맞추어 (그나마도 부자연스럽게) 읽겠지만 실전 발표로 돌아오면 원상 복구되는 경우가 많다.

위와 같이 원고를 쓰고 여기에 강약과 억양을 전부 표시하는 이 방법을 필자는 추천하지 않는다. (중요한 단어를 체크하는 정도는 가능하겠다.) 차라리 내용에 몰입하여 빠져들며 표현의 욕구를 더 자극하라고 권하고 싶다. 코칭 했던 분 중에 톤의 변화와 강조 포인트가 없어 스피치가 밋밋한 느낌이었던 분이 계셨다. 재미있는 사실은 '자신의 과거 경험'을 떠올리며 발표할 때는 강조의 표현이 저절로 나왔다는 점이다.

> 강조 표현을 자연스럽게 사용하며 다른 사람을 이야기에 몰입시키고자 한다면 연사가 먼저 스스로의 이야기에 빠져들어야 한다. 강조 표현은 저절로 살아나기 시작할 것이다.

훈련 54　　　　　　　　　　　　　　　　　　　텔링

동화 구연 기법으로 강조법 살리기
내가 준비한 스토리를 더 맛깔나게 '텔링'하고 싶을 때

1. 스피치 내용 구성하기

트레이닝 B에서 훈련한 대로 스피치의 내용을 구성한다.

2. 동화 구연으로 전달하기

'유치원' 아이들에게 동화 구연으로 전달한다고 생각하며 말해 본다.

3. 대상자만 실제의 청중으로 바꾸어 말하기

동화구연의 느낌을 살리되 청중이 성인이라면 강조의 표현 강도만 살짝 낮추면 된다.

※ 청중이 성인인 경우, 지나친 동화 구연 식의 스피치는 종종 청중을 아이 취급하는 듯한 거부감을 줄 수도 있으므로, 2번의 연습을 충분히 한 후에는 현실의 청중을 대상으로 생각하며 다듬을 필요가 있다.

■ **훈련의 정수** ■

어린아이들에게 '동화 구연'을 한다고 생각하며 연습해 본다.

트레이닝C(Communication)

청중과 소통하는 스피치

8장

청중과 주고받는 소통 기술

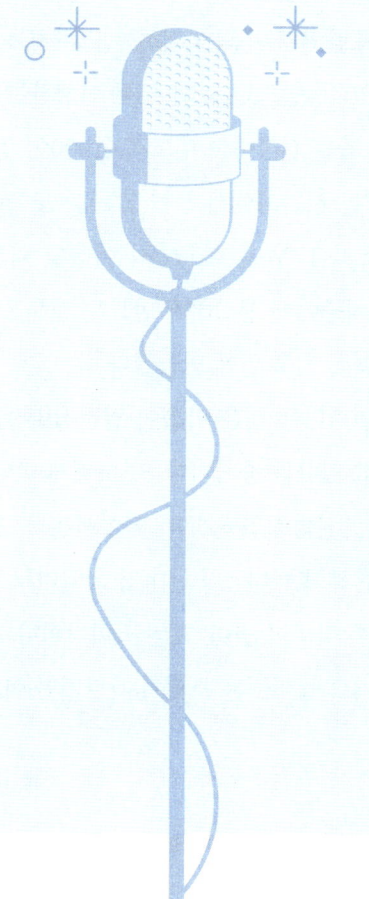

청중에게 다가가기

　연사가 스피치를 하는 동안에는 연사의 입만 바쁘게 열려 있어야 할까? 청중은 입에 지퍼를 채우고 목석처럼 있어야 할까?
　버락 오바마의 연설 때 청중들은 수시로 입을 연다. 오바마는 현안이 있으면 기자회견을 열고 기자들이나 주민들과 주고받는 소통의 스피치를 하였다. 한번은 코미디언 키건 마이클 키를 분노통역사로 초대해 대통령의 속마음을 전하는 스피치를 하며 청중의 입을 빵끗 열게 만들었다. 찰스턴 교회 사건 희생자들을 위한 장례식 추도사에서는 찬송가를 선창하며 추도객 6,000여 명과 함께 한마음으로 노래를 하였다. 시카고에서 그가 "Yes, we can!"이라고 외치자 청중들은 한목소리로 "Yes, we can!"이라고 외친다. 이렇듯 오바마는 연설할 때 청중에게 생각하게 만드는 질문을 던지고 청중의 대답을 들으며 그들의 입을 열게 만들었다.
　청중의 입이 열린다는 것은 마음이 열려 있다는 증거이자 스피치가 성공으로 가고 있다는 증거이다. 연사에게 발언권이 주어져 있다고 해서 스피치가 일방적인 설교가 되어서는 안 된다. 청중과 주고받으며 함께 호흡해야 한다. 청중의 입이 열려서 호응과 답변, 환호와 리액션이 자주 나와야 살아 있는 스피치이다. 청중은 버튼을 누르면 자기 이야기를 늘어놓는 스피치 자판기가 아니라, 나의 마음과 상황을 알아주고 이야기를 주고받으며 소통하는 연사를 원한다. 청중의 입과 마음을 열게 하고 소통하는 방법은 어떤 것이 있을까?

• 물리적으로 다가가기

연사가 발표하면서 청중은 바라보지 않고 슬라이드나 대본에만 무한한 애정의 시선을 보낸다면 청중은 어떻게 행동할까? 어느 순간부터 청중의 시선도 연사가 아닌 곳을 향하게 된다. 물론 시선이 떠나가는 순간, 마음도 그 발표로부터 멀어지게 마련이다.

눈 마주침은 소통의 기본이다. 슬라이드나 대본(큐카드)을 꼭 봐야 할 순간 외에 연사의 눈은 항상 청중을 향해야 한다. 당신이 눈길을 주지 않는 청중은 잠시 후에 반드시 당신을 외면하게 되어 있다. 연사가 슬라이드를 보는 순간 청중도 슬라이드만 보게 되며, 연사가 청중을 바라볼 때에 비로소 그도 연사를 바라본다. 서로가 시선을 마주할 때 소통은 시작된다. 청중과 두루 눈을 마주치며 당신의 열정과 진심을 전달하라. (☞**훈련1~2. 시선 훈련**)

한자리에서 목석처럼 움직이지 않고 스피치를 하면 지루할 수 있다. 무대 위를 이동하며 넓게 사용하면 새로운 활력과 집중의 효과를 가져올 수 있다. 단, 아무 이유 없이 자주 움직이면 오히려 산만해 보일 수 있으므로 이동에는 목적이 있어야 한다. 본론1에서 본론2로 넘어가는 부분이나 본론에서 결론으로 넘어갈 때 분위기를 전환하기 위한 목적으로 이동할 수 있다. 중요한 부분을 강조할 때나 주요 질문을 던질 때 한두 걸음 앞으로 나아가는 것도 효과가 있다.

청중과 더 가까워지기 원한다면 때로 관객 속으로 들어가는 방법도 있다. 청중에게 의견을 구하거나 들을 때 가까이 다가가서[21] 눈을 맞추며 대화를 나누면 물리적 거리뿐만 아니라 정서적으로도 가까워질 수 있다. 청중 개인에게 의견을 구하거나 질문할 때는 특히 겸손하게 상대를 존중하는 모습을 취할 필요가 있다. 몸을 앞으로 조금 낮추면서 청중과 눈높이를 맞추려 노력하면 공손한 인상을 줄 수 있다.

오바마 대통령 당시 백악관을 방문한 흑인 어린이가 대통령의 곱슬머리가 자신과 같은지 궁금해 하자 오바마는 망설임 없이 허리를 굽혀 어린이가 자신의 머리를 쓰다듬어 보게 했다. 이 모습을 본 사람들이 오바마에게 얼마나 호의와 매력을 느꼈을까. 청중에게 정중하고 따뜻하게 대하고 행동하라. 소통의 호의는 뿌린 대로 돌아온다.

그 밖의 물리적 접근 전략으로는 청중들 사이에 숨어 있다가 입장하는 방법이나, 청중의 기대를 깨고 무대 뒤에서 입장하면서 청중들에게 밝게 인사하는 방법 등이 있다. 모두 '나는 청중과 같은 위치에 있고 함께하고 있다'는 메시지를 전하려는 눈높이 맞춤 전략이다.

---

[21] 에드워드 홀은 '아주 친밀한 거리'는 45.7cm, '개인적 거리'는 45.7cm~1.2m, '사회적 거리'는 1.2~3.7m, '공적인 거리'는 3.7m 초과라고 하였다. 청중과 가까운 대화를 원한다면 1m 정도 접근하는 것이 좋다. 더 가까우면 상대가 불안해할 수 있고 그보다 멀다면 거리감이 느껴질 수 있다(이상주, 2006).

훈련 55 소통

무대 위 이동하며 발표하기
청중에게 강조하거나 분위기를 환기하기 위하여

즉흥적으로 무대 위에서 이동을 할 수도 있지만 프로 발표자들은 이미 계산되고 훈련된 대로 무대 위 이동을 할 가능성이 높다. 이동이 어색한 분들은 즉흥적으로 움직이기가 쉽지 않으므로 처음에는 이동계획을 미리 세우고 훈련하기를 권한다.

1. 중심이 되는 위치를 정하기
보조자료(PPT와 스크린)가 없다면 무대 가운데가 중심 위치이고, 스크린이 있다면 오른편(청중 기준으로)에 서는 것이 조금 더 낫다.[22] 무대가 어두워서 연사의 얼굴이 잘 보이지 않는다면 스크린 앞에 설 수도 있는데, 이때 프로젝터 화면이 연사의 얼굴에 비쳐 우스꽝스럽게 보이지 않는지 확인할 필요가 있다.

2. 무대이동이 적절한 부분 체크하기
▢ 내용이 달라지거나 전환되는 부분: '오프닝-본론1-본론2-본론3-결론'의 사이사이 부분(새로운 섹션이 시작되는 부분)
▢ 꼭 기억했으면 하는 핵심이 담긴 부분, 호기심을 자극하는 질문이 담긴 부분

---

[22] 사람들은 슬라이드 내용을 왼쪽 → 오른쪽으로 읽기 때문에 연사가 스크린 오른편에 서 있을 때 자연스럽게 연사를 볼 가능성이 높다.

3. 세부적으로 이동 계획 세우기

▫ 내용이 전환되는 부분에서 이동을 계획한다. 스크린을 두고 발표한다면 중심 위치를 스크린의 오른쪽에서 왼쪽으로 움직이는 식으로 이동을 좀 더 크게 할 필요가 있다. 이동의 속도도 고민해 본다. 내용이 급격히 전환되거나 에너지를 전하고 싶다면 빠르게, 자연스럽게 전환이 된다면 다소 천천히 이동할 수 있다.

▫ 강조나 주요 질문이 들어가는 부분이라면 청중에게 몇 걸음 다가가거나 몸을 앞으로 굽히며 몰입감을 주는 식으로 변화를 줄 수 있다.

■ 훈련의 정수 ■

내용이 전환되는 부분이나 강조하고픈 부분에서 무대 위 이동을 계획하여 연습한다.

• 정서적으로 다가가기

청중과 소통하려면 그들의 정서와 동화될 수 있어야 한다. '나도 당신들과 같은 경험과 특징을 공유하고 있다'는 인식을 청중에게 주어야 한다. 서로 통하며 공감이 되는 관계인 라포(rapport)를 형성할 수 있어야 스피치가 원활하게 이루어질 수 있다. 이를 위해 스피치의 초반에 청중과의 공통점을 밝히면 효과적이다. 같은 분야에서 일했다든지 비슷한 고생을 했다는 언급을 할 수 있다. 특정 지역과 관련이 있는 발표라면 연사가 가졌던 좋은 경험이나 부모님의 연고 등과 같은 연결점을 밝힐 수 있다. 서론(오프닝)과 발표 내용 곳곳에서 정서적으로 청중과 가까워지려면 사전에 청중을 면밀히 분석하여 그들의 배경지식과 관심사를 찾아내고 그것을 서론(오프닝)과 발표 내용 곳곳에 반영하는 것이 좋다. (☞4장 청중분석 WHO)

스피치를 하며 내 편이 있다면 이만큼 든든한 것도 없을 것이다. 아쉽게도 우리가 발표하는 상황에서 든든한 아군이 늘 함께하지는 않는다. 그러나 빠르게 호의적인 지인을 만드는 것도 가능하다. 발표 시작하기 10~15분 전, 발표 준비와 점검이 끝나고 여유가 있다면 미리 온 청중에게 다가가서 참석에 감사를 전하며 발표와 관련된 그들의 관심사나 최근 이슈에 대해 이야기를 나눈다.

'지인'이 되는 것이 뭐 그리 어렵겠는가. 안면이 있고 이야기를 나누었다면 지인이 된다. 호의적으로 스몰토크(small talk)를 나누고 나면 그들은 '처음 보는 사람'에서 '지인'으로 격상된다. 그리고 나서 스피치를 시작하면 아무래도 다른 청중보다는 적극적으로 내 발표를 경청하며 참여할 가능성이 높아진다. 특히 의사결정권자나 활동적으로 보이는 청중, 영향력이 있는 사람과 관계를 다져 둔다면 전체 청중이 호의적으로 움직일 수 있는 힘이 된다. 상대를 설득하는 힘은 발표를 시작하기 전, 상호관계에서 이미 상당 부분 결정되어 있을 수 있다.

• 청중 참여시키기

청중과 좀 더 적극적인 소통을 하고 싶다면 그들을 수동적인 목석이 되게 하지 말고 스피치에 참여하도록 만들라. 사람들은 자신의 손을 거친 무언가를 더 신뢰한다(피츠허버트, 2012). 청중 속에 있는 사람의 이름을 불러 주거나 사례(스토리)에 적절히 등장시키는 것도 가능하며, 때로 청중에게 단역 배우 등 특정 역할을 줄 수도 있다.

스피치 주제에 청중들이 관심을 갖게 하기 위하여 질문이나 토의의 방법이 활용될 수 있다. 청중에게 스피치 주제와 관련된 토의거리를 주고 조별로 또는 짝과 함께 의견과 감정을 간단하게 이야기하게 할 수도 있다. 이 경우 스피치 주제에 대한 청중의 관심을 높이고 청중 간의 서먹한 관계도 다소 풀 수 있다. 모르는 사람과 함께 발표를 듣는 것보다 친구와 함께 들을 때 더 편안하고 즐거운 이치와 같다.

그 밖에 질문(☞훈련57~59)을 던지거나 퀴즈를 내어 맞히게 하는 방법도 청중 참여에 효과적이다.

훈련 56

소통

토의의 활용(아이스브레이킹)
아이스브레이킹으로 토의를 활용하고 싶을 때

이번 훈련은 일반적인 토의가 아닌 '스피치 중 아이스브레이킹

(딱딱하고 서먹한 분위기를 깸)'의 일환으로 토의를 사용하는 경우에 해당된다.

1. 상황에 맞는 토의 방법 정하기

▫ 청중이 서로 알고 있는지를 고려: 짝, 혹은 조별로 잘 모르는 상태에서 토의 주제가 주어지면 어색함과 서먹함 때문에 자연스러운 의견 제시가 어려울 수 있으므로 서로를 소개하고 인사 나누는 시간을 잠시라도 주어야 한다.

▫ 주어진 발표 시간을 고려: 주어진 발표 시간이 10분 이내로 짧은 편이라면 토의 사용이 적절하지 않을 수 있다. 청중 상호 간에 인사나 간단한 의견을 묻는 정도는 가능하다. 주어진 시간이 1시간 이내라면 조별(5~6명)로 이야기 나누기에는 시간이 다소 촉박할 수 있다. Pair work(짝 활동)로 토의를 하는 것이 적절할 수 있다. 주어진 시간이 1시간 이상으로 긴 편이라면 먼저 조별로, 혹은 짝과 함께 서로 소개하는 시간을 주어 안면을 트게 하고, 이후에 토의 주제를 주는 것이 효과적이다.

2. 토의 주제 정하기

아이스브레이킹 차원에서 토의를 활용하는 것이기 때문에 처음부터 '우리 회사의 발전 전략', '대한민국의 미래 예측' 등과 같은 어려운 주제가 주어진다면, 오히려 아이스(ice)가 브레이킹(breaking) 되기보다는 프리징(freezing) 될 것이다. 토의 초반에는 주제와 관련된 말랑말랑하고 흥미롭고 가벼운 주제를 선택하라. 주제에 대해 청중이 이야기할 법한 예를 몇 가지 들어 주는 것도 좋다. 사례는 사고를 촉진하는 효과가 있다. 분위기를 풀어 주는 가벼우면서도 흥미로운 토의를 했다면 이후에는 점차 심화적인 주제를 토의하게 하는 것도 가능하다.

스피치에 두려움을 느끼는 청중들이라면 가볍고 흥미로운 토의 주제로 '최근 발표 경험'이나 '발표하며 박수받았던 때/떨렸던 때'를 이야기 나누게 해볼 수 있고, 취업에 막 성공한 이들이라면 '첫 월급을 어디에 쓰고 싶은지' 등을 토의 주제로 줄 수 있다.

3. 토의 룰 정하기

☐ 시간: 조별 토의 시간 3분, 혹은 개인당 1분, 이런 방식으로 시간을 정확하게 고지한다. 종료되기 1분이나 30초 전에는 청중에게 종료 안내를 해 주는 것이 좋다.

☐ 결과 공유(발표): 조별토의 결과를 전체적으로 공유하기 원한다면, 대표자를 정해 주어 토의 내용을 종합해 발표하게 하거나 인상적인 아이디어만 공유토록 한다. 짝 활동이라면 몇 명을 지목해서 의견을 전체적으로 공유할 수도 있다.

■ 훈련의 정수 ■

청중의 친밀도, 발표 시간을 고려하여 가벼운 주제에서 점차 심화적인 주제로 토의하게 한다.

질문 활용의 기술

"이렇게 하는 것이 옳겠는가?" - 부처
"너는 나를 누구라 하느냐?" - 예수
"경건이란 무엇인가?" - 소크라테스
"이런 곤경에 처한 것이 무엇 때문인가?" - 공자

위대한 연사와 훌륭한 선생님들에게는 공통적인 특징이 하나 있다. '질문'을 효과적으로 활용한다는 점이다. 그들은 질문함으로써 청중으로 하여금 주제에 대해 생각하게 만들고 흥미를 갖게 돕는다. 질문은 청중과 소통할 수 있는 가장 간단하면서도 탁월한 방법이다. 청중에게 질문을 던져 대화를 나눌 수도 있고, 실제로 대화를 주고받지 않더라도 마음속으로 말하게 할 수도 있다. 여러 가지 질문 형태 중 스피치에서 쉽게 활용할 수 있는 두 가지 형태의 질문 기술을 살펴보자.

- 호기심을 자극하는 질문

"저희 집에는 천사가 둘 있습니다. 어떤 천사들일까요?"

한 연사님께서 이렇게 말문을 여셨다. 천사가 둘이나 있다니 누구일까? 가족일 수도 있겠고, 그게 아니면 누구일까? 사람일 수도 있고 또는 사람이 아닐 수도 있으니 알쏭달쏭하다. 다음 이야기에 저절로 귀가 기울여진다.

주제로 가기 위한 미스터리한 문, 호기심 질문 :
호기심을 자극하는 질문은 흥미를 북돋는다는 점에서 앞서 '텔링 강화를 위한 연출법'에서 나왔던 떡밥멘트(☞**훈련53**)와 비슷하다. 떡밥멘트가 순간적으로 귀를 사로잡기 위해 던지는 멘트라면, 호기심 자극 질문은 스피치의 주제, 스토리와 이어지는 연결점이 좀 더 강하다. 단순히 흥미와 재미만을 위한 질문이 아니라 스피치 주제와 핵심으로 가기 위한 문을 열어 주는 질문이다. "오늘이 어떤 날인지 아십니까?", "이것은 무엇일까요?"와 같은 질문은 청중들의 궁금증을 자아내어 다음 이야기에 몰입하도록 만든다. 서론-본론-결론에 관계없이 사용할 수 있으며, 특히 서론 때 사용하면 효과가 크다. 스피치에서(특히 초반에) 사용하는 호기심 질문은 마치 영화의 예고편처럼 관객들을 궁금하게 만들고 더 듣고 보고 싶게 만드는 것이면 좋다.

청중의 관심사, 이슈와 연결된다면 더욱 효과적 :
청중의 관심 분야를 질문으로 연결시킨다면 어느새 청중은 당신을 바라보며 미소 짓고 있을 것이다.

(청소년들에게) "여러분은 주말마다 어느 장소에 자주 가십니까? 이 자리에 계신 많은 학생분들이 함께 가시는 협곡이 있는 것으로 알고 있습니다. 어떤 협곡입니까? 네, '소환사의 협곡[23]'이지요. 오늘 들려드릴 이야기는 그 협곡을 사랑하던 여러분의 한 친구가 삶을 레벨업하게 된 이야기입니다."
(직장인에게) "직장인들이 가장 사랑하는 요일은 어느 요일일까요?"

꼭 의문문이 아니어도 괜찮다 :

호기심을 자아내는 이야기라면 의문 형태가 아니어도 저절로 궁금해지는 효과가 있다.

"저는 어제 아주 기분 좋은 이야기를 들었습니다. (어떤 말이었을까요?) 아침 출근길에 있었던 일입니다."

이 경우는 '어떤 말이었을까요?'라고 직접 질문하는 것보다 질문을 생략하는 대신 멈춤(pause)을 3초 정도 준 뒤에 스토리를 이어 가는 것이 더 자연스럽다. 굳이 질문하지 않아도 청중이 궁금증을 갖게 된다. (3초는 청중의 호기심을 자아내는 시간이다.) 질문을 함으로써 청중의 호기심이 더 자극되는지, 아니면 질문을 생략하는 것이 흐름상 더 자연스러운지를 고려한 뒤 결정하면 된다.

---

[23] 소환사의 협곡: 게임 LOL(롤)의 전투 장소

훈련 57   소통

호기심을 자극하는 질문
청중의 몰입을 유도하여 발표에 집중하게 만들고 싶을 때

1. 주제(스토리) 관련 힌트 찾기

주제나 메인스토리와 관련하여 힌트를 뽑는다고 생각해 보자. 마치 영화의 예고편 문구를 만든다고 생각해도 좋다. 정답(주제)과 관련이 있지만 알쏭달쏭한 맛이 있어야 적절한 힌트이다.

2. 힌트를 구체적 상황의 질문으로 만들기

시작부터 지나치게 철학적이고 복잡해서는 안 된다. 이해하기 쉬우면서도 호기심을 자아낼 수 있어야 한다. 추상적인 질문보다는 상황을 구체적으로 그릴 수 있게 해 주는 질문이 호기심과 사고를 더 자극한다.

예시] 주제: 인생의 의미

인생이란 뭘까요?(×) (추상적이고 대답하기 어려움)

– 힌트 찾기: 인생의 의미 → 살아온 의미 → 장례식

– 힌트를 질문으로 만들기: 당신은 인생을 마감하고 무덤에 묻혀 있습니다. 장례식에 온 사람들이 당신을 추모하며 이야기하는 것이 들립니다. 그들이 당신에 대해 뭐라고 이야기하고 있을까요?

예시] 주제: 살면서 너무 욕심 부리지 말자.

– 스토리: 알렉산더는 죽으면서 손을 관 밖에 내놓으라고 유

언했다. 천하를 쥐었던 자신도 세상을 떠날 때는 빈손으로 가는 것을 보이기 위함이었다.

- 힌트를 질문으로 만들기

○ 유언 → 먼 훗날 당신의 묘비에 어떤 문구가 새겨지길 원하십니까?

○ 욕심 → 돈 → 여러분은 돈을 얼마나 벌고 싶으십니까?

○ 알렉산더의 죽음 → 여러분은 알렉산더 대왕을 잘 알고 계실 것입니다. 사람들은 대제국을 건설한 그의 영광은 잘 알고 있습니다. 하지만 그의 끝, 죽음은 어떠했을까요? (2~3초 쉼) 오늘은 그의 마지막에 관한 이야기입니다.

■ 훈련의 정수 ■

주제나 메인스토리와 관련된 힌트를 뽑아 호기심을 자극하는 질문을 만들어 본다.

• 단계별 질문

발표를 시작하는 연사가 대뜸 당신에게 질문을 던진다. '선생님께 가장 중요한 가치 3가지와 그것을 택한 이유를 말씀해 주시겠습니까?' 순간 어떤 생각이 들까? '제길……. 역시 앞자리에 앉지 말았어야 했어.', '나한테 무슨 억한 감정이 있나?' 하는 불편한 마음이 들 것이다. '미래는 어떻게 바뀔까요?'와 같은 질문은 문장이 간단하기는 하지만 생각하기에는 그리 간단하지 않다. 이런 질문에 몇 초 만에 대답할 수 있다면 해당 분야를 업으로 삼고 있는 전문가이거나 평소에 그에 대해 관심을 쏟아 온 덕후일 것이다. 사람은 질문을 입력함과 동시에 곧바로 사고가 돌아가는 알파고가 아니다. 서론(오프닝)에서 충분한 예열(워밍업)을 거쳐야 청중이 발표 내용을 점차 따라올 수 있다.

초반의 질문은 쉽게! :

스피치의 시작은 가벼워야 한다. 초반의 질문은 생각하기 쉽고 답하기 쉬워야 한다. "우리나라 교육의 방향이 어떻게 바뀌어야 한다고 생각하십니까?"보다는 "중·고등학교 때를 떠올려 보세요. 그 시절 여러분은 학교 가는 것이 좋았나요?"가 생각하고 답하기 더 쉽다.

설득 테크닉 중에 '풋 인 더 도어(foot-in-the-door)' 전략이 있다. 우리말로 하면 '문간에 발 들여놓기'로 일단 작은 부탁이나 요청을 하면 이후의 좀 더 큰 부탁도 들어줄 가능성이 높아진다는 것이다. 스피치에서도 처음의 질문을 답하기 쉽게 하여 청중이 대답했을 경우, 그 청중들은 다음에 이어지는 내용과 질문에도 귀를 기울일 가능성이 높아진다. 그런 점에서 스피치 초반에는 '예'라는 답변이 나올 수 있는 간단한 질문, 혹은 단답식으로 나올 수 있는 쉬운 질문을 던지는 것이 효과적이다.

(단, 앞의 '호기심을 자극하는 질문'처럼, 답이 쉽게 나오지 않더라도 흥미를 유발할 수 있다면 오프닝에 역시 효과적일 수 있다.)

중간중간 청중이 따라오도록 질문으로 소통하기 :

아이와 같이 백화점에 갔다. 욕실 코너를 둘러보고 있는데 아이가 어느새 사라졌다. 갑자기 아이가 무엇인가에 홀린 눈빛으로 자신도 모르게 샛길로 빠지고 있다면 완구 코너를 발견한 것임에 분명하다.

청중도 때로는 아이와 같다. 발표 중에도 그들의 시선을 끄는 많은 요인들이 존재한다. 스마트폰은 물론이고 발표 후 무슨 일을 할지에 대한 고민, 아침에 봤던 뉴스기사 등 온갖 잡생각이 그들을 현혹할 수 있다. 연사는 발표를 성공적으로 끝내기 위해서 어떻게든 청중의 관심을 잡아 두어야 한다. 편안하고 흥미롭게 오프닝을 열었다고 해도 발표 중간중간 청중은 얼마든지 샛길로 빠질 수 있다. 집중을 유지하기 위해 사용할 수 있는 여러 가지 방법 중 '질문'도 중요한 도구이다.

"제 업무를 하려고 할 때마다 타 부서에서 자꾸 전화가 와서 일을 부탁하는 바람에 제 일에 집중할 수 있는 시간 10분을 확보하기가 어려웠습니다. 생각해 보세요. 여러분이 집중해서 일하거나 공부하려고 하는데 3분 단위로 전화가 계속 걸려 옵니다. 잘 알지도 못하는 사람이 자꾸 저한테 콩 내놔라 팥 내놔라 일을 시키고 간섭한다면 여러분의 기분이 어떨까요? 그 전화기를 어떻게 하고 싶을까요? (잠시 청중의 의견을 듣고) 맞습니다. 박살내고 싶은 분노가 치밀어 오를 것입니다. 제 마음이 딱 그랬습니다. 그래서……."

굳이 '(이런 상황이라면) 여러분의 기분이 어떨까요?'라는 질문을 하지 않아도 이야기를 이어 나가는 데는 지장이 없다. 그러나 이 질문이 들어감으로써 청중과 주고받을 수 있는 소통의 기회가 되며 청중은 이후의 이야기에 더욱 집중할 수 있는 계기가 된다. 중간중간 청중이 스피치를 잘 따라올 수 있도록 소통의 질문을 활용하자. 단순히 '이해했죠?', '알겠죠?'의 질문에 그치지 말고, 상황에 대한 '감정과 느낌'을 청중에게 묻자. 공감대가 형성되면 이야기에 몰입하는 큰 힘이 생긴다.

사실 확인 질문만이 아닌, 점차 세세하고 깊이 있는 질문으로 :
청중이 스피치 내용에 대해 깊이 생각하고 이를 연사와 사람들과 함께 나눌 수 있다면 최고의 소통이다. 초반에 쉬운 질문을 던질 수 있지만 계속 '여러분은 겨울이 좋나요?', '이 과학자는 누구일까요?'와 같은 단답식 질문만 할 수는 없다. 너무 쉽고 빤한 이야기가 계속되면 청중은 이야기가 들을 가치가 없다고 느낄 수 있다.

스토리텔링이 이어지면서 질문의 깊이 또한 깊어져야 한다. '그 사람이 노력한 힘은 어디에서 나왔을까?', '무엇이 그들을 침묵하게 했을까?', '왜 겨울에 이런 일들이 일어날까?'와 같이 주제에 관련하여 심도 깊게 접근하는 질문으로 변해 가야 한다. 처음부터 'Why'나 'What', 'How'를 묻는 질문이 들어간다면 부담스럽겠지만 앞서 살펴본 생각하고 대답하기 쉬운 질문부터 시작해서 질문을 점차 심화시켜 간다면 청중이 어느새 주제에 대하여 깊이 있게 논의에 동참하고 있는 모습을 발견할 것이다.

훈련 58 　　　　　　　　　　소통

손가락 질문법
청중의 사고를 점점 열어가고 싶을 때

단계별 질문은 쉬운 질문에서 심화되는 질문으로 나아간다고 하였다. 이를 기억하기 쉽게 '손가락 질문법'이라고 이름을 붙여 보았다. 1→2→3→4→5로 순차적으로 질문하면 사고를 여는 데 효과적이다. 상황에 따라 4단계의 질문을 했는데 청중이 어려워할 경우 3단계로 바꾸는 식으로 응용하여 활용할 수도 있다.

1. 손가락 하나(답이 하나)인 질문하기

초반에 주제 관련하여 청중이 쉽게, 그리고 기꺼이 대답할 수 있는 질문을 넣어 본다. 대다수가 '예(Yes)'라고 대답할 수 있는 질문이라면 더욱 좋다. 청중에 고개를 끄덕이게 하거나 손을 들게 하는 것도 같은 효과가 있다.

2. 손가락 둘인 질문하기

예/아니요로 대답할 수 있는 질문이 해당된다.

3. 손가락 셋인 질문하기

몇 가지(3~5개) 선택지 중 하나를 고르게 한다.

4. 손가락 넷인 질문하기

무엇을(What), 어떻게(How) 등 구체적인 부분을 묻는 질문이다.

5. 손가락 다섯인 질문하기

'왜(Why)' 질문과 같이 근본적인 이유나 원리를 묻는 질문이다.

고민해야만 답이 나오는 심화질문이다.

■ 훈련의 정수 ■

손가락이 하나–둘–셋–넷–다섯으로 펼쳐지듯, 첫 질문은 답이 '예'만 나오게, 다음 질문은 둘 중에 선택하게, 다음 질문은 몇 가지 선택지가 있게, 다음 질문은 좀 더 다양한 답이 나오게 디자인한다.

훈련 59　　　　　　　　　　　　　　소통

청중의 이해와 공감을 확인하는 질문
청중의 관심을 계속 끌면서 소통하는 발표를 이어 가고 싶을 때

1. '함께 생각해 볼 만한 포인트'에서 질문하기

발표 중간에 청중이 생각의 샛길로 빠지지 않도록 스토리 중간에 청중과 함께 고민했으면 하는 부분에서 질문한다.

예시] · 이런 상황에서 여러분이라면 어떻게 하시겠습니까?
　　　· 여러분이라면 뭐라고 하시겠어요?

2. '감정을 공유할 만한 포인트'에서 질문하기

솔루션과 대안을 묻는 질문은 대답하기 까다로울 수 있는 반면, 느낌과 감정에 대한 질문은 비교적 대답하기 쉽다.

예시] · 이런 상황이라면 여러분의 기분이 어떠실까요?
　　　· 여러분이라면 어떤 생각이 드실까요?

■ 훈련의 정수 ■

스피치 중에 같이 생각해 볼 만한 포인트나 감정을 공유하고 싶은 부분에서 청중에게 질문한다.

소통하는 피드백

"여러분이 엄마를 도와드렸을 때 엄마가 어떻게 하셨는지 적어 보세요."
초등학교 시험에서 위와 같은 문제가 나왔다. 한 학생이 이렇게 답을 적었다.
"난 네가 들어가서 노는 게 도와주는 거야."

웃픈(웃기면서도 슬픈) 이야기이다. 이런 피드백을 계속 받은 아이는 나중에 엄마가 도와달라고 할 때 고개를 절레절레 저을지도 모른다. 상대방의 반응을 바꾸는 것은 '나의 반응'이다. 청중이 스피치에 적극적으로 참여하게 만들고 싶다면 연사가 먼저 반응을 바꿔야 한다.

부정적인 피드백은 자폭의 길 :

예전에 한 강의에서 청중의 답변이 마음에 들지 않았는지 이런 피드백을 주시는 연사님이 계셨다.
"어디 가서 그런 답변 하지 마세요. 무식하다는 소리 들어요."
옆에서 듣고 있던 내가 다 무안해질 정도였다. 청중에게 부정적인 피드백은 절대 주의해야 한다. 스피치에서 9할을 잘해도 1할에서 청중의 심기를 잘못 건드리면 실패할 수 있다.

청중에게는 특이한 속성이 있다. 한 명 한 명은 개성과 성격이 모두 다양하지만, 함께 모여 있으면 '청중'이라는 동질감을 갖게 되고 대체로 '선함'을 추구하는 모습을 보인다. 만약 연사가 청중 한 사람에게 모질고 거칠게 군다면 청중 전체가 연사에게 반감을 갖게 될 수 있다.

부정적 피드백이 불쾌함의 수위를 넘는 순간, 청중의 마음은 돌아선다. 지금 청중이 웃고 있다고 너무 안심하지 말라. 웃고 나서 생각해 보니 기분 나쁜 이야기라면 호감은 금세 사라질 수 있다.

청중의 답변에 '예스맨'이 되어라! :

청중이 답변을 한다는 것은 아름다운 일이다. 이에 대해 기분 좋은 피드백이 나와야 한다. 특히 스피치 초반이라면 더더욱 그러하다. 청중이 어떻게 대답해도 긍정적인 방향으로 피드백을 이끌자. "그렇죠!", "좋은 아이디어네요.", "그거 재미있겠네요."처럼 말이다.

청중의 답변이 엉뚱하거나 마음에 들지 않을 수도 있다. 그럴지라도 부정적 피드백은 피하면서 "그럴 수 있겠네요.", "새로운 관점이네요.", "저도 생각지 못한 부분이네요."와 같이 긍정적으로 반응해 줄 수 있다. 절대적으로 좋고 나쁜 의견은 없다. 청중의 답변을 듣고 그의 입장에 공감하면서 긍정적인 부분을 부각시킨다면 청중은 연사에게 호감을 갖게 되며 스피치에 적극 참여하는 아름다운 보답을 선사할 것이다.

청중에게 공감을 표하라! :

청중의 답변에 감정과 관련된 이야기가 들어 있다면 공감의 피드백을 주자. 일하면서 짜증났던 순간으로 청중이 '퇴근 직전에 업무 줄 때'라고 답했다면, "아~ 그때 일만 받으신 게 아니라 열불도 함께 받으셨겠어요."라며 동조해 주는 것이다. 누군가 취미가 '노래방'이라고 하면 "노래방 가서 시원하게 지르시면 스트레스가 확 풀리시겠어요."처럼 말해 줄 수 있다. 청중의 언급에 '나도 당신과 같이 느낀다'는 공감의 피드백을 주다 보면 연사는 청중의 외부인이 아니라 청중과 같은 집합의 구성원으로 인정받는다. 이후의 이야기에서는 연사가 청중의 공감을 더 받게 될 것이다.

청중이 보내는 비언어적인 작은 힌트들도 놓치지 말고 공감을 표하자. 고생스러운 경험의 스토리에 청중이 안쓰러운 표정을 보인다면 "그것을 바라보는 저도 가슴 한편이 먹먹하고 안쓰러웠습니다."와 같이 이야기해 줄 수 있다. 청중이 의심스러운 표정을 보인다면 "설마 정말 그랬을까 싶으시죠? 저는 고민 없이 저질렀습니다."처럼 대응할 수 있다. 연사는 자신의 스피치에 집중하는 동시에, 청중의 언행도 놓치지 말고 피드백을 끊임없이 주고받으며 마치 대화를 하는 느낌의 스피치를 펼쳐 나가야 한다.

청중의 입을 열고 싶다면 예시를 준비하라! :

"여러분은 휴가 가실 때 무엇을 먼저 고려하시나요?"

스피치 초반에 이런 질문을 던졌는데 청중이 도무지 답을 하지 않는다면 어떻게 해야 할까? 우선, 초반이라면 질문 자체가 더 가벼워야 한다. "어디로 휴가를 가고 싶으세요?"처럼 말이다. (☞ **훈련 58. 손가락질문법**) 그렇게 질문을 바꿨는데도 답변이 나오지 않을 수 있다. 청중이 소극적인 편이거나 질문에 대해 미처 생각해 보지 않았을 수 있다. 이런 상황이라면 연사가 예시를 가볍게 들어 주는 것도 하나의 방법이다.

"여러분은 이번 여름에 어디로 휴가를 가고 싶으신가요? (잠시 기다리다가 답변이 없으면) 어디에서 휴가를 즐기기 원하시나요? 저는 바닷가로 갈까 계곡으로 갈까 고민 중인데 여러분은 어디가 좋으신가요?"

청중이 생각하고 답변하기 쉽게 바다와 계곡을 예시로 들어 힌트를 주었다. "저는 제주도를 가고 싶은데, 여러분은 어디로 가고 싶으세요?" 하는 식으로 좀 더 구체적 예를 들어 줄 수도 있다. 그럼에도 반응이 없다면, 국내파와 해외파로 나누어 손을 들게 하는 반강제적 참여 유도도 가능하다.

스피치 초반에 청중은 당신의 스피치에 빠져들어 생각할 준비가 되지 않았다. 헨젤과 그레텔이 하나씩 떨어뜨린 조약돌을 보고 집에 찾아온 것처럼 연사는 질문과 예시를 하나씩 활용하여 청중이 참여할 수 있도록 이끌어 주어야 한다.

훈련 60 소통

청중에게 주는 부정적인 피드백 걷어내기
자신이 청중에게 부정적인 피드백을 한다고 느낄 때

1. 발표 전 청중에게 체크 요청하기

청중의 언행에 대해 연사가 '그건 아니죠', '잘못됐습니다'와 같은 부정적인 반응을 하고 있는지 알고 싶다면, 스피치 모임에서 발표 하기 전에 참여자들에게 다음과 같이 요청한다.

"제 발표 중에 부정적인 느낌을 받으시는 부분이 있다면 체크 하셨다가 발표 후에 말씀해 주십시오."

2. 발표 중간에 체크를 부탁하기

(부정적 피드백이 많이 나온다면) 청중이 부정적인 느낌을 받는다면 발표 중에 오른손을 살짝 들어 달라고 한다.

3. 세세한 피드백 나누기

발표 후 내가 청중의 감정을 불쾌하게 한 부분이 무엇이고 어떻게 바꾸면 좋을지 참여자들과 이야기한다.

■ 훈련의 정수 ■

발표에 앞서 연사가 발표 중 청중에게 부정적인 피드백을 하는지 체크해 달라고 부탁한다.

9장

스피치에 센스를 더하다

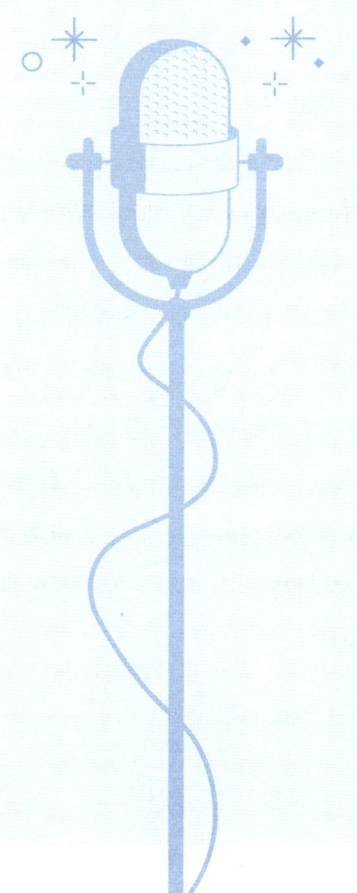

화살표 유머법

 팔짱을 끼고 비판적으로 강연을 듣거나, 설득되지 않기로 굳게 마음먹은 듯한 청중을 만나면 연사는 여간 곤혹스러운 것이 아니다. 발표 자체에 관심이 없거나 마음이 콩밭에 가 있는 사람도 있기 마련이다.

 차디찬 마음을 품은 청중들을 순간적으로 녹일 수 있는 방법이 있다. 바로 유머를 사용하여 '웃게 만드는 것'이다. 사람은 웃는 순간 무장을 해제한다. 발표이든 회의이든 영업이든 마음을 녹이는 데는 유머가 탁월한 효과를 발휘한다. 웃음으로 마음을 열고 나면 연사가 하는 다음 이야기를 좀 더 호의적으로 받아들일 수 있게 된다.

 유머라고 해서 너무 거창하게 생각하지는 말자. 개그맨처럼 빵 터지는 웃음을 안겨 주어야만 하는 것은 아니다. 청중의 입가에 잔잔하게 미소를 띠울 수 있다면 충분히 좋은 유머이다.

 이번 장에서는 스피치에서 많이 활용되는 7가지 유머의 패턴을 '화살표 유머법'이라는 이름으로 기억하기 쉽게 묶어 보았다. 타고난 천재적 감각이 부족하더라도 누구나 훈련을 통해 사람들에게 유머러스한 스피치를 선사할 수 있다. 유머를 통해 청중의 마음을 활짝 열어젖혀 보자!

- **화살표 유머법 : 7가지 유머의 기술**

    (기대) 뒤집기 :
    - "김 과장에게 두 가지 전달할 사항이 있습니다. 나쁜 소식부터 말하면…… 올해까지만 회사에 나와야 할 것 같아요. 좋은 소식은……. 내년부터는 김 차장으로 출근하세요!"

    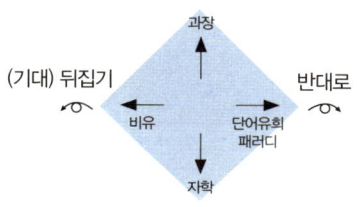

    - 장한별: 저에게는 꿈이 있었습니다. 기사가 운전해 주는 차 뒷좌석에 편하게 타고 다니는 것이지요. 지금은 그 꿈을 이루었습니다!
    청 중: (동경의 눈빛으로) 오오~ 이야~
    장한별: 기사님이 운전하시는 버스 뒷자리에서 저는 아주 편하게 다닙니다. 아, 승용차를 타고 싶을 때는 택시 기사님께서 운전해 주셔서 편하지요. 저는 꿈을 이루었습니다. 럭셔리라이프가 뭐 별거 있겠습니까? 인생이란 받아들이기 나름이지요.

유머의 기본은 기대하게 한 뒤 반전을 주는 것이다. 청중의 예측이 보기 좋게 엇나갈 때 신선함과 웃음이 유발된다. 청중으로 하여금 기대하게 만들고 유쾌하게 뒤집자. 청중은 미소 지을 것이다.

훈련 61

유머

(기대) 뒤집기
청중에게 유머를 선사하고 싶을 때

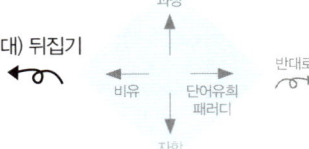

1. 결론 확인하기

이야기의 결론이 어떻게 나는지 확인한다.

2. 반대 상황 그려보기

결론과 반대가 되는 상황을 브레인스토밍한다.

3. 기대 심기

2번 내용 중 임팩트 있는 아이디어를 스피치 초반이나 중간에 넣어 기대를 심는다.

4. 뒤집기[24]

기대를 뒤집으며 결론을 제시한다.

예시] 1. 결론: 돈이 중요하다.

2. 반대상황: 돈보다 소중한 것이 있다. 돈이 인생의 전부가 아니다.

3. 기대 심기: 돈이 최고인 줄 알았는데, 나이가 들며 깨닫게 되었다.

---

[24] 이상훈(2011)의 저서에 나온 예이다. 그는 기대를 만드는 것을 셋업(set-up), 마지막 반전을 펀치(punch)라고 하였다. 이와 비슷하게 미노베 다쓰히로(2014)는 이야기를 재미있게 하려면 '도화선(후리) → 화약(오치)' 순서로 배치해야 한다고 하였다.

→ 저는 젊어서 돈만 있으면 세상만사 오케이라고 생각했어요. (기대 심기) 그런데 살다 보니 나이 들면서 이제 깨달았어요. (기대 뒤집기) 돈이 정말정말 너무나 중요하다는 것을요.

■ 훈련의 정수 ■

이야기의 결론과 반대되는 상황을 앞쪽에 이야기하며 기대를 한껏 심어 주고 뒤에서 뒤집어 준다.

비유는 공감할 수 있게, 창의적으로! :

- 한 승객이 "이 버스는 완전 똥차구만!"하고 투덜대며 버스에 탔다. 버스가 출발하지 않자 승객이 기사에게 "왜 출발 안 해?"라고 따졌다. 그러자 버스기사 왈, "손님, 똥차에 똥이 차야 출발하지요."
- 윈스턴 처칠이 정계에서 은퇴한 후, 한 파티에 참석했다. 어떤 부인이 짓궂게 "총리님, 남대문이 열렸어요."라고 말했다. 모두가 처칠을 바라보자 그는 웃으며 말했다. "부인, 걱정하지 마십시오. '죽은 새'는 새장 문이 열려도 밖으로 나올 수 없으니까요."

추상적이거나 막연한 데이터에 관련된 내용은 적절한 비유를 사용하면 직관적으로 이해될 수 있다(아마노 노부코, 2008).

"무게가 0.18kg이면서 5GB의 저장용량을 갖춘 MP3" → "청바지 주머니에 1,000곡을 담을 수 있는 새로운 MP3" - 스티브 잡스

"60여 명의 스텝들이 차려 놓은 밥상에서 나는 그저 맛있게 먹기만 했다." - 황정민

"세월이 빨리 간다." → "50대면 세월 가는 속도가 시속 50km, 60대면 60km, 그 이후는 KTX이다."

"15,000원이 절약됩니다." → "지하철을 10번 이상 탈 수 있는 금액입니다."

"작은 오류를 잡자고 많은 시간을 투자할 수는 없다." → "빈대 잡으려고 초가삼간 태우겠다. 모기 하나 잡자고 방역차 구입한다."

상황에 맞는 비유는 웃음을 유발할 뿐 아니라 내용을 더 잘 기억하고 쉽게 이해하게 만드는 힘이 있다.

훈련 62

비유 활용하기
청중에게 유머를 선사하고 싶을 때

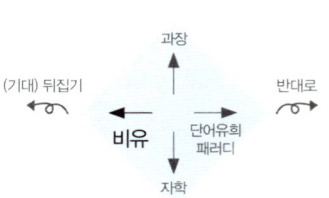

1. 비유 넣을 부분 찾기
중요한 부분이나 주제와 관련된 핵심을 담은 부분(이해를 돕기 위해 비유 사용), 또는 재미를 선사할 수 있는 부분이 적합하다.

2. 유사한 속성의 상황 찾기
1번의 내용과 유사한 속성을 지닌 상황을 찾는다. (브레인스토밍)

청중의 생활과 연결점이 있는 비유라면 훨씬 더 흡인력이 있다. 비유는 유사한 속성을 담고 있으면서도 이해하기에 너무 어렵지 않아야 한다. (청중이 이해하기 어렵거나 문제의 소지가 있다고 판단되면 과감히 버리자)

예시] 1. 비유 넣을 부분 찾기
한국 교육이 잘못된 방향으로 가고 있다.
2. 유사한 속성의 상황 찾기
- '잘못된 방향'의 비유: 산으로 간다, 헛다리를 짚다, 삽질하다
- 청중 고려(청소년일 때): 산으로 간다 → 등산복 → 노X페이스(아웃도어 브랜드) / 잘못된 방향 → 게임 캐릭터를 잘못 키운다
3. 비유를 스피치에 녹여내기

스피치의 예1]
한국 교육은 잘못된 방향으로 가고 있다. 게임에서 법사를 키우려면 지능을 올려야 하는데 체력 스탯만 올린다면 쓸모없는 캐릭터가 된다. 한국 교육은 4차 산업혁명 시대에 맞는 캐릭터를 키우고 있는가, 아님 쓸데없는 스탯만 올리라고 강요하고 있는가?

스피치의 예2]
한국 청소년들이 노X페이스 같은 등산복을 자주 입는 이유가 무엇일까요? 한국 교육이 산으로 가고 있다는 증거입니다.

■ 훈련의 정수 ■

중요 개념이나 재미를 선사할 수 있는 부분에 유사한 속성을 지닌 비유를 넣어 본다.

단어 유희를 활용하기 :

- 하루는 정주영 회장이 눈에 안대를 착용하고 회의에 참석했다. 사람들이 "많이 불편하시겠습니다."라고 하자 정 회장은 이렇게 말했다. "오히려 일목요연(一目瞭然)하게 보이는데?"
- "현빈이 해병대에 지원했습니다. 저도 해병대 지원하려다 겁나서 그만뒀는데 우리 청년들 대단합니다. 현빈 씨 본명이 김태평이었군요. 현빈 씨 입대를 계기로 서해안이 무사태평했으면 좋겠습니다."

- 김일구 아나운서

동음이의어를 사용하거나 어휘를 반복하는 등 단어 자체를 활용하여 유머스럽게 표현할 수 있다. 단어 유희는 제대로 사용하면 '센스 있다'는 평을 들을 수 있는 반면, 일차원적이거나 개연성이 떨어질 경우에는 '아재개그[25]'가 되므로 좀 더 연구해 보는 것이 좋다. 물론 아재개그도 적절한 상황에서는 트렌디하고 멋진 유머이나, 스피치에서 사용하면 웃음보다는 썰렁한 반응이 돌아올 가능성이 높다.

---

[25] 아재+개그의 합성어로 유행에 뒤처진 고전적 개그. 썰렁한 말장난을 의미한다. 예) 너무해! 그럼 난 배추할게 / 일본에서 가장 경쟁률이 센 대학은? 와세다 대학

훈련 63

단어 유희 활용하기
청중에게 유머를 선사하고 싶을 때

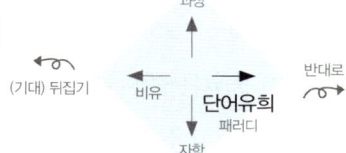

동음이의어 활용

1. 동음이의어 찾기

스피치 내용에 등장하는 중요한 단어(명사, 형용사, 동사 모두 포함) 중에서 동음이의어가 있는지 확인한다.

2. 동음이의어 넣기

단어의 다른 의미를 찾아본 뒤, 스토리상 연결점을 만들 수 있다면 스피치에 넣어 본다.

예시] ○ 허영심 가득한 동생을 보니 속이 탔다.

1. 동음이의어 찾기: 타다(불꽃이 타다, 탈것을 타다, 가루를 섞다)
2. 동음이의어 넣기: 쥐뿔도 없으면서 비싼 외제차를 타고 싶어 하고, 한 잔에 만원이 넘는 커피를 타 먹는 동생의 모습을 보니 내 속이 탄다.

○ 돈을 펑펑 쓰는 배우자

1. 동음이의어 찾기: 쓰다(글을 쓰다. 돈을 쓰다.)
2. 동음이의어 넣기: 내가 보고서를 쓰고 논문을 쓰며 부지런히 돈을 벌면, 그 사람은 부지런히 돈을 썼다.

소리의 반복

1. 라임을 형성할 단어 찾기

스피치 내용 중 주제와 관련된 중요한 단어를 찾는다.

2. 변형된 단어 찾기

첫 글자가 같거나 마지막 글자가 같거나, 혹은 비슷한 모음이 사용되는 등 라임이 형성되는 어휘를 활용해도 듣는 재미가 생긴다. 사례) 전교 1등 하는 상상, 하지만 그것은 망상, 말로만 공부해 항상, 성적표 보고 울상, 원했던 목표는 최상, 그리고 남들의 우상, 하지만 현실은 진상, 이 시로 이제 난 입상, 며칠 후 조회 때 시상, 내가 바라는 건 문상 – 3학년 1반 조승우 학생의 「상」

■ 훈련의 정수 ■

동음이의어나 라임이 형성되는 어휘를 반복해 사용한다. 개연성이 높은 내용이 반복해서 언급된다면 효과적이다.

과장하기 :

과장법은 실제보다 크게 표현하는 것으로 감사하다는 이야기를 "눈물이 날 정도로 감사합니다. 감동의 물결입니다.", "이제부터 어버이처럼 모시겠습니다. 아빠라고 불러도 되나요?"처럼 말하는 방식이다. 부끄러웠다는 이야기를 "쥐구멍에라도 들어가고 싶었다. 땅 파고 숨고 싶었다."처럼 말하는 방식이다. 과장된 표현은 스피치 내용을 풍성하게 하고 웃음을 유발한다.

단, 지나치게 과장을 남발하면 허풍을 떠는 사람으로 낙인찍힐 수 있다. 직원이 "사장님 말씀은 너무 훌륭하셔서 적어서 액자에 넣어 집에 걸어 두고 싶어요."라고 말하면 유머러스하다기보다 아부가 지나치다는 생각이 들 수 있다. 스토리텔링은 현실적인 개연성이 있을 때 몰입하게 되고, 이를 벗어나면 효과가 떨어질 수 있기 때문에 과장법의 빈도와 정도를 적절하게 조정할 필요가 있다.

또 한 가지 주의점, 유머를 시작하기 전에 "재미있는 이야기 하나 들려드리겠습니다."라고 절대로 말하지 말라. 청중이 웃는다면 본전이고, 재미없다면 허풍이 된다. 불필요하게 큰 기대를 심어 주는 과장은 반드시 피하자.

훈련 64

과장법 활용하기
스피치가 사실 중심으로 표현되어
건조하다는 이야기를 들을 때

유머

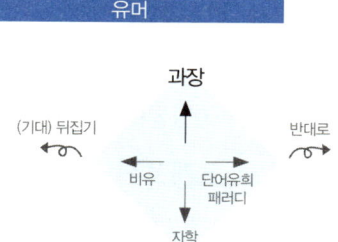

1. 과장법을 넣을 부분 찾기
스피치 내용 중, 강조하거나 생생하게 표현하고 싶은 부분을 찾는다. 연사가 어떤 감정을 느꼈거나 깨달음을 얻은 부분이 적합하다.

2. 관용적인 표현 찾기
과장법에 익숙하지 않다면, 기존의 표현을 먼저 찾아본다. 사람들이 사용하던 관용적인 표현을 찾아본다.

3. 과장해서 표현하기

1번의 상황과 느낌을 다양하게 말로 과장해서 표현해 본다. 2번의 표현에서 아이디어를 얻는 것도 좋다. 관용적 표현을 그대로 사용하기보다는 응용하여 신선한 과장의 이야기로 만들어 본다.

예시] ○ 아부를 떨었다.

→ 굽신굽신거렸다. 꼬리를 살랑살랑 흔들었다. 얼마나 굽신굽신 손을 비벼대던지 지문이 사라질 정도였다.

○ 배고팠다.

→ 뱃가죽이 등에 붙었다. 배고파서 저승사자가 보이는 듯 했다. 눈앞에 치킨이 날아다녔다.

○ 월급이 적다.

→ 월급이 쥐꼬리만 하다. 월세, 카드값, 보험료 내고 나면 남는 게 없다. 통장에 구멍이 났다.

■ 훈련의 정수 ■

느낌과 상황을 과장해서 표현해 본다. 관용적 표현을 확장하거나 창의적인 표현을 찾아보는 것도 좋다.

자학 :

미국의 오바마 전 대통령이 2009년에 노벨상을 수상하며 논란이 일었다. 그는 후에 코미디 프로에 나와 "노벨평화상이란 걸 받기는 했지요. 아직도 왜 받게 됐는지는 모르겠어요."라며 너스레를 떨었다.

TV쇼의 시청률이 떨어지자 한 진행자가 말한다. "예전에는 시청률이 40%였는데 지금은 거기서 '0'이 어디로 갔는지 모르겠네요."

말귀를 잘 못 알아들어서 실수가 잦았다는 어떤 연사가 한번은 자신이 신입 때의 이야기를 했다. 사장으로부터 100만 원을 받으며 '신권으로 바꿔 달라'는 부탁을 받은 적이 있었다. 잠시 후 사장은 봉투를 받고 소스라치게 놀랐다. 봉투 안에는 '신권'이 아닌 '식권' 200장이 들어 있었기 때문이다.

자신을 낮추거나 우스꽝스럽게 만드는 셀프디스는 유머의 단골 소재이다. 방송에서도 자신의 단점을 개그의 소재로 사용하는 모습을 빈번하게 보게 된다. 상처가 됐던 일, 물의를 일으킨 일, 흑역사 등의 과거사를 유머러스하게 푸는 경우도 있다. 연사가 청중 앞에서 자신을 한껏 드높이는 것보다 어느 정도 낮출 때 즐거움이 발생한다. 특히 완벽해 보이고 높아 보이는 사람이 실수담을 말하거나 우스꽝스러운 모습을 보이면 오히려 인간미와 호감을 느끼게 된다. '말을 잘한다', '목소리가 좋다'보다도 '인간미가 넘친다'가 최고의 찬사가 아닐까.

훈련 65

유머

자학의 유머 활용하기
자신의 치부를 드러내어 청중에게
즐거움과 인간미를 선사하고 싶을 때,
청중의 선입견을 불식시키고 싶을 때

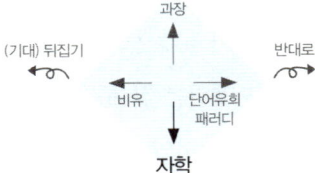

자학의 유머는 그 내용을 스스로 어느 정도 극복했을 때 사용한다. 자존감에 상처를 입으면서까지 남을 웃길 필요는 없으며 그런 식으로는 계속 웃음을 주기도 어렵다.

자학은 자신에 대한 이야기로 한정한다. 타인을 낮추어도 웃음이 유발될 수는 있으나, 누군가 상처받는 사람이 생길 수 있으며 연사도 주위를 비난하거나 호박씨 까는 사람으로 보여 부정적인 인상을 줄 수 있다.

자학의 유머를 넣을 곳 찾기

▫ 나의 부족함이 드러나는 부분을 찾는다. 외모, 과거사(흑역사), 실패, 성격 등이 해당된다. 단, '성격'에 대한 유머가 지나친 단점의 인상을 줄 우려가 있다면 사용에 주의가 필요하다.

▫ 청중이 나에 대해 우려하거나 어려워하는 부분, 예컨대 인상이 차가워 보이거나 냉정한 사람 같아 보인다거나 하는 우려를 불식시키고 싶을 때도 사용될 수 있다.

유머 에피소드 찾기

▫ 나의 결핍으로 인해 겪었던 에피소드를 찾아본다. 그중에

재미있는 이야기를 택한다. 슬프고 가슴 아픈 이야기라면 중간 중간 '기대 뒤집기'와 '자학'의 유머로 웃프게(웃기다+슬프다) 이야기할 수 있다.

▫ 청중이 나에게 부담스러워하는 부분을 불식시킬 만한 이야기를 찾는다. 인상이 차갑다면 주위에 너무 퍼주다가 손해 본 경험, 차가운 인상 때문에 상사에게 욕먹은 경험 등을 전할 수 있다.

예시] 키가 작음:

− 학창 시절에 선생님이 발표시켜서 일어나면 친구들이 "야~ 너 선생님이 불렀는데 왜 안 일어나?"라고들 했음

− 명절에 친척들이 모였는데 장롱 위의 서랍을 꺼내야 했음. 필사의 까치발을 들어도 장롱에 닿지 않았음. 이를 보고 지나가시던 70대의 큰어머니가 팔을 뻗어 거뜬하게 서랍을 꺼내 주심. 큰어머니는 키가 크셔서 큰어머니인가 싶음

■ 훈련의 정수 ■

나의 부족함을 드러내어 인간미를 보여 주거나 청중의 선입견을 불식시키고 싶을 때 자신의 실수담, 자학의 유머를 활용한다.

반대로 말하기 :

반대로 말하기 유머로 '반어법'과 '관점 바꾸기'를 제시하고자 한다. '반어법'은 속마음과 반대로 말하는 방법이다. 김소월 시인의

「진달래꽃」 중 '나 보기가 역겨워 / 가실 때에는 / 죽어도 아니 눈물 흘리오리다'와 같은 방식이다. 한 담임선생님이 학력평가 후에 남긴 메시지를 보자.

"축하합니다. 우리 반이 드디어 최하위를 차지했어요. 한 사람 한 사람의 불성실이 모여 아름다운 결실을 맺었네요. 여러분의 소신을 끝까지 지켜 평균등급 9등급을 향해 나아가기 바랍니다. 5월 스승의 날에는 다른 것은 말고라도 혈압약은 꼭 한 통 사 주세요. 만약 그때까지 내가 살아 있으면……."

필자는 충청도 출신이다. 개그맨이 많이 나오기로 유명한 이 지역은 특히 반어법 구사가 자유자재이다. 수박을 사면서 말도 안 되는 값에 팔기를 요구하는 손님에게 "냅둬유~ 갖다가 돼지새끼나 멕이게~"라고 하는 일화는 유명하다. 단순히 반대로만 말하는 것을 넘어서 풍자와 비판의 이야기를 담고 있어야 맛있는 반어가 된다. 반어는 사용하기에 따라 비꼬는 뉘앙스가 될 수도 있고, 부정적인 상황을 긍정적으로 만드는 익살이 될 수도 있다.

단, 반어를 너무 많이 사용하면 빈정거린다는 평을 들을 수도 있으며, 반어에 익숙하지 않은 사람에게는 의미 전달이 제대로 안 될 수도 있으니 주의한다.

'관점 바꾸기'는 현재 사실을 바라보는 관점을 다르게 설정해 보는 것이다. 입장을 바꾸거나 계산법을 바꾸는 등 기준을 바꾸고 나면 신선한 웃음을 선사할 수 있다.

IBM의 토마스 왓슨 회장에게 한 임원이 찾아왔다. 신규 사업에서 1,000만 달러 손실을 낸 그 임원은 고개를 푹 숙인 채 사표를 내밀었다. 회장이 그에게 말했다.

"사표를 낸다고? 자네 지금 농담하나? 회사에서는 자네를 교육하기 위해 1,000만 달러를 투자했는데 그만둔다고?"

소프트뱅크의 손정의 회장에게 탈모가 오기 시작하자 한 네티즌이 SNS로 '머리카락의 후퇴 정도가 장난이 아니다'라고 하였다. 그러자 손 회장은 대답했다.

"머리카락이 후퇴하고 있는 것이 아니다. 내가 전진하고 있는 것이다."

훈련 66

반대로 말하기 1 : 반어법
청중에게 유머를
선사하고 싶을 때

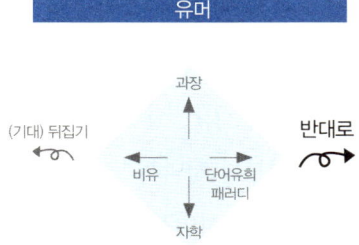

1. 상황을 다양하게 표현하기

부정적인 내용이 나올 때, 특히 비판하고 싶은 부분에 반어를 넣으면 효과적이다. 상황을 다양하게 묘사하고 비유 등으로 표현해 본다.

2. 반대 상황에 대해 브레인스토밍 하기

1번의 반대 상황은 무엇이 있을지 다양하게 확대하여 생각해 본다. 과장법을 함께 사용해도 좋다.

3. 스피치에 반영하기

위의 1, 2번의 내용 중 가장 임팩트 있는 웃음을 유발하는 내용을 스피치에 반영한다. 1과 2는 반대의 내용이므로 스피치에 함께 들어가면 반어의 효과가 나타난다. '모순'을 만든다고 생각하자.

예시 1] 1. 상황: 그는 불효자이다-천하의 나쁜 놈, 부모를 외면한 사람, 불한당, 고려장

2. 반대 상황: 그는 효자이다-세상 최고의 효자, 효자비, 이름 알려질 일

3. 스피치 반영: (불효자의 행실을 이야기한 뒤)

아주 훌륭한 사람이야. 그 사람 천하의 효자여~

너무 아름다운 일이여. 집 앞에 효자비 하나 세워 줘야 해.

두 번 효도했다가는 고려장 지내겠어.

예시 2] 1. 상황: 간호사가 되기 위해 해야할 공부가 많다-아침부터 저녁까지 수업이 꽉 차 있다, 실습만 1,000시간 이상을 한다, 성인간호학 교재가 6kg이다, 국가고시에 붙어야 한다.

2. 반대 상황: 공부양이 적고 쉽다-일도 아니다, 숨 쉬기보다 쉽다, 껌이다. 누워서 떡먹기이다.

3. 스피치 반영: 간호사 되기 어렵지 않습니다. 고등학교 4학년이라 생각하고 9시부터 18시까지 학교에서 살면서 6kg짜리

교재 수 십권 배우고 실습 1,000시간 나간 뒤 국시만 패스하면 됩니다. 참 쉽죠?

■ 훈련의 정수 ■

말하고 싶은 내용의 반대 상황을 찾아본 뒤, 모순되는 두 가지를 함께 나열하여 반어의 유머를 선사한다.

훈련 67

유머

반대로 말하기2 : 관점 바꾸기
청중에게 유머를
선사하고 싶을 때

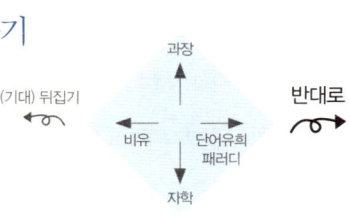

1. 스피치 내용 중 관점을 바꿀 부분 찾기

감정적으로 희로애락의 폭이 큰 사건이면 더 좋다.

2. 관점 바꾸어 보기

관점과 기준을 다양하게 바꾸어 본다.

3. 스피치에 반영하기

1~2를 짝지어 변화가 가장 극적인 내용을 스피치에 반영한다. 내용 중에서 관점 변경 후에 1과 반대가 된 경우를 스피치에 반영한다. 감정이 전혀 다르게 뒤 바뀐다면 유머의 효과가 가장 좋다. (슬픔→기쁨)

예시] 1. 공장이 불탔다: 절망, 분노, 좌절, 손해

2. 관점 바꾸기

- 공장: 불탄 것은 공장이 아니라 실패작과 쓰레기들이다.

- 불탔다: 불탄 것이 아니라 새 출발의 계기가 되었다. 자동으로 철거되었다.

3. 스피치 반영

- 손해 → 이익: "공장이 너무 낡아서 어차피 다 철거하려고 했었는데, 철거비가 굳었구나. 굳은 철거비로 막걸리나 함께 마십시다!" (화재로 공장이 전소한 후 정주영 회장이 한 말)

- 실패 → 새 출발: "재앙도 가치가 있구만. 내 모든 실패들이 날아가 버렸으니. 새로 시작하게 해 주신 신이시여, 감사합니다!" (화재로 폐허가 된 실험실을 본 에디슨이 한 말, 화재 후 3주 만에 세계 최초로 축음기 발명에 성공함)

■ 훈련의 정수 ■

관점을 바꾸어 표현해 본다. 원래 내용과 대조되는 해석을 낳을 수 있다면 효과적인 유머가 된다.

패러디 :

- "참을 인(忍) 세 번이면 살인도 면한다."
  → "참을 인 세 번이면 호구된다."
- "아침에 일어나는 새가 멀리 본다."
  → "아침에 일어나는 새가 피곤하다."

오스카 와일드는 "예술은 모방이 끝나는 곳에서 시작한다."고 하였다. 기존에 잘 알려진 명언이나 문구를 따라 하면서 살짝 바꾸어 보는 것도 웃음을 유발한다. 패러디는 사람들이 잘 알고 있고 당연하다고 생각하는 것을 뒤집는다는 점에서 앞의 '(기대)뒤집기'와 비슷한 효과를 갖는다. 속담은 물론이고, 사람들이 빈번하게 사용하는 경구, 유명한 대사나 관용적 표현도 패러디가 가능하다. 다양한 변화를 주어 청중에게 웃음을 선사해 보자.

훈련 68

패러디하기

청중이 잘 아는 문구를 변형하여
재미를 선사하고 싶을 때

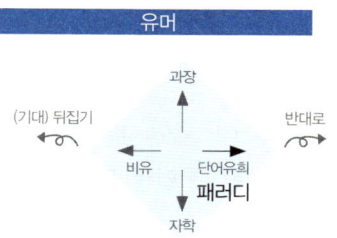

메시지에서부터 패러디물을 만드는 경우

1. 메시지의 반대 의미 찾기

내가 전달하고자 하는 메시지의 반대 의미를 적어 본다.

2. 1번 의미를 지닌 유명한 명언·문구 찾기

사람들에게 익숙하고 잘 알려진 것일수록 좋다. 새로운 문구를 만들어도 된다.

3. 2번을 스피치 메시지에 맞게 변형하기

명사든 동사든 단어 바꾸기를 계속 시도한다(혼, 2006). 원래의 문구에서 많이 바뀌지 않고 최소로 변형될수록 효과적이다.

예시 1] 1. 메시지: 너무 앞서가는 것은 위험하다. 너무 고생하지 마라. → (반대) 부지런하게 노력하며 앞서가야 한다.

2. 메시지와 반대되는 명언/문구: 고생 끝에 낙이 온다. 티끌 모아 태산. 일찍 일어나는 새가 벌레를 잡는다.

3. 명언/문구 변형: 고생 끝에 골병든다. 티끌 모아 티끌. 일찍 일어나는 벌레가 새에게 잡혀먹는다.

예시 2] 1. 메시지: 내 외모에 대해 관리가 필요하다고 느꼈다. → (반대) 내 외모는 완벽하다.

2. 메시지와 반대되는 명언/문구: 외모가 장난이 아니다. 얼굴에 균형이 잡혀 있다.

3. 명언/문구 변형: 친구는 외모가 장난이 아니고 나는 장난이다. 내 얼굴에는 질서가 없다. (자학의 유머이기도)

패러디 대상을 먼저 정하고 메시지와 연결점을 찾는 경우

1. 스피치 내용을 구성하기

기본적으로 스피치 내용이 전체적으로 구성된 상황이어야 한다.

2. 패러디할 대상 정하기

청중이 최근에 관심 있어 하는 영화, 연예, 유명인 등의 문화 콘텐츠들에는 무엇이 있는지 꼽아 본다. 패러디 대상에서 유명한 대사나 문구가 있는지 찾아본다.

3. 패러디 대상과 메시지와 연결점 찾기

패러디 대상의 대사나 문구 중에서 스피치 내용과 유사한 부분이 일부 보인다면 연결점을 만들어 볼 수 있다.

예시]

1. 스피치 내용: 몸매 관리에 대한 팁과 노하우 / 재테크 노하우
2. 패러디할 대상: 영화 〈명량〉 - 신에게는 아직 12척의 배가 남아 있습니다. 살고자 하면 죽고 죽고자 하면 살 것이다.
3. 패러디:

"신에게는 아직 12척의 배가 남아 있습니다." - 영화〈명량〉中
→ "신에게는 아직 12kg의 지방이 남아 있습니다." - 감량
→ "신에게는 아직 12만 원의 현금이 남아 있습니다." - 처량

■ 훈련의 정수 ■

내가 전하고자 하는 메시지와 반대되는 유명한 문구를 찾아 패러디해 본다. 사람들이 잘 아는 콘텐츠라면 내 스피치와 연결되도록 변형해 본다.

• 유머 사용 시 주의점

청중을 고려하기:

"할머니 100살까지 건강하게 사세요."라는 축하의 말도 99세 어르신께는 악담이 된다. 교도소 위문공연에 가서 "다시 만나게 되어 무지무지 반갑습니다!", "여러분, 내년에 또 만나요!"라는 힘찬 인사를 한다면 재소자들의 분노 어린 눈초리를 받게 된다. S사 앞에

서 L사의 제품을 자랑한다든지, 특정 지역을 비난해서 사람들의 눈총을 받는 것 모두 청중을 고려하지 않았기 때문이다. 건드리지 말아야 될 부분, 언급하지 말아야 할 부분이 무엇인지 미리 확인해서, 한마디 웃기려다가 청중의 역린[26]을 건드리는 일이 없어야 하겠다.

청중이 청소년, 혹은 주부, 중년 남성 등 특정한 계층이라면 그들의 관심사, 생활, 이슈에 맞추어 유머를 준비하도록 한다. 연령대나 성별이 다양하게 섞여 있다면 유머코드도 다양해지기 때문에 유머를 구사하기에 어려움이 있다. 이럴 때는 크게 웃기려는 무리수를 두기보다 '기본에 충실하면서 잔잔하게 미소 짓게 하겠다' 정도로 목표를 조정하는 것도 괜찮다.

방송에서 재미있는 이야기를 하는 프로그램 중 공감을 많이 받은 5가지 소재는 '가족, 학교(아이, 학창시절), 먹거리와 주거, 연애 및 일(회사, 돈), 연예계 이야기'였는데[27] 그중에서도 가장 많은 공감을 받은 소재는 '가족'이었다. 특정 청중을 타겟팅하기 어려운 경우 비교적 공감을 많이 받는 이런 소재를 활용한다면 위험 부담이 적을 것이다.

유머란 상대가 웃어야만 비로소 유머가 된다. 웃으면 개그, 안 웃으면 역적!

---

[26] 한비자의 '세난'에 나오는 말로 용의 목에 거꾸로 난 비늘을 의미한다. 군주가 분노할 만한 일을 가리키며 용을 길들인 사람조차 이것을 건드리면 용의 분노를 유발해 죽을 수 있다고 한다.
[27] 〈히토시 마쓰모토의 썰렁하지 않은 이야기〉는 2004. 12. 28.부터 방송되었다(미노베 다쓰히로, 2014).

스피치로 표현하기에 적절한 유머인가? :

인터넷에서 재미있게 본 콘텐츠라도 스피치로 표현하기에 적절한 것이 있고 그렇지 않은 것이 있다. '내가 보고 들을 때는 재미있었는데 막상 스피치로 전하면 청중이 재미없어 하더라' 싶은 상황이라면 전달 기술 부족일 수도 있지만, 스탠딩 스피치로 표현하기에 적합하지 않은 내용일 수도 있다.

'표정 16종 세트' 같은 내용은 스피치보다는 사진, 이미지 파일로 보여 주는 것이 적합하다. 재미있게 들은 라디오 사연도 진행자 두 명이 주고받아서 재미있었을 수 있다. 사건이 발생한 특정한 상황에 있어야만 재미를 느끼게 되는 경우도 있다. 스피치로 전해야 재미있는 유머인지, 혹은 시청각 자료를 사용해야 더 재미를 살릴 수 있는지 판단해 보고 적합한 표현 방법을 정하도록 하자.

외모 비하와 음담패설은 화를 몰고 온다 :

"대머리시군요. 눈이 오면 남들보다 먼저 알 수 있겠어요."
"50살 김태희 vs 20살 오나미, 당신은 누구를 선택하시겠습니까?"
"얼굴이 달덩이 같으세요. 아주 꽉 차서 터질 듯한 보름달이요."

이런 이야기를 듣는 순간은 웃는 사람이 있을 수도 있다. 그러나 이내 뭔가 찝찝하고 불쾌한 기분이 들기 시작한다. 앞서 유머 유형 중 '자학' 개그가 있었으나 이는 스스로 자신의 단점을 유머로 승화시키는 경우에 한하며 청중을 비하하는 개그는 자제해야 한다. 특히, 청중에게 일어난 재난이나 어려움을 희화화하는 것은 주의해야 한다(김미성, 2012).

한 모임에서 고위직에 계신 분이 분위기를 풀겠다는 의도로 '오바마'라는 건배사를 했다. '오빠 바라만 보지 말고 마음대로 해!'라는 의미로, 그분은 후에 성희롱 구설에 올라 사임하였다. 성적인 유머는 공식적인 자리에서 자제하는 것이 좋다. (스피치는 물론 회식에서도 주의해야 한다.) 방송에서 19금 개그[28]가 인기를 얻는다고 해서 섣불리 따라 하지 말자. 방송은 방송이고 직장은 직장이다. 성적인 유머는 언제 깨질지 모르는 살얼음판과도 같아 주의가 필요하다. 동성애, 장애, 지역색 등도 조심해야 하는 소재이다.

유머는 반드시 주제-스피치 흐름과 관련이 있어야! :
청중을 웃기겠다고 철 지난 유머집에서 아무 유머나 골라서 던져주는 것은 오히려 마이너스가 될 수 있다.[29] 재미를 선사할 가능성도 적거니와 스피치의 주제-내용과 관련이 없다면 오히려 전체적인 구성을 산만하게 할 우려도 있다. 유머는 스피치 주제와 관련된 범위 안에서 찾도록 한다.

---

[28] 19금 개그의 1인자로 불리는 신동엽은 수위를 능수능란하게 조절한다. 터부시되는 경계를 넘지는 않되 아슬아슬하게 근접하면 짜릿함과 즐거움을 선사하게 된다. 그러나 수위 조절에 실패하면 문제가 될 수 있으므로 조절 가능하다고 판단될 때에 한해 조심해서 활용한다.

[29] 유머집에 수록된 유머는 현장감이 적고 반전의 낙폭이 적어 재미가 떨어질 수 있고 유머집에서는 유머의 밑천(정말 재미있는 이야기) 공개를 꺼릴 수도 있다(박기혁, 2009).

혼자 먼저 터지거나 너무 뜸을 들이지 않도록! :

유머 스토리가 막 시작되었는데 연사의 머릿속에는 벌써 배꼽 잡는 포인트가 그려졌는지 아직 재미있는 부분이 나오지도 않았는데 혼자 빵 터지고 있다. 지켜보는 청중의 얼굴은 차갑고 분위기는 싸하다. 물론 청중이 재미있어 하며 웃을 때는 연사도 같이 웃는 것이 좋겠지만, 연사 혼자 연신 꺄르르 한다면 싱겁고 실없는 사람으로 보일 수 있다.

앞서 '**트레이닝B: 스토리텔링**'을 다루면서 스피치에서 사용하는 스토리는 너무 길지 않아야 된다고 하였다. 유머도 마찬가지로 전개가 너무 길거나 지나치게 뜸을 들이는 느낌이 들면 청중은 토크를 따라가는 경로에서 벗어날 수 있다. 청중의 집중력과 인내력은 생각보다 길지 않다는 사실을 명심하며 전개의 속도를 적절히 잡아 가도록 한다.

유머가 통하지 않았을 때의 대처 :

회심의 유머를 던졌는데 청중의 반응이 싸하다면? 망했다는 생각과 두려움이 휘몰아치기 시작하겠지만 너무 기죽거나 낙담할 필요는 없다. 오히려 더 뻔뻔해져야 한다. 마치 '사실 이 부분은 웃기려는 의도가 아니었다'는 듯 철면피가 되어 페이스를 유지하라.

모든 유머가 다 성공하기를 기대하지는 말라. 야구에서 4할은 꿈의 타율로 불린다. 위대한 타자도 2.5번 타격해서 1안타를 치기가 거의 불가능에 가깝다. 유머를 두 번 해서 한 번 성공한다면 무려 5

할의 성공률이다. 웃음이 나오지 않았다면 지나간 공을 생각할 필요 없이 침착하게 다음 공을 노리면 된다.

한 연사님은 준비한 유머에 사람들이 웃지 않자 이렇게 말하였다.

"이래서 제 마누라가 이 유머는 하지 말라고 했군요."

사람들은 오히려 그 이야기를 듣고 빵 터졌다. 능청스럽게 말하는 방법도 있다. "아무도 모르시겠지만 방금 전에 유머가 하나 끝났습니다. 이제 웃으셔도 됩니다.", "분위기 싸하게 만든 죄는 제가 두고두고 갚겠습니다."와 같이 말이다.

유머를 사용할 때 주의해야 할 점들을 살펴보았다. 유머 사용을 망설이고 완벽해지면 그때 유머를 해야겠다고 미뤄 두지 않기를 바란다. 방송에서 개그로 높은 주가를 올리는 연예인들은 공통적으로 방송을 쉬지 않고 계속해 왔다. 초반에는 '노잼(No 재미)'이라는 불명예가 따르던 웃음사망꾼들도 방송을 계속하다 보면 어느 새부터인가 노련한 웃음사냥꾼으로 변신해 있다.

고기도 씹어 본 사람이 맛을 알고 말도 많이 해 본 사람이 잘하듯, 유머도 계속 시도한 사람이 점점 더 잘하는 법이다. 한 번 써 보고 반응이 좋은 유머는 발전시키고, 애매하다 싶은 것은 걸러내어 다른 유머로 교체한다. 나에게 잘 맞는 방식의 유머를 찾았다면 갈고 닦아 필살기로 만들어 본다. 여러 번의 테스트를 통해 고품질의 제품이 완성되듯 유머도 그렇게 점점 완성되어 가는 것이다.

훈련 69

유머

유재석의 유머 훈련
청중에게 유머를 선사하고 싶을 때

국민MC로 불리는 유재석 씨도 10여 년의 무명 시절을 거쳤다. 개그맨 초기 울렁증을 겪으며 썰렁한 반응을 불러일으키던 그에게 10여 년의 시간은 열정의 훈련 시간이었다. 다음은 그가 방송에서 밝힌 유머감각을 키우는 방법이다.

1. 유머러스한 프로그램 녹화하기

유머의 대가들이 나오는 프로그램을 녹화한다. (혹은 다시보기)

2. 애드립 직전에 정지하기

질문에 답하기 직전이나 유머러스한 애드립을 하기 직전에 영상을 정지한다.

3. 나올 만한 답변 생각하기

'나라면 저 상황에서 뭐라고 말했을지' 유머러스한 대답을 다양하게 생각하고 말해 본다.

4. 영상과 나의 답변 비교하기

영상을 다시 플레이하며 나의 응답과 비교해 본다.

■ 훈련의 정수 ■

유머 대가의 발표나 개그를 보고, '나라면 어떻게 말했을까' 고민하고 말해 보며 비교해 본다.

상황을 나의 힘으로 활용하기

　정성껏 스피치를 준비했는데 앞의 발표자가 나와 똑같은 내용으로 발표하고 있다면?! 그야말로 억장이 무너질 것이다. 준비가 전혀 안 되어 있는데 진행자가 갑자기 나를 호명하며 한 말씀 해달라고 한다면?! 진행자를 꼬집어 주고 싶을 정도로 밉고 원망스러울 것이다.
　제발 이런 끔찍한 일들이 없었으면 좋겠지만 스피치를 하다 보면 예상치 못한 상황이 발생하기 마련이다. 이때 준비된 연사는 오히려 위급한 상황을 나의 힘으로 끌어올 수 있다. 프로와 아마추어의 차이는 갑작스런 상황에 대처하는 능력의 차이라고도 볼 수 있다.

● 갑작스러운 상황에 대처하기

　즉흥스피치를 부탁받았을 때 :
　인사말이나 축사, 덕담, 건배사처럼 갑작스럽게 스피치 자리에 서게 되는 상황이 있다.
　"갑자기 나오라고 하니 준비가 안 되어 있어서 무슨 말을 해야 할지 모르겠네요……."

마음은 이해한다. 그런데, 정말 준비할 시간이 없었을까? 사람들이 처음 모이고 만나는 자리에 인사말도 생각하지 않고 갔다면 그것은 누구의 책임일까? 즉석인사말이나 건배사 등은 사실 즉흥적으로 나오기 어렵다. 귀에 쏙쏙 들어오는 누군가의 인사말은 미리 고민하여 준비된 것이다.

모임에 가기 전에 전체 일정을 머릿속에 그려 보며 스피치가 필요할 수 있는 상황을 생각해 보자. 지난번 워크샵, 송년회, 회의가 어떠했는지 떠올려 본다. 미처 생각할 겨를이 없이 참석했다면 현장에서라도 스피치 내용을 그려 보면 된다. 부장님이 인사말을 하신다면 과장인 나도 인사말을 한다면 어떤 내용으로 할까 고민해 보아야 하고, 옆 사람이 건배사를 한다면 나도 건배사를 떠올려야 한다. 어떤 상황이든 마음의 대처를 먼저 해야 한다. 내 순서가 아니어도 스피치 내용을 생각했다가 혹여 순서가 오면 마치 즉흥적인 양 발표하는 것이다.

미리 생각할 여유가 정말 없어서 즉흥스피치를 해야 할 상황이라면, 정신을 더욱 바짝 차려야 한다. 먼저 '이 자리(모임)의 취지'를 떠올려 보며 나의 마음가짐이나 짧은 경험, 감사, 다짐 등을 말해 보는 것도 좋다. 떠올리기에 부담 없으면서도 청중이 쉽게 공감할 수 있는 소재가 될 것이다. '앞사람(연사)'이 한 말에서 힌트를 얻는 것도 좋다. 무에서 유를 만드는 것보다 유에서 유를 만드는 것이 쉽기 때문이다.

내가 할 내용을 누군가가 앞서서 발표했을 때 :

청중은 발표를 듣다가 이미 아는 이야기라고 판단되면 설렁설렁 듣거나 집중력을 잃는다. 이런 상황에 대처하기 위해서는 우선 발표 전에 청중 분석(☞4장)을 하면서 앞 연사의 발표 내용을 미리 체크하는 것이 최선책이다. 발표 현장에서 뒤늦게 이를 알게 되었다면 정신을 바짝 차리고 '차별화' 포인트를 잡아내야 한다.

예컨대 앞의 연사도 겨울을 좋아한다는 주제로 발표했다고 하자. 내 스피치의 주제는 같지만 좋아하는 이유에는 분명 다른 점이 있을 것이다. 초반에 공통점과 차이점을 부각시켜 볼 수 있다. "앞의 연사님들께서 겨울을 좋아한다고 말씀하셨습니다. 저도 같은 마음으로 겨울을 좋아합니다(공감의 표현). 그런데 좋아하는 이유를 들으시면 조금 놀라실 수도 있으실 것 같습니다(차별화)."와 같이 말이다.

앞 발표자를 언급할 때는 공감의 표현과 칭찬 등을 활용하여 호의적으로 살짝 언급하는 것이 좋다. 내가 돋보이려는 목적으로 앞의 발표를 평가절하한다면 좋지 않은 인상을 줄 수 있다. 앞의 내용을 적절히 활용하면서 오히려 이번 스피치로 관심을 끌어올 수 있는 멘트를 덧붙여 본다. 같은 떡볶이라도 맛은 음식점마다 천차만별이듯이 재료(스피치 소재)가 같아도 다른 관점을 제시해 부각하면 다른 맛을 낼 수 있다.

- 이미 ~에 대해 들으셨겠지만 여기에서 놓치지 말아야 할 중요한 또 한 가지 포인트가 있습니다.

- 앞의 발표와 중복되는 내용은 생략하고 추가로 특별한 포인트 몇 가지만 말씀드리겠습니다.

발표 시간이 갑자기 줄거나 늘었을 때 :

필자는 2시간 강의를 갑자기 40분으로 줄여서 진행해 달라는 요청을 받은 적이 있다. 그것도 불과 발표를 10여 분 앞두고 말이다. 발표 시간이 줄면 좋을 것 같지만 마냥 그렇지만도 않다. 50분에 그려야 할 그림을 단 5분 만에 그려내야 하는 것과 같은 경우이다. 물론 시간이 준다고 청중의 기대치가 줄어드는 것은 아니다. 청중을 만족시켜야 한다는 목적은 동일하기에 발표 시간을 늘리고 줄이기는 고난도의 미션이다.

발표 시간이 갑자기 줄어들 때에 대비하려면 발표의 전체적인 흐름을 장악하고 있어야 한다. '개요'를 구성하고 이를 머릿속에 가지고 있다면 중요하고 덜 중요한 내용이 무엇인지 우선순위를 구분하기에 유리하다. (☞**훈련14. ABO식 스피치 구성법(기본 구성법)**) 덜 중요한 내용은 간략히 언급하거나 패스하되 사례를 모두 생략하고 전체적으로 요약식으로만 발표하지 않도록 주의한다. 사례가 모두 빠지면 스토리텔링의 효과가 사라져 발표의 몰입과 재미가 떨어진다. 발표의 핵심과 관련된 부분은 사례를 살리고, 덜 중요한 부분 위주로 생략한다.

발표시간이 갑자기 늘어나는 경우도 발생할 수 있다. 또는 발표하면서 말이 빨라지거나 중간에 이야기를 빠뜨려서 시간이 남는 경우도 있다. 이런 상황에 대비하여 '예비 스토리(사례)'를 준비해 놓으면 좋다. 시간이 남으면 전하고 그렇지 않으면 생략하면 된다. 발표의 핵심과 관련된 주제를 주고 짝꿍이나 팀원들끼리 대화하도록 일정 시간을 할애하거나 Q&A 시간을 마지막에 활용하는 것도 늘어난 시간에 대처하는 방법이다.

기자재가 작동하지 않을 때 :

회사나 학교에서는 PPT 등의 보조 자료와 함께 발표하는 경우가 많다. 컴퓨터를 활용하다 보면 예상치 못한 문제가 종종 발생한다. 폰트가 깨지거나 음악, 동영상이 안 나오는 경우는 예사이다. 필자는 10분에 한 번씩 자동으로 재부팅되는 신기한 교육장의 컴퓨터를 마주한 경우도 있고, 빔프로젝터가 말썽을 일으켜 나오지 않는 상황도 경험하였다. 모두 나열하자면 끝도 없다.

이렇게 말씀드리고 싶다. '컴퓨터를 너무 믿지 말라!' 컴퓨터에게 여러 번 뒤통수를 맞다 보니 생긴 필자의 신념(?!)이다. 기자재가 작동하지 않는 상황을 최대한 피하기 위하여 세 가지 방안을 제시한다.

첫째, 발표 시간이 시작되기 전에 도착하여 반드시 장비를 점검하자. 발표 직전에 USB를 꽂고 미처 점검할 새 없이 시작하면 문제에 대처하기가 어렵다. 시작 10~30분 전에 도착하여 PPT, 마이크, 조명, 냉난방 등을 점검한다. 필요시 폰트를 설치하고 PPT를 수정한다. PPT는 첫 장부터 마지막 슬라이드까지 화면으로 띄워보고 확인하는 것이 좋다. 단, 미리 와 있는 청중이 모든 슬라이드를 보지 않도록 빔프로젝터는 작동 확인 후 꺼 놓거나 화면을 고정(Freeze) 시킨다. (☞훈련35 발표 장소 점검하기)

둘째, 예비품을 마련해 놓는다. 필자는 PPT를 사용해 발표할 때 개인노트북을 지참한다. PPT파일은 USB에도 넣어 두고 예비용 USB도 준비한다. 매우 중요한 발표 자료는 메일 첨부파일로도 저장해 둔다. 포인터도 예비용 포함 2개를 가지고 다닌다. 조금 번거로울 수도 있지만, 급박한 상황이 닥쳤을 때 이런 노력이 그야말로 생명줄이 된다.

셋째, 바로 해결하기 어려울 때는 스피치의 힘을 발휘하라. 동영상, PPT가 갑자기 안 된다고 청중을 하염없이 기다리게 할 수는 없는 노릇이다. 동영상이 안 나오면 그 내용을 말로 설명해 주면 된다. 마이크가 안 나온다면 다시 준비되는 동안 쩌렁쩌렁한 육성으로 활력 있게 이야기한다. "이게 잘 안 되네요. 죄송합니다." 중얼거리는 대신 자연스럽게 발표를 이어 가면 된다. 마치 별일 아닌 듯이, 아무 일도 없다는 듯이 말이다.

청중의 집중이 깨질 때 :

청중이 발표에 관심이 없다는 증거는 행동으로 나타난다. 연사와 눈을 마주치지 않고 핸드폰이나 시계를 보거나 옆 사람과 잡담하게 된다. 최악의 경우는 자는 것이다. 이때는 연사가 백 가지 처방을 해도 소용이 없다. 징조가 보이기 시작하면 연사는 정신을 바짝 차리고 그들의 관심이 완전히 떠나가기 전에 집중을 유도해야 한다.

발표가 밋밋하여 청중의 집중이 무너지고 있다면 '텔링'에 변화를 준다. (☞**훈련53. 강감찬 떡**) 목소리에 변화를 주어 듣는 재미를 더하게 한다. 집중하지 않는 청중들이 있다면 연단에서 그쪽 방향으로 자연스럽게 자리 이동을 하여 주의를 환기시킬 수 있다. 청중에게 질문을 던지거나 서로 이야기를 주고받게 하며 소통의 활력을 불러일으키는 것도 좋다. 대체로 일방적으로 전달하는 스피치보다 청중과 주고받는 스피치가 활력이 넘치고 연사에게 집중도가 높기 마련이다. 발표 시간이 길고 도무지 청중의 집중을 유지하기가 어렵다고 판단되면 잠시 쉬는 시간을 주거나, 발표를 짧게 줄인다고 고지하고 간략하게 하는 것도 방법이다.

Q&A에 대처하기

발표 후 질의응답 시간은 연사에게 상당히 부담스러운 시간이다. 최선의 대처는 예상 질문을 뽑고 답변을 미리 생각해 보는 것이다. 질문이 들어오면 요약하여 전체 청중에게 들려주고 답을 한다. 이때 좋은 포인트를 짚은 질문이었다고 칭찬을 덧붙일 수도 있다. 만약 잘 모르는 질문이 나왔다면 어떻게 하면 좋을까? 청중에게 의견을 구하여 몇몇 의견을 들어본 뒤 연사가 간단히 정리하는 방법을 사용해 볼 수도 있다. 도무지 답하기 어렵다면 청중에게 솔직하게 이야기하고 추후 확인하여 답을 드리겠다고 하면서 스피치 종료 후에 질문자의 메일주소 등 연락처 정보를 받아 둔다.

● 위기를 기회로 만들기

스피치 상황에 눈과 귀를 기울여라!:

스탠드업 코미디에서 청중을 웃긴 내용을 재차 언급하는 것을 콜백(call-back)이라고 한다. 연사는 발표 직전에 눈을 끈 이벤트, 연단 오르기 직전 만난 사람, 발표장 분위기 등을 놓치지 말고(도노반, 2012) 청중의 말과 행동에 면밀하게 눈과 귀를 기울이며 청중의 혼잣말도 놓치지 않아야 한다(혼, 2006). 청중의 의견, 사소한 감정 표현을 캐치하여 스피치 중간중간에 언급하며 스피치에 반영하는 소통의 발표를 이어 가도록 한다.

연사에게 필요한 센스란 현재의 상황에 지혜롭게 대처하는 능력이다. 센스를 발휘하려면 먼저 상황을 읽을 수 있어야 하고, 상황을 읽을 줄 알려면 청중과 상황에 귀 기울일 수 있어야 한다.

위기는 기회이다!:

백상예술대상 생방송 시상식 중의 일이다. 연예인들의 수상 소감을 모은 영상이 나가는 순간이었는데 화면만 나가고 소리가 나오지 않았다. 당시 MC였던 유재석과 신동엽은 재치 있게 화면 속의 인물과 대사를 소개하며 만담을 이어 나가 박수갈채를 받았다. 방송 중에서도 가장 심장 떨리고 짜릿한 것이 생방송이다. 어떤 일이 발생할지 알 수 없기 때문에 프로와 아마추어의 차이가 이때 드러나기도 한다.

처음 주례를 맡은 선생님께서 주례사를 하다가 말을 이렇게 내뱉었다.
"신부는 주례를 죽을 때까지 사랑하겠는가?"
'신부는 신랑을 사랑하겠는가?'라고 해야 하는데 긴장한 나머지 실언을 한 것이다. 순간 하객들이 웅성거리기 시작했고 일부는 얼굴이 붉으락푸르락하였다. 주례 선생님은 이내 정신을 차리고 이렇게 말했다.
"보십시오. 신부는 대답을 하지 않았습니다. 이것은 오직 신랑 한 사람만 사랑한다는 증거입니다."
그러자 하객들의 웃음과 박수가 터져 나왔다.

필자도 무대에서 예상치 못한 일들을 수없이 만났다. 발표 중의 위기를 넘기면서 깨달은 바가 있다. '위기'는 '기회'라는 점이다. 발표 중에 컴퓨터에 문제가 생기거나 빔프로젝터가 나오지 않았을 때는 자연스럽게 청중에게로 다가가 대화를 주고받으며 소통하였다. 청중은 침착한 상황 대처에 놀라면서 문제 발생 전보다 발표에 집중하는 눈빛을 보여 주었다. 태클 거는 불편한 청중에게는 호의적인 피드백과 커트(적당히 말 자르기)를 병행하여 내 편으로 만든다. 불편한 청중이 때로는 스피치에 불을 지펴 주기도 한다. 결혼식에서 갑작스레 축가 반주가 나오지 않는 상황에서 5분간 신랑 신부와 인터뷰를 하며 화기애애한 분위기를 이끈 적도 있다. 식이 끝나고 나서 위기를 기회로 바꾼 은인이시라는 감사의 인사를 연거푸 받았다.

우리가 하는 발표는 모두 생방송이다. 예상치 못한 위기에 잘 대처하면 오히려 배로 박수받을 수 있다. 위기(危機)는 위험(危險)하고 힘든 시기인 동시에 다시없는 기회(機會)가 될 수도 있다는 점을 기억하자. 갑작스러운 위기 상황이 발생하더라도 도망치려 하지 말고 호랑이굴에 들어왔다 생각하고 정신을 바짝 차리자. 잘 대처하면 당신은 호랑이 굴에서 살아 나가는 것뿐만 아니라 호랑이를 잡아서 나갈 수도 있다.

훈련 10

즉흥, 대처

상황 대처 훈련
즉흥 상황에 대처하는 감각을 익히고 싶을 때

상황에 대처해 보는 시뮬레이션으로 스피치의 자신감을 회복하는 시작 단계에서는 본 훈련을 하지 않는 것을 권한다. 발표에 어느 정도 익숙해진 상태에서 대처 능력을 기르고 싶다면 해 볼 수 있다. 스피치 소모임 등 같이 훈련하는 사람들이 있을 때 실행할 수 있다.

1. 돌발상황 설정하기

이 훈련을 할 사람은 잠시 밖으로 나가 있고 모의청중(스피치 스터디 모임 구성원)은 스피치 중에 일어날 상황을 설정한다. 다음 중 하나를 선택해도 좋다.

☐ 청중이 발표 도중에 들락날락한다.
☐ 청중이 잡담을 하거나 핸드폰을 보는 등 딴짓을 한다.

- 청중이 눈을 감고 존다.
- 갑작스럽게 발표 시간의 단축이나 연장을 요구한다.
- 몇 청중이 발표 중간에 자꾸 질문하거나 딴죽을 건다.
- 질의응답 시간에 청중이 내가 모르는 질문을 한다.
- 마이크나 포인터가 작동하지 않는다.
- 빔프로젝터가 작동하지 않는다.

2. 스피치하며 주어진 상황에 대처하기

밖에 있던 연사가 들어와서 발표한다. 구성원들은 설정한 상황대로 돌발행동을 한다. 연사는 상황을 파악하고 즉석에서 대처해 본다.

3. 대처방법 나누기

발표가 끝난 뒤, 돌발상황에서 어떻게 대처하는 것이 지혜로울지 함께 이야기 나눈다.

■ 훈련의 정수 ■

갑작스럽게 발생할 수 있는 상황을 설정하고 대처해 본다.

훈련 71　　　　　　　　　　　　　　　즉흥, 대처

즉흥스피치: 랜덤 주제 스피치
즉흥적으로 스피치를 하는 감각을 익히고 싶을 때

1. 주제 정하기

진행자가 종이쪽지에 다양한 주제를 적는다. 또는 참여자들이 주제를 직접 적어서 제출하게 하는 것도 좋다.

2. 주제 선정하기
참여자들이 한 명씩 나와서 주제 쪽지를 무작위로 뽑는다.

3. 즉석스피치 발표하기
주제를 정한 그 자리에서 즉시 발표를 시작한다. 1~2분 정도 발표한다.

※ 난이도 조절

무작위 주제에 대해 바로 발표하는 것을 참여자들이 부담스러워한다면 쪽지에 적힌 주제를 보고 개인별로 잠시 준비할 시간을 주거나 칠판에 주제를 적어 두고 원하는 주제를 연사가 선택하게 하면 부담이 줄어든다.

■ 훈련의 정수 ■

각자 적은 랜덤의 주제를 섞고 한 명씩 나와 뽑아서 즉흥스피치를 한다.

훈련 12　　　　　　　　　　　　즉흥, 대처

즉흥스피치: 단어 연결 스피치
즉흥적으로 스피치를 하는 감각을 익히고 싶을 때

1. 즉석에서 단어 주기
연사 한 명이 앞에 나가고, 참여자들은 무작위의 단어를 말한다. 연관성이 없는 단어여도 된다. 3개 정도의 단어를 앞쪽에 적는다.

2. 단어를 이어서 스피치 만들기

3개의 단어가 나오면 연사는 그 단어들을 모두 사용하여 1분 이내의 스피치를 완성한다. 단어 2~3개가 하나의 주제로 묶여서 스피치로 표현될 수 있도록 하는 것이 관건이다.

※ 난이도 조절

단어의 수로 한다. 2개 단어면 조금 쉽고, 3개 단어면 난이도가 높으므로 참여자들의 수준에 맞추어 단어 수를 정한다. 2~3개의 단어를 이어서 말하는 것이 너무 어렵다면 각각의 단어를 가지고 별개의 이야기를 만들어도 된다.

예시] 단어: 전봇대, 스피치, 왕관

→ 얼마 전, 어느 늦은 밤이었습니다. 저는 전봇대 앞에서 스피치를 하시는 분을 보았습니다.

"(술 취한 톤으로) 너, 아빠한테 그러는 거 아니다~ 아빠 너무 미워하지 마~"

그분은 아무도 없는 전봇대에 대고 대화를 하고 있었습니다. 아마도 자녀에게 서운하고 미안한 마음을 털어놓는 듯했습니다. 웃음이 피식 나오면서도 한편으로는 안타깝더라고요. 겉으로는 아무렇지 않은 듯 살아가고 있지만 사실 마음속으로는 속상한 일을 다 안고 있는 우리 아버지들의 모습이 아닌가 싶었습니다. 우리가 '고맙고 감사하다'는 진심의 한마디를 전한다면 아버지들은 그 어떤 왕관보다도 빛나는 자부심과 행복을 느끼시지 않을까 싶습니다.

■ 훈련의 정수 ■

무작위의 단어를 3개 정도 받은 뒤, 그 단어를 활용하여 내용이 이어지도록 스피치를 해 본다.

훈련 13

즉흥, 대처

즉흥스피치: 스토리 잇기
즉흥적으로 스피치를 하는 감각을 익히고 싶을 때

1. 한두 문장으로 스토리 만들기

첫 번째 사람이 한두 문장으로 스토리를 만든다. 장소나 인물, 상황을 원하는 대로 설정하여 스피치로 말한다.

2. 스토리 이어 가기

오른쪽에 있는 사람이 앞의 이야기와 연결되도록 스토리를 이어 간다. 한 방향으로 돌아가면서 한 명씩 한두 문장으로 스토리를 말한다. 앞의 스토리와 연관성이 있어야 하기에 다른 이들의 발표를 잘 들어야 한다. 앞 이야기에 대한 전개가 될 수도 있고 부가적인 설명이 될 수도 있으며 반전과 재미를 선사해 볼 수도 있다.

예시] A: 월요일에 회사에서 중요한 발표가 있었습니다. 중대한 발표여서 저는 일주일을 거의 밤새워 가며 준비했습니다.
B: 드디어 발표 시간이 되었고 저는 임원분들 앞에서 프레젠테

이션을 시작했습니다. 긴장이 될 줄 알았는데 희한하게도 긴장이 되지 않고 마음이 너무 편했습니다.

C: 긴장이 풀어지더니 제 눈꺼풀이 점점 무거워지기 시작했습니다. 발표 중간이 되자 저는 비몽사몽 졸음에 빠지기 시작했습니다.

D: 며칠을 밤샌 탓에 피로가 쏟아졌던 것이었습니다. 그렇게 졸다가 결국 저는 회의실에서 쓰러지고 말았습니다.

E: 바닥에 쓰러지는 순간 저는 벌떡 깼습니다. 다행히도 꿈이었습니다. 시계를 보니 발표가 30분 남았습니다. 저는 정신을 바짝 차리고 회의실로 들어가서 발표를 무사히 마쳤습니다. 다음부터는 체력 안배를 잘하며 발표를 준비해야겠다고 생각했습니다.

■ 훈련의 정수 ■

한 사람씩 돌아가면서 한두 문장으로 이야기를 만든다. 앞사람의 이야기와 연결되어야 한다.

훈련 74   즉흥, 대처

즉흥스피치: (신문)기사 소화해 전달하기
즉흥적으로 스피치를 하는 감각을 익히고 싶을 때

1. 인터넷에서 기사 찾기

참여자들이 다 같이 하나의 기사를 가지고 준비해도 좋고, 혹은 각자 원하는 기사를 찾아도 된다.

2. 기사 내용을 1분 스피치로 전달하기

단순히 내용을 보고 읽는 것은 스피치가 아니다. 내용을 요약하거나 혹은 인상 깊은 일부 내용을 중심으로 전달한다. 서론과 결론을 추가하여 완전한 스피치의 형태를 갖추어 전하도록 한다.

※ 난이도 조절

이 훈련은 스피치에 익숙하지 않으신 분들에게는 다소 부담스러울 수 있다. 난이도를 쉽게 한다면 비교적 평이한 기사(일상적인 내용) 하나를 전체적으로 나눠 주고 스피치에 익숙한 분부터 발표를 시작하고 초보자들은 후반에 하게 하는 방법이 있다.

난이도를 높이고자 한다면 기사를 시사적인 것으로 선택하거나, 혹은 모바일 상에서 기사 제목만 보고 클릭해서 그 기사를 무조건 선택하게 하는 방법이 있다.

■ 훈련의 정수 ■

기사 내용을 보고 이를 소화하여 스피치로 풀어 본다.

훈련 15 　　　　　　　　　　　　즉흥. 대처

즉흥스피치: 판매 스피치
즉흥적으로 스피치를 하는 감각을 익히고 싶을 때

1. 각자 판매할 상품 정하기

현재 가지고 있는 물품이나 모임 장소에 있는 어떤 것이든 괜찮다.

2. 1분 동안 물건을 판매하는 스피치 해 보기

잠시 고민의 시간을 가진 뒤, 1분 스피치를 한다. 숨겨진 장점이나 가치를 발굴하여 스토리텔링 할 수 있는가가 관건이다.

※ 난이도 조절

개인이 원하는 물건을 택하게 해도 난이도가 높은 훈련이다. 난이도를 좀 더 높인다면 방금 물 마셨던 종이컵 등 가치 없어 보이는 물건을 택하게 하면 된다. 발표 후에는 구매의사를 거수로 표시하게 하는 등 평가해 볼 수도 있다.

■ 훈련의 정수 ■

장소에 있는 물건을 택해 1분 판매 스피치를 해 본다.

훈련 16 　　　　　　　　　　　　종합

3분 스피치
준비된 스피치를 전하는 감각을 기르고 싶을 때

3분 스피치는 내용을 구성하는 능력과 발표력을 두루 기를 수 있는 종합 훈련이다. (본 훈련은 스피치 모임을 통해 진행한다)

1. 주제 정하기

각자 원하는 주제를 선택하거나 혹은 주제를 임의로 배정한다. (보통 원하는 주제로 한다.)

2. 스피치 준비하기

모임에 오기 전에 스피치를 미리 준비하도록 한다. 메시지와 서론-본론-결론의 흐름이 있어야 한다.

3. 시간에 맞추어 발표하기

각자 준비한 3분 스피치를 한다. 진행자는 3분이 초과되면 알림을 주어 각자 주어진 시간을 준수하도록 한다. 발표 하는 모습을 캠코더나 핸드폰으로 촬영하는 것도 좋다. 스터디원들이 사전 합의 하에 발표 시간을 5분이나 10분으로 늘릴 수도 있다.

4. 피드백 나누기

발표 후에는 장점/개선점에 대해 다 함께 이야기한다. 피드백에 시간이 다소 많이 걸린다고 판단되면 글로 적어서 전달하는 방법도 있다. 피드백을 확인하여 자신의 장점과 개선점을 체크하고 다음 3분 스피치 준비 때 반영한다. '부록1. 스피치 스터디 활용 매뉴얼/상호 피드백 방법'에서처럼 연사의 상태에 따라 피드백의 방법을 다르게 한다. (초보일 때는 장점과 격려 위주 / 중급은 장점과 개선점 한두 가지)

■ 훈련의 정수 ■

3분 스피치를 준비하고 발표 후에는 피드백을 나눈다.

온라인에서의 스피치

코로나19 이후로 온라인에서 발표를 해야하는 상황이 빈번해지고 있다. 청중을 대면하는 오프라인 발표에 비해서 긴장이 덜 된다는 의견이 많지만, 온라인에서의 환경은 청중의 몰입이 깨지고 영혼이 떠나가기 더 쉬운 환경이라서 센스있는 전략이 필요하다.

• 시각적 전략

온라인에서는 발표자의 표정이 더 생생하게 보인다. 눈썹의 움직임은 물론 불안에 흔들리는 동공의 움직임까지 보인다. 연사가 굳어있다면 청중도 그 분위기를 빠르게 느끼게 된다. 발표 하기 전에 '훈련12 미소훈련' 등을 충분히 하고 온라인 발표하기를 권장한다. 연사의 생기있는 표정과 에너지가 청중을 사로잡는데 도움이 된다는 사실을 잊지말고 특히 초반에 미소와 에너지를 전해주자. 온라인에서의 시선처리는 어디를 보아도 크게 문제가 되지는 않으나, 청중과 제대로 소통하는 느낌을 주고 싶다면, 때로 PPT 화면공유 없이 카메라(웹캠)을 보며 말하는 것도 좋다.

PPT와 함께 온라인 발표를 하는 경우, 시각자료가 오프라인보다 더 잘 보인다. 온라인의 장점이다. 반면에 PPT의 완성도가 떨어지면 그 부족함도 눈에 더 잘 보일 수 있으므로 자료의 디자인에도 신경쓸 필요가 있다. 핸드폰으로 접속하는 청중이 있을 것에 대비하여 폰트가 너무 작지 않은지 점검한다. 오프라인 발표에서도 PPT 사용시 화려한 애니메이션 사용은 지양할 필요가 있는데, 온라인이라면 더욱 그렇다. 화면 전환이나 애니메이션이 온라인 상에서는 더 끊길 수 있기 때문이다.

● 청각적 전략

온라인 상에서는 청중 주변의 소음이 들어갈 수 있기 때문에, 보통 연사만 음소거를 해제하고 나머지는 음소거를 한다. 오프라인에서처럼 크고 우렁찬 목소리로 발표한다면 이어폰으로 발표를 듣는 청중의 고막에 고통을 줄 수 있다. 반면에 너무 일정한 톤으로 이어가면 졸음이나 영혼의 가출로 이어질 수 있다. 따라서 연사는 '훈련 53 강감찬 떡 텔링 연습'을 참고하여 '대화'의 느낌을 살려 발표하되, 청중의 소중한 고막을 위하여 강약의 차가 너무 커지지는 않도록 주의한다.

온라인 발표에서도 필요에 따라 음악이나 영상 등 멀티미디어를 활용할 수 있다. 다만, 온라인 플랫폼을 통해 전달되는 소리는 더 날카롭고 투박할 수 있어 계속 듣다보면 청중이 신경질적이 될 수 있다. 빠르고 다이나믹한 음악의 사용은 자제하고, 영상도 꼭 필요한 경우에만 짧게 사용하도록 한다. 멀티미디어 활용 시에는 청중의 입장에서 소리가 너무 크거나 작지 않은 지 반드시 점검한다.

- 집중과 소통 전략

온라인에서는 청중의 집중력이 빠르게 바닥나기 때문에 지속적으로 집중을 끌고 소통하는 전략이 필요하다. 청중과 관련된 '스토리텔링'을 적극 활용하고 '유머'를 사용하여 재미와 몰입을 도모한다.
앞서 살펴본 '소통' 관련된 질문과 피드백 전략은 온라인에서도 유용하게 활용된다. 온라인에서 '소통'이 떨어진다는 의견이 많지만, '채팅'을 적극 활용하면 오히려 오프라인을 넘는 소통이 가능할 수 있다. 호기심을 자극하는 질문이나 청중이 빠르게 답할 수 있는 질문을 활용하여 채팅에 의견을 올리게 한다. 올라오는 의견에 대해서는 연사는 '유튜버'가 되었다는 느낌으로, 이름을 불러가며 긍정으로 흠뻑 적신 피드백을 주도록 한다. 채팅 대신에 디지털 도구(멘티미터, 슬라이도, 구글문서, 소크라티브 등)를 활용하면 시각적인 임팩트를 더 줄 수 있다. 이러한 도구들의 소개와 사용법은 유튜브 '웜스피치'에 짤막한 영상으로 정리해 놓았다. 온라인에서의 다양한 소통 방법에 대해 더 깊게 알고자 하는 분들은 필자가 지은 책인 '랜선을 넘어 소통하라: 상호작용이 있는 온라인 수업'를 참고하기 바란다.

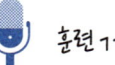
훈련 11

온라인

온라인 스피치 리허설
발표를 온라인으로 해야할 때

1. 발표할 온라인 플랫폼 확인

발표하는 날에 ZOOM, Google Meet, Webex, MS Teams 등 어떤 온라인 플랫폼을 이용하게 되는 지 미리 확인한다. 대부분의 플랫폼이 무료로도 1~2명 참여시에는 시간제한없이 회의실을 이용할 수 있다. 3명 이상 시에는 플랫폼에 따라 40~60분까지 회의실이 지속되며, 종료 후에 다시 만들 수 있다. 해당 플랫폼에 가입하고 회의실(화상회의)을 연다. 비디오/오디오 켜고 끄는 법, PPT화면을 공유하는 법, 채팅 사용하는 법 정도는 미리 숙지한다.

2. 장비 확인

PC로 접속할 시에는 연사의 얼굴이 나오게 하기 위하여 별도의 '웹캠'이 필수이다. (노트북은 보통 웹캠이 있지만 성능이 좋은 편은 아님) 핸드폰으로 발표한다면 PPT 등을 이용하거나 원활하게 화면을 전환하며 발표하기에는 제한이 많으므로 발표자는 PC, 또는 노트북으로 접속하기를 권한다. 얼굴빛이 아름답게 나오기 원한다면 소형 조명을 앞쪽에 둘 수도 있다.

3. 온라인 리허설

온라인 회의실에 동료를 입장하게 하여 화면공유가 잘 되는지, 목소리가 잘 들리는 지, 볼륨은 적절한 지 등을 확인한다. 혼자 연습하는 경우라면, 다음 방법 중 하나로 자신의 발표를 확인할 수 있다.

- '화면 녹화' 기능을 이용하여 자신의 발표를 확인한다.
- 온라인 플랫폼에 PC로 접속하고, 핸드폰으로 추가 접속한다. 연사의 말과 화면이 어떻게 전달되는 지 핸드폰으로 보고 들으며 확인한다.

부록

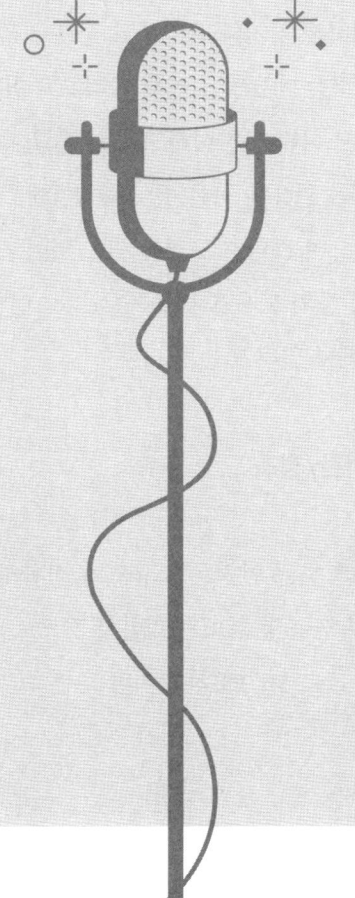

부록1. 스피치 스터디 활용 매뉴얼

　스피치 스터디는 말 그대로 소규모 인원들이 모여 스피치를 훈련하는 형태로, 경제적인 비용 대비 효과가 탁월하다. 스터디만 꾸준하게 잘 활용해도 많은 발전을 맛볼 수 있다. 필자는 2012년부터 스피치 스터디 '웜스피치'를 운영하여 왔는데(네이버 카페 '웜스피치' 참고), 모임을 거쳐 간 많은 분들과 즐거운 성장을 함께하였다. 스피치 스터디에 참여하고 싶거나 운영하고 싶은 분들을 위해 그동안의 경험을 토대로 간략한 매뉴얼을 전해 드리고자 한다.

　참고로 스피치 스터디에 참여하고 싶다면 필자가 운영하는 네이버카페 '웜스피치'를 활용해 보는 것도 좋다. 매주 스피치 모임이 활발하게 열리고 있으며 스피치 모임을 새로 열어 가기 원할 경우에도 인원 모집과 운영 등의 도움을 받을 수 있다. 영업, 종교의 목적이 아니라면 누구에게나 열려 있는 곳이다.

- **스터디 인원/시간/장소**
　① 인원 :
　스피치 스터디를 하는 인원은 소규모가 적합하다. 여러 번 모임을 진행해 본 결과 5~8명 정도가 적합한 것으로 보인다. 스탠딩 스피치 훈련(사람들 앞에 서서 발표하는)이나 토론 스피치 모두 마찬가지이다. 인원이 너무 적으면 개인당 발표 시간이 늘고 서로 피드백을 주고받을 수 있는 반면, 긴장도가 다소 떨어질 수 있다. 인원이 10명을 넘어가면 개인당 발언권 및 발표 시간이 현저히 줄게 되어 스터디의 효과가 반감된다.

② 시간 :

열정적인 마음을 담아 오래오래 훈련하면 좋을 것 같지만 인간의 집중력은 그렇게 길지 않다. 필자와 진행자분들이 함께하는 '윕스피치' 모임은 2시간 정도로 진행된다. 스피치 스터디는 상당한 집중력과 몰입이 요구되는 실전 중심의 훈련이므로 2시간 내외가 적절해 보인다.

③ 장소 :

우리가 하는 훈련은 스탠딩 스피치이므로 독서 모임, 토론 모임과는 다르게 독립된 공간에서 진행되는 것이 좋다. 강의실이 가장 좋겠으나 현실적으로 어렵다면 스터디룸 등을 활용할 수 있다. (온라인 플랫폼을 활용할 경우에는 장소에 구애받지 않고 스터디를 할 수 있다.) 스터디룸을 이용한다면 모임의 형태에 맞는 장소를 이용하는 것이 좋다.

- **스터디의 형태**

① 3분 스피치 중심 :

3분 스피치는 짧으면서도 서론-본론-결론의 스피치를 구성하는 능력을 키워 주는 탁월한 훈련이다. 참여자 각자가 스피치를 준비해서 발표하고 참여자들이 서로 피드백을 나누는 식으로 진행될 수 있다. 이때 스피치는 모임에 오기 전에 미리 준비하고 연습해 와야 스피치가 향상된다. 간혹 즉석에서 모든 것을 해결하려는 경우가 있는데, 우리가 실전에서 하는 대부분의 스피치는 '잘 준비되고 기획된 스피치'라는 점을 기억하자.

② **긴 발표 중심 :**

앞의 ①번과 비슷한데 참여자 각자가 좀 더 긴 스피치를 준비해 오는 방식이다. 개인당 발표는 제한 시간을 정해 놓는데 길어도 10여 분 정도로 설정하도록 한다. 10분이 넘어가면 보통 집중력이 흐트러지기 시작한다. 참여자 개개인이 발표할 때마다 잘 듣고 피드백을 나누어야 하는데, 경청에는 에너지가 소비되어 7~8명의 발표를 계속 듣는 것도 쉽지 않은 일일 수 있다.

③ **보이스 훈련 중심 :**

호흡, 발성, 발음 등을 중심으로 하는 스터디 방식이다. ①, ②와 같은 스피치 훈련을 하기 전에 워밍업 수준에서 할 수도 있다. 좀 더 심화적으로 훈련할 수도 있겠는데, 이때는 방음에 신경을 써야 한다. 방음이 잘 되지 않는 스터디룸에서 발성 훈련을 하다가는 바로 옆방에서 클레임이 들어올 수 있다. 따라서 방음 스터디룸이나 소음에서 비교적 자유로운 공간에서 훈련하는 것이 좋다.

④ **즉흥스피치 중심 :**

즉흥적인 주제를 주고 즉석에서 스피치로 풀어 보거나 갑작스러운 상황에 대처하게 하는 등 즉흥대처력을 키우는 훈련을 중심으로 한다. 난이도가 있지만 생각보다 재미도 있고 참여자 개인마다 다양하게 풀어 가는 묘미도 있다. 다만 스피치에 익숙하지 않으신 분들은 부담스러울 수 있으므로 난이도를 적절하게 맞추어야 하겠다.

⑤ **종합 스피치 스터디 :**

앞의 방식들을 혼합하여 구성할 수도 있다. ③의 방식으로 발음 발성을 워밍업 수준으로 훈련하고, 이어서 각자 준비한 ① 3분 스피치와 ④ 즉흥스피치를 번갈아 가며 진행할 수 있다. 스피치의 전반을 두루 훈련할 수 있다는 장점이 있다.

⑥ **토론 스피치 :**

앞의 훈련과는 다르게 싯다운 스피치(앉은 상태에서 진행)로 진행되는 편이다. 토론 주제에 관하여 찬반을 나누어 의견을 나누거나(디베이트) 사회적인 이슈, 혹은 함께 읽은 내용(독서나 기사)을 가지고 생각과 감정을 말하는 방식으로 진행된다. 사고를 확장하고 조리 있게 말할 수 있는 훈련이 된다. 원활한 토론 스피치를 위해서는 사전에 토론 주제를 공유하고 이에 대한 자신의 논지를 정리해 와야 한다.

- **상호 피드백 방법**

① **스피치 훈련을 처음 시작하는 단계라면 :**

참여자들이 스피치에 익숙하지 않고 긴장을 많이 하는 편이라면 서로에게 부드러운 피드백을 하도록 한다. 자신감이 없는 상태에서 '당신은 이런 점이 부족하다'며 개선점을 속속들이 지적하는 것은 스피치 향상에 큰 도움이 되지 않는다. 어느 정도 자신감을 회복할 때까지는 '장점' 중심으로 피드백을 해 준다. 정말 눈에 띄는 개선 사항이 있을 경우 한 가지 정도만 알려 주어 하나씩 단계적으로 개선할 수 있도록 도와준다. 명심하라, 두려움에 가득한 사람에게 스피치의 개선을 요구하는 것은 부작용을 불러일으킬 수 있다. 스피치의 경험을 쌓고 자기암시훈련을 하며 자신감을 회복하는 것이 우선이다.

② 스피치가 익숙해지기 시작한다면 개선 사항을 체크 :

자신감이 조금 붙고 기본기를 갖춰 간다면(A-Attitude), 본격적으로 내용(B-Body)과 소통(C-Communication)을 업그레이드해 나가야 한다. 서로 '장점'과 함께 '개선 사항'을 피드백 주도록 한다. 이때 피드백해 주는 사람이 마치 오디션 프로그램 평가자인 것처럼 '당신은 이것이 문제다'는 식으로 말해서 상대의 마음에 스크래치를 내지 않도록 주의한다. 당신의 피드백이 객관적인 것이 아닌 당신만의 의견일 수도 있다는 점을 기억하며 조심스럽게 전달한다. 장점과 개선 사항을 같이 전해 주도록 하며, 서로를 존중하는 느낌을 주려면 '샌드위치 화법'을 활용하여 '장점-개선점-장점(응원/칭찬)' 순으로 피드백을 주는 것이 좋다.

③ 피드백을 나눌 시간이 부족하다면 :

실제로 8명의 참가인원이 서로의 스피치에 대해 피드백을 주고받는 것만으로도 한참의 시간이 소요될 수 있다. 시간이 부족하다고 판단되면 글로 적어서 피드백을 나눌 수 있다.

- **진행자의 역할**

  ① **훈련 제시 :**

  　진행자는 스터디에서 함께할 훈련을 선정해야 한다. 개인별로 준비한 스피치를 하고 피드백을 서로 나누는 방식이라면 특별한 추가 훈련이 필요하지 않을 수도 있다. 그러나 보이스 트레이닝이나 즉흥스피치 훈련을 한다면 미리 훈련을 선별하여 제시할 필요가 있다. 스터디에서 할 훈련은 본서에 나와 있는 훈련 방법 중에서 스터디구성원들과 함께 몇 개를 정해도 좋다. 진행자가 모임을 이끌면서 스피치 훈련에 참여하는 것도 가능하다.

  ② **긍정의 분위기 주도 :**

  　진행자는 스터디가 원활하게 이루어지도록 해 주는 촉진자(facilitator)의 역할을 해야 한다. 잘 모르는 사람들끼리 스터디를 시작한다면 처음에는 서로 어색할 것이다. 분위기를 풀 수 있도록 (ice-breaking) 초반에 간단하게 개인별 자기소개를 하거나 기대와 목적의 공유 등을 하는 것이 좋다. 스터디가 시종일관 긍정적이고 활력 있게 진행될 수 있도록 분위기를 주도한다. 개별 발표가 끝났을 때 간략하게 주제를 요약해 주며 칭찬이나 유머러스한 한두 마디를 붙여 주는 것도 좋다. (단, 진행자가 개별 발표자를 평가하는 뉘앙스는 피한다.)

  ③ **시간 점검 :**

  　연사들 중에서 한두 명은 발표가 장황하게 길어지는 경우가 발생한다. 스피치 훈련에서는 최대한 발언권과 발언 시간이 참여자들에게 동일하게 주어져야 한다. 진행자는 한 명이 발언을 독점하지 않도록 '시간'의 룰을 확실하게 정하고 이를 체크해야 한다. 예를 들어 3분 스피치라면, 종료 30초 전에 발표자에게 신호를 주고, 3분이 되면 두 번째 신호를, 종료 후 30초를 오버하면 발표를 강제 종료할 수 있다. 초시계를 활용하거나 진행자가 뒤에서 카드를 들어 주는 식으로 알려 줄 수 있다. 진행자는 매 훈련이 넘어갈 때마다 시간을 체크하며 제시간 안에 훈련이 마무리될 수 있도록 이끈다. 발표 상황에 따라 예상치 못한 시간 초과/부족이 발생할 수 있으므로 준비한 훈련도 융통성 있게 조정하여 활용한다.

부록2. 3분 스피치 주제 예시 77

발표 주제는 자신의 흥미나 수준에 맞추어 정하면 된다. '나에 관한 주제 → 시사 이슈에 관한 주제'로 갈수록, '구체적인 사실 → 추상적인 소재'로 갈수록 고난도다. 난이도가 높은 것이 스피치의 가치가 높아진다는 의미는 아니다. 자신의 수준에 따라 주제를 도전적인 방향으로 정해 보는 것도 성장을 위한 계기가 될 수 있다.

:: 스피치 주제에 따른 난이도 ::

난이도	나에 관한 것	사회·시사적 이슈
저난도 ↕ 고난도	나에 대한 사실, 나의 경험	
	나의 생각, 가치	사회적인 이슈·사건
		추상적인 관념·가치

:: 나에 대한 사실, 나의 경험 ::

1. 자기소개	2. 나의 장점과 단점
3. 우리 가족 소개	4. 나의 취미
5. 어렸을 때 기억에 남는 사건	6. 내가 했던 실수
7. 나의 연애 일화	8. 나의 베스트프렌드

9. 기억에 남는 음식	10. 첫사랑에 대한 에피소드
11. 술과 관련된 에피소드	12. 내가 만났던 진상
13. 내가 즐겨 부르는(듣는) 노래	14. 나의 스트레스 해소법
15. 내가 푹 빠져 있었던 것	16. 부모님께 배운 것
17. 내가 잘했던 발표와 그 이유	18. 기억에 남는 영화
19. 나의 패션 스타일(변천)	20. 노력해서 무엇인가 극복한 나의 경험
21. 인상 깊었던 여행지	22. 행복했던/슬펐던/짜릿했던 삶의 순간
23. 내가 좋아하는 연예인	24. 추천하고 싶은 책
25. 내가 잘한 일	26. 부모님 관련된 재미있는 경험
27. 내가 감동받았던 때	

:: **나의 생각, 가치** ::

28. 나의 꿈에 대하여	29. 5년(10년) 후의 목표
30. 나의 매력	31. 나의 이상형
32. 존경하는 인물	33. 나의 좌우명
34. 나에게 행복이란?	35. 후배들에게 해 주고 싶은 이야기
36. 다시 태어난다면 누가 되고 싶은지	37. 세상이 살 만하다고 느낄 때
38. 이민 가고 싶은 나라	39. 무인도에 가져가고 싶은 3가지
40. 남자/여자라서 행복할 때/불편할 때	41. 로또에 당첨된다면
42. 과거로 갈 수 있다면 언제로 가고픈지	43. 묘비명에 어떻게 기록되고 싶은지
44. 내가 살아가는 이유	45. 기억에 남는 선물
46. 대통령이 된다고 하고 싶은 일	47. 건강관리 방법
48. 나의 노후 계획	49. 내가 생각하는 성공이란?

50. 내일 지구가 멸망한다면?	51. 다시 만나고픈 사람
52. 나의 발표력에 대한 셀프 평가	53. 몇 살까지 살고 싶은지
54. 램프요정이 3가지 소원을 들어준다면?	55. 당신이 무일푼이 되었다면?
56. 주례사를 하게 되었다면	57. 새로운 직업을 갖게 된다면?
58. 직장(학교) 상사/동료에 대한 생각	59. 송년회에서 건배사 요청을 받는다면
60. 나만의 인간관계 원칙	

:: 사회적인 이슈 · 사건 ::

61. 최근에 인상 깊게 본 뉴스	62. 최근 배운 지식 한 가지 설명하기
63. 우리 회사(학교) 홍보	64. 한국의 교육문제(& 해결법)
65. 세계 평화를 위해 우리가 할 일	66. 미세먼지에 대처하는 방법
67. 환경을 보존하기 위한 방법	

:: 추상적인 관념 · 가치 ::

68. 미래는 어떤 모습일까?	69. 4차 산업 시대에서 살아남기 위한 방법
70. 성공하기 위해 필요한 것	71. 대한민국이 부끄러웠을 때
72. 시대가 변하며 바뀌어야 할 옛말	73. 성공해서 그 비결을 강의한다면
74. 돈의 중요성을 느꼈을/못 느낄 때	75. 통일에 대한 당신의 생각은?
76. 대한민국이 자랑스러웠을 때	77. 더 나은 사회가 되기 위해 필요한 것

부록3. 자신감 회복 암시문 예시

1. 내 마음속에 자신감과 용기가 샘솟는다. 나는 위대한 사람으로 성장하고 있다.

ㅇㅇ아(야), 넌 멋있어! 너는 이 세상에 하나밖에 없는 고귀한 존재야. 사람들은 너를 필요로 하고 있어. 너는 무엇이든지 할 수 있는 능력이 있어. 너는 멋진 사람이야!

나에게는 무한한 능력이 있다. 이제 나는 그 능력을 찾고 개발하여 성장한다. 나는 고난과 역경을 이겨 내고야 만다. 나는 절대로 물러서지 않는다. 성공을 향해 끝까지 밀고 나간다. 나는 멋지게 성공하고 성장하고 있다.

2. 매일매일 나는 모든 면에서 점점 더 좋아지고 있다. 사람들에게 감동과 즐거움을 안겨 주는 말이 술술 나온다. 사람들은 나의 매력에 푹 빠져든다. 사람들은 나를 좋아하고 신뢰한다. 나는 매력과 자신감이 넘치는 사람이다.

내 마음속에 자신감이 넘친다. 내 마음속에 사람들의 반응이 보인다. 사람들은 당당한 내 발표에 빠져든다. 사람들은 내 이야기를 듣고 기뻐하고 즐거워한다. 사람들은 나에게 뜨거운 박수와 응원을 보내 준다. 내 마음속에 자신감과 열정이 넘친다. 온몸에 힘이 솟아오른다.

3. 나의 스피치는 점점 나아지고 있다. 나의 스피치에는 생기와 활력이 넘친다. 내면에서 뜨거운 에너지가 끓어 온다. 내 마음속에 확신과 열정이 넘친다. 나는 사람들에게 가치 있고 소중한 내용을 전한다. 나에게는 이 내용을 전할 자격이 있다. 나는 자격이 있고 자신감이 넘치는 멋진 연사이다. 나의 말은 사람들의 마음을 울리고 영혼을 울린다. 나는 사람들에게 행복을 전하는 최고의 연사이다.

4. 나는 오늘 발표의 주인공이다. 청중의 나의 친구이다. 사람들은 나의 말에 흥미를 느끼며 집중하고 있다. 사람들은 나의 발표를 사랑한다. 나에게 자신감이 벅차오른다. 나는 지금 발표를 즐기고 있다. 나는 성공적인 발표를 하고 있고, 성공하고 있는 중이다.

※ '내가 되고 싶은 자신감 넘치는 모습'을 A4용지 절반 이내로 적어서 자기암시문을 만들어 본다. 예문을 참조해도 좋다. 아침저녁으로 20번씩, 또는 틈이 날 때마다 수시로 읽으며 내공을 쌓아 본다. (구체적 작성 방법은 ☞ **훈련7. 자기암시 훈련 참조**)

부록4. 보이스 트레이닝(발음/발성) 연습 예문

보이스 트레이닝 발음 연습 문장은 어디에서나 편하게 이용할 수 있도록 온라인에 게시하였다. 발음 연습 문장(고전), 발음 연습 문장(난이도 상), ㄹ(리을) 집중 발음 연습, ㅅ(시옷) 집중 발음 연습, 발성 연습(가갸거겨, 단계별) 등으로 구성되어 있으며, 아래 QR코드를 통해 원하는 발음 연습 문장 예문을 활용하면 된다.

(QR코드 연결이 안 되는 경우: 네이버 카페 '웜스피치' 접속 → '보이스/제스처' 게시판에서 '다운용' 발음 연습 자료 참고)

| 웜스피치 발음발성연습

부록5. 스피치 강좌 및 커뮤니티

사람들과 함께 온·오프라인으로 스피치를 훈련할 수 있는 경제적이면서도 효율 만점의 스터디를 소개한다. 필자가 운영하는 커뮤니티인 네이버 카페 '웜스피치'이다. 스피치와 함께 영어회화, 독서 및 글쓰기 등의 자기계발 모임이 열리고 있다. 발표 내공은 물론, 뜨거운 열정을 나누고 나를 업그레이드 하는 즐거움을 듬뿍 누릴 수 있을 것이다.

| 스피치 커뮤니티 웜스피치

책을 통해 접한 내용을 생생한 말로 배우고자 하는 분들은, 클래스유 '척 말고 진짜 말' 강좌를 참고하기 바란다. 강의와 미션을 통해 이 책의 내용을 내 것으로 만드는 데 큰 도움이 될 것이다. 자신의 스피치에 대해 필자의 피드백을 받고 소통을 나눌 수도 있다.

| 클래스유 강좌 '척 말고 진짜 말'

• 참고문헌 •

- 김미경(2010). **김미경의 아트스피치**. 서울: 21세기북스.
- 김미성(2012). **백전불패 프레젠테이션**. 서울: 미르북스.
- 김양호(2013). **성공하는 사람은 스피치가 다르다**. 서울: 비전코리아.
- 박기혁(2009). **휴머스 하이**. 서울: 배움
- 박혁종(2010). **CEO를 감동시키는 프리젠테이션의 비밀**. 서울: 미래와 경영.
- 백두현(2010). **프리젠테이션이 경쟁력이다**. 대전: 분지.
- 이상주(2006). **두려움만 정복하면 당신도 스피치의 달인**. 서울: 커뮤니케이션북스.
- 이상훈(2011). **유머로 시작하라**. 경기: 살림출판사.
- 이영권(2012). **이영권 박사의 남자 스피치**. 서울: 라이온북스.
- 이한분(2008). **파워 스피치의 이론과 실제**. 서울: BG북갤러리.
- 임태섭(2003). **스피치 커뮤니케이션**. 서울: 커뮤니케이션북스.
- 오정석·김성백·박찬정(2014). 고등학생의 자아존중감과 진로계획이 학업성취도에 미치는 영향 분석. **교육과학연구**, 16(2), 119-131.
- 우지은(2009). **목소리, 누구나 바꿀 수 있다!**. 경기: 위즈덤하우스.
- 정경진(2009). **내 인생을 바꾸는 3분 스피치**. 서울: 북앤라이프.
- 정병태(2011). **파워스피치 연설법**. 부천: 한덤북스.
- 조원환(2002). **스피치와 프레젠테이션**. 서울: 갑진미디어.
- 조정래(2010). **스토리텔링의 육하원칙**. 서울: 지식의날개.
- 최효정(2016). **스피치 멘토링**. 서울: 지식과감성.
- 한경(2004). **첫인상 5초의 법칙**. 경기: 위즈덤하우스.

- Carnegie, D., & Esenwein, J. (2007). *The Art of Public Speaking*. Cosimo Classics. 정명진 역(2008). **데일 카네기의 표현력 강의**. 서울: 부글북스.
- Carruthers, I. (2003). *How to Move Minds & Influence People*. Financial Times. 도홍찬 역(2011). **설득의 스토리텔링**. 서울: 생각비행.
- Denning, S. (2007). *The Leader's Guide to Storytelling*. John Wiley & Sons Inc. 안진환 역(2006). **스토리텔링으로 성공하라**. 서울: 을유문화사.
- Donovan, J. (2012). *How to deliver a Ted talk*. Createspace Independent Pub. 김지향 역(2014). **TED 프레젠테이션**. 서울: 인사이트앤뷰.
- Fitzherbert, N. (2012). *Presentation Magic: Achieving Outstanding Business Presentations Using the Rules of Magic*. Marshall Cavendish Corporation. 김정혜 역(2012). **프레젠테이션 매직**. 서울: 행간.
- Mehrabian, A. (1971). *Silent messages*. Belmont, Calif: Wadsworth Pub. Co.
- Münchhausen, M. von (2010). *(Die)sieben lugenmarchen von der arbeit*. Campus Verlag GmbH. 김영민 역(2012). **일에 관한 아주 위험한 착각**. 서울: 라이프맵.
- Hodge, J. D. (2003). *The Power of Habit*. 1stBooks Library. 김세중 역(2004). **습관의 힘**. 서울: 아이디북.
- Horn, S. (2006). *Pop! Stand Out in Any Crowd*. Perigee Trade. 이상원 역(2008). **엘리베이터 스피치**. 경기: 갈매나무.
- Philips, G. M. (1976), *Structuring speech: a how-to-do-it-book about speaking*, Macmillan Pub. Co.
- Simmons, A. (2007). *The Story Factor*. Perseus Books Group. 김수현 역(2013). **스토리텔링, 대화와 협상의 마이더스**. 서울: 한언.
- Stevebson, D. (2003). *Never be boring again*. Cornelia Press. 임지은 역

(2008). **명강의 무작정 따라 하기**. 서울: 길벗.
- Weissman, J. (2003). *Presenting to Win*. Prentice Hall. 정해동 역(2004). **파워 프리젠테이션**. 서울: 한언.
- Weissman, J. (2011). *Presentations in action*. Pearson Education, Inc. 정진호 역(2012). **프리젠테이션 마스터**. 경기: 에이콘
- Wiskup, M. (2005). *Presentation SOS*. Warner Busioness Books. 이영금 역(2006). **프레젠테이션 심리학**. 서울: 웅진윙스.
- 田中イデア(다나카 이데아) (2009). **お笑い藝人に學ぶ**. Rittor Music, Inc. 한혜정 역(2010). **에피소드 토크의 기술**. 경기: 티즈맵.
- 田中省三(다나카 쇼죠) (2010). **また會いたい!と思われる自己紹介のルール**. CHUKEI PUBLISHING CO., LTD. 박주영 역(2011). **자기소개의 규칙**. 서울: 아라크네.
- 美濃部達宏(미노베 다쓰히로) (2014). **なぜ,あなたの話はつまらないのか?**. あさ出版. 이은정 역. **재미의 달인**. 서울: 한스미디어.
- 天野暢子(아마노 노부코) (2008). **図解話さず決める!プレゼン: 15秒で納得させる"通る資料"のつくり方**. Diamond, Inc. 정은지, 허연 역. **유혹하는 프레젠테이션: 15초 안에 비주얼로 승부하라**. 서울: 예문.

- OSEN (2016. 3. 14). 마블 히어로, 결점투성이? 매력덩어리 [마블 VS DC①] http://magazine2.movie.daum.net/movie/33521
- 서울신문 (2016. 12. 26). 직원 '셀프 칭찬' 고객 칭찬까지 불렀다 http://www.seoul.co.kr/news/newsView.php?id=20161227027019